全国运动员文化教育统编教材
普通高等学校运动训练专业教材

# 体育创新创业教育

国家体育总局科教司　组编
赵　冰　主编

**内容提要**

本书为国家体育总局科教司组织编写的全国运动员文化教育统编教材及"体育创新创业教育"在线开放课程建设项目配套教材。全书以提升学生的社会责任感、创新精神、创业意识和创业能力为核心，让学生掌握创业的基础知识和基本理论，熟悉创业的基本流程和基本方法，了解创业的法律法规和相关政策，从而激发学生创新创业意识，促进全面发展。教材的主要内容包括：体育创新创业概述、体育创新创业团队建设、体育创新创业机会甄选、体育创新创业资源整合、体育创新创业计划的制订、体育创新创业商业模式、体育创新创业经营管理。本书为新形态教材，通过二维码链接多种拓展资源，根据优秀运动员和普通高等学校体育专业学生的学习需求编写，同时适用于体育院校各专业的学生使用，还可作为体育创业从业者的指导用书。

**图书在版编目（ＣＩＰ）数据**

体育创新创业教育 / 国家体育总局科教司组编 ； 赵冰主编． -- 北京 ： 高等教育出版社，2020.4（2024.12重印）
　全国运动员文化教育统编教材
　ISBN 978-7-04-053644-7

Ⅰ．①体… Ⅱ．①国… ②赵… Ⅲ．①体育产业－创业－高等学校－教材 Ⅳ．①G811

中国版本图书馆CIP数据核字(2020)第025002号

体育创新创业教育
Tiyu Chuangxin Chuangye Jiaoyu

| 策划编辑 | 易星辛 | 责任编辑 | 廖倩雯 | 封面设计 | 李小璐 | 版式设计 | 童 丹 |
|---|---|---|---|---|---|---|---|
| 责任校对 | 张 薇 | 责任印制 | 存 怡 | | | | |

| 出版发行 | 高等教育出版社 | 网　　址 | http://www.hep.edu.cn |
|---|---|---|---|
| 社　　址 | 北京市西城区德外大街4号 | | http://www.hep.com.cn |
| 邮政编码 | 100120 | 网上订购 | http://www.hepmall.com.cn |
| 印　　刷 | 保定市中画美凯印刷有限公司 | | http://www.hepmall.com |
| 开　　本 | 787mm×960mm　1/16 | | http://www.hepmall.cn |
| 印　　张 | 14.75 | | |
| 字　　数 | 260千字 | 版　　次 | 2020年4月第1版 |
| 购书热线 | 010-58581118 | 印　　次 | 2024年12月第5次印刷 |
| 咨询电话 | 400-810-0598 | 定　　价 | 29.50元 |

本书如有缺页、倒页、脱页等质量问题，请到所购图书销售部门联系调换
版权所有　侵权必究
物　料　号　53644-00

# 编委会

**顾 问：**
李家华

**主 编：**
赵 冰

**副主编：**
徐俊祥　武胜军　付宝森　毛文君　王 正　尤婧玮

**编 委：**
张卓林　武文雪　左 琼　杨 辉　王 芳　白 洁
邓 茹　宋少亭　郝建华

# 前言

习近平总书记曾指出："实施创新驱动发展战略，是应对发展环境变化、把握发展自主权、提高核心竞争力的必然选择，是加快转变经济发展方式、破解经济发展深层次矛盾和问题的必然选择，是更好引领我国经济发展新常态、保持我国经济持续健康发展的必然选择。""大众创业、万众创新"，就是要激发出全社会的潜力、活力和创造力，打造发展新引擎，这是国家实施创新驱动发展战略的重要组成部分。

大学生创业基础教育是一种面向全体大学生的通识教育，体现的是创新型人才培养的教育理念，是大学生综合素质教育的重要组成部分。随着知识经济的飞速发展，加强创新创业教育已成为全世界高等教育发展和改革的新趋势，并延伸到职业教育和基础教育领域。大学生创新创业基础教育的目标，是让他们掌握创业的基础知识和基本理论，熟悉创业的基本流程和基本方法，了解创业的法律法规和相关政策，从而激发大学生的创新创业意识，促进大学生创业就业的全面发展。

本书为国家体育总局全国运动员文化教育统编教材及"体育创新创业教育"在线开放课程建设项目配套教材。结合"大众创业、万众创新"的国家战略，以转变教育思想、更新教育观念为先导，以提升大学生的社会责任感、创新精神、创业意识和创业能力为核心，填补我国体育创新创业教育教材领域的短缺。本书通过诸多案例的展示，旨在帮助优秀运动员、体育创业从业者提高对体育创新创业的实践能力，熟悉创业领域，领悟创业之道。

本书在编写过程中借鉴、参考了国内外大量创业指导与创业教育研究方面的文献资料以及一些专家教授的理论和观点。在此，一并表示感谢。

由于编者时间和水平所限，书中难免有疏漏和不妥之处，真诚欢迎广大读者提出宝贵意见和建议，以便修订和完善。

编　者

2019 年 10 月

# 目录

**第一章 体育创新创业概述 / 1**
  第一节 体育科技与创新 / 3
  第二节 体育创新创业基本认知 / 12
  第三节 体育创新创业环境 / 20
  运动员创业人物 邓亚萍：从体育人到投资人 / 33
  体育创业资源 中国体育产业投资基金 / 34
  复习思考题 / 35

**第二章 体育创新创业团队建设 / 37**
  第一节 体育创新创业人才 / 39
  第二节 体育创新创业团队 / 47
  第三节 体育创新创业团队管理 / 57
  运动员创业人物 陈一冰：创业获千万融资 / 68
  体育创业资源 8大体育创业服务平台 / 69
  复习思考题 / 70

**第三章 体育创新创业机会甄选 / 71**
  第一节 体育创新创业机会 / 73
  第二节 体育创业机会评估 / 78
  第三节 体育创新创业风险 / 83
  运动员创业人物 邹市明：拳击台下如何做大体育产业
   "蛋糕" / 93
  体育创业资源 体育创业大赛 / 94
  复习思考题 / 95

**第四章 体育创新创业资源整合 / 97**

第一节　体育创新创业资源概述　/　100

第二节　体育创新创业资源整合　/　106

第三节　体育创新创业融资　/　112

运动员创业人物　王涛：出走央视，手握一把巨星牌　/　117

体育创业资源　体育创业研究　/　119

复习思考题　/　120

## 第五章　体育创新创业计划的制订　/　121

第一节　体育创新创业计划制订　/　124

第二节　体育创新创业计划书撰写　/　137

第三节　体育创新创业计划路演　/　150

运动员创业人物　孙继海：39岁退役创业　投身"互联网足球"　/　157

体育创业资源　体育创业有关政策　/　158

复习思考题　/　159

## 第六章　体育创新创业商业模式　/　161

第一节　体育创新创业商业模式　/　162

第二节　体育创新创业商业模式设计　/　166

第三节　体育创新创业商业模式验证　/　177

运动员创业人物　黄聪：先就业再创业　/　180

体育创业资源　体育创业互联网资源　/　181

复习思考题　/　182

## 第七章　体育创新创业经营管理　/　183

第一节　创办体育企业的准备　/　185

第二节　初创体育企业基本管理　/　203

第三节　体育新企业成长管理　/　207

运动员创业人物　张蕾：世界冠军退役后创业　/　220

体育创业资源　体育创业培训班　/　221

复习思考题　/　222

## 参考文献　/　223

# 第一章

# 体育创新创业概述

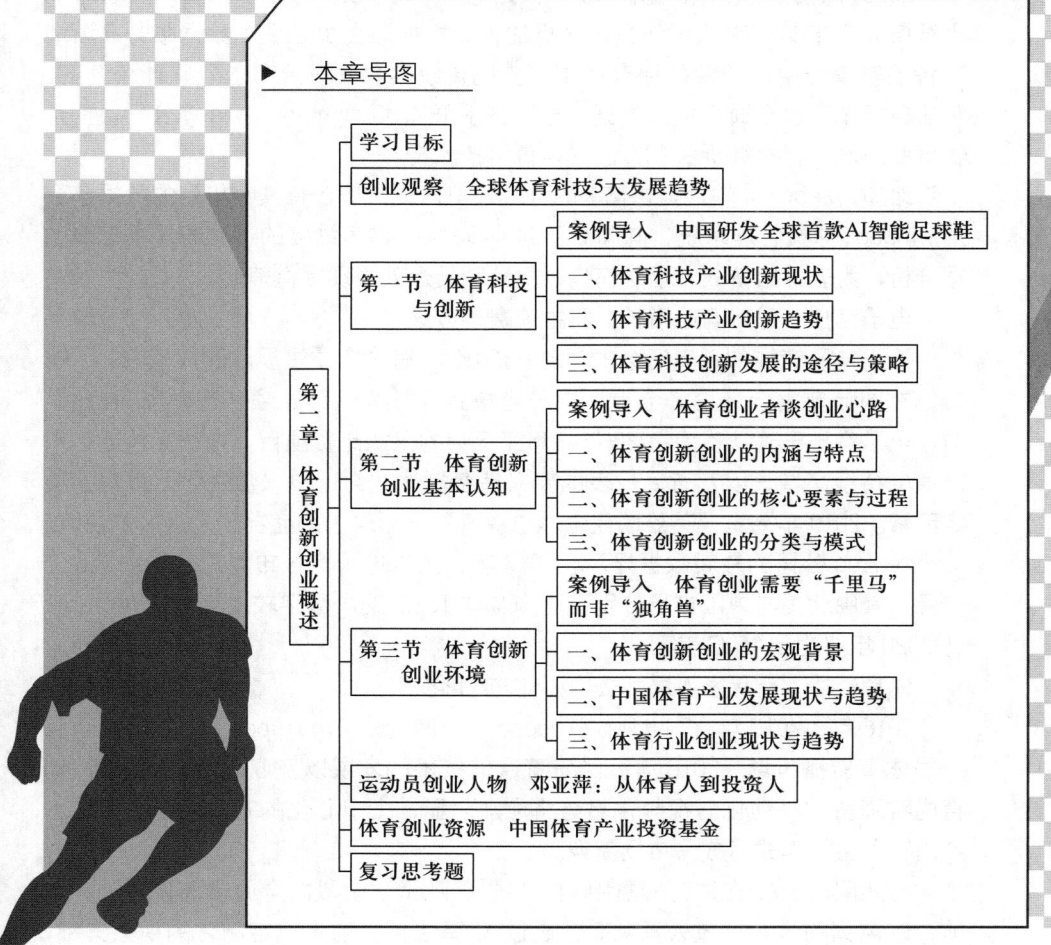

▶ 本章导图

第一章 体育创新创业概述
- 学习目标
- 创业观察　全球体育科技5大发展趋势
- 第一节　体育科技与创新
  - 案例导入　中国研发全球首款AI智能足球鞋
  - 一、体育科技产业创新现状
  - 二、体育科技产业创新趋势
  - 三、体育科技创新发展的途径与策略
- 第二节　体育创新创业基本认知
  - 案例导入　体育创业者谈创业心路
  - 一、体育创新创业的内涵与特点
  - 二、体育创新创业的核心要素与过程
  - 三、体育创新创业的分类与模式
- 第三节　体育创新创业环境
  - 案例导入　体育创业需要"千里马"而非"独角兽"
  - 一、体育创新创业的宏观背景
  - 二、中国体育产业发展现状与趋势
  - 三、体育行业创业现状与趋势
- 运动员创业人物　邓亚萍：从体育人到投资人
- 体育创业资源　中国体育产业投资基金
- 复习思考题

> **学习目标**
>
> 1. 了解体育科技产业创新现状与发展趋势
> 2. 理解体育创业的内涵、特点、核心要素与过程
> 3. 了解体育创业的分类和模式
> 4. 了解体育创新创业的宏观背景与体育产业发展现状及趋势
> 5. 理解体育行业创业的现状与发展趋势

▶ **创业观察　全球体育科技 5 大发展趋势**

**大数据分析：从单打独斗到集团作战**

2006 年德国世界杯，德国 VS 阿根廷的"点球大战"，德国门将莱曼手中的小纸条让人们第一次认识到数据分析的神奇之处。在那之后，数据服务逐渐渗透各项赛事之中，即便是拥有百年历史的传统赛事——温布尔登网球公开赛、环法自行车赛也全面拥抱大数据，分别携手 IBM、Dimension Data 等公司，提升赛事服务水平，相继斩获 STA 世界体育科技大奖。

比如，Zebra 与软件提供商 Kinduct 公司达成合作，将其收集到的数据整合至 Kinduct 球员管理系统，向 NFL 及 NCAA 球队提供多维度的运动表现及健康数据分析，为教练组备战、预防伤病、提升球员运动表现提供辅助。

**电子竞技：保持高速增长，向主流赛事迈进**

关于电子竞技加入奥运会的讨论在 2019 年有了实质进展。2017 年 10 月 28 日，在国际奥委会洛桑峰会上，电子竞技正式被承认为一项"运动"。在此之前，电子竞技已确认作为 2022 年杭州亚运会的正式比赛项目。电子竞技近年来产值的持续高增长以及背后代表的新兴消费群体成为这一"合法化"进程的决定因素。2019 年鸟巢"英雄联盟全球总决赛"一票难求的盛况就是最好的说明。

Newzoo 公司的最新数据显示，2017 年，全球电子竞技市场总收入约 6.6 亿美元，其中北美与中国市场分别占比 36% 与 16%。这一数字较上年增长 34%，预计 2020 年将达到 15 亿美元。

**体育转播：新玩家入局，去中心化与 AI 化**

2016 年、2017 年，Twitter、Facebook、亚马逊、YouTube 等众多科技巨头入局体育转播市场。2018 年，伴随着通信技术的发展以及 5G 时代的到来，体育内容消费的移动化与视频化趋势将愈加明显，去中心化的 UGC 内容（用户生产内容）生产模式将成为市场新宠。

与此同时，AI 在体育转播中的应用也将从试水阶段向全面市场化迈进。此前，以色列的体育科技公司 WSC 就通过 AI 算法，自动生成定制化的视频集锦，

大幅提升了视频制作与分发的效率与量级。国内方面，百度与阿里巴巴集团则不约而同地在篮球、足球赛事中小范围试水 AI 解说。

场馆智能化：从"加分项"到标配

NBA 金州勇士队主场从之前的李维斯球场，到金色一号中心，再到勇士队新主场——大通中心。智能场馆的定义一直在被刷新。对于所有在建以及计划建设的新场馆来说，如何通过科技手段为球迷提供更好的现场观赛体验至关重要。

以 2017 年 STA 世界体育科技大奖最佳场馆获得者——金色一号中心为例，作为萨克拉门托国王队的新主场，金色一号中心的 WiFi 速度是普通家用互联网的 17 000 倍，支持每秒 22.5 万条 Instagram 的图片信息上传，同时拥有 NBA 首个 4K 超清显示屏，并引入 VR 直播技术，全方位提升球迷现场观赛体验。

赞助创新：新技术 + 新场景

媒体版权、商业赞助、门票与衍生品销售是职业体育最重要的收入来源。科技在改变体育内容消费方式的同时，也为品牌赞助提出了新的挑战。如何找到目标群体并与之有效互动成为品牌商的新课题。新技术的应用与新场景的开辟将成为决定体育营销赞助成功与否的重要因素。

对于很多品牌商而言，体育场内大屏广告投放的价值正在被重新评估。其中一个很重要的原因是手机屏幕对于球迷注意力的抢夺。针对这一现状，新西兰交互软件 Dropit 特别推出在体育场馆比分牌上进行的 60 秒竞拍，以创新的营销方式增加品牌与球迷的互动，目前该软件已成功进军北美市场，被多支 MLB、NBA 以及 NFL 球队采用。

## 第一节　体育科技与创新

**案例导入**

### 中国研发全球首款 AI 智能足球鞋

2019 年 3 月 12 日下午，来自中国深圳的科技公司微队（Microteam）在温布利体育场举行全球首款运用 AI 技术的智能足球鞋首发仪式。前英格兰国家队著名球星迈克尔·欧文和来自欧洲英、德、西、法、意等 10 多个国家和地区的足球教练、媒体、伦敦中资企业代表、伦敦发展署、社交媒体红人等在现场共同见证了这一时刻。

在首发仪式现场，迈克尔·欧文和微队队长（CEO）李有春联袂演示了足球的感知技术，世界花式足球冠军多次获得者安德鲁·亨德森也在现场与欧文进行实时互动。体验过后欧文兴奋不已,连续以"不可思议"来称赞微队的这一技术创新。

据李有春介绍,微队智能足球鞋可在每秒钟感知1 000次是否触球、一次充电可待机17天,具有超小体积、超低功耗、高速捕捉、结合人体姿态识别等功能,通过边缘计算和云计算,分析出数百项人球结合数据;微队还设计出能自动感知200多项个人及团队的人球数据,比如无球跑动距离、左右脚触球次数、高速带球距离、一脚传球、最高球速、球队最多传递次数、进攻路线分析等。

据了解,微队的核心团队均来自华为、大疆、腾讯、耐克等知名信息与通信技术公司,都是足球爱好者。团队目前汇聚了海内外多名专家博士,通过与南方科技大学等科研院校深入合作,将AI赋能于足球,持续聚焦于足球运动相关的芯片、算法、柔性电路、工艺等研发技术,申请了多项国内外专利,在运动科技的道路上不断创新前行。

点评:

科技创新为体育产业提供强大的推动力,无论是体育服务业、体育用品业,都离不开科技创新的参与。如今我国体育产业在5万亿元目标的带领下,体育科技不断进步、全民健身计划不断推进,这些都为我国体育产业的科技创新提供了良好的发展环境。同时,伴随着我国对于体育产业人才培养的不断重视,未来将会有更多复合型人才投身体育产业科技创新领域中,不断推动体育产业的高质量发展。

## 一、体育科技产业创新现状

2018年《政府工作报告》明确了体育产业与"智能产业""互联网+"的融合发展方向,确立推进体育改革,支持社会力量提供体育服务。随着5G移动通信技术、云计算、物联网、大数据、虚拟现实、AI技术、智能终端芯片的快速发展以及人们对美好生活需要的追求越来越强烈,体育+科技、智慧体育以及体育产业的发展也成为当下人们关注的热点。

职业体育成为前沿体育科技的实验室,从竞赛训练到体育场馆,从赛事转播到营销创新,AI、VR、大数据等创新科技重塑着全球体育。大众体育消费市场也追随着体育科技发展的脚步,让群众参与体育运动更加便捷、量化、个性化和科学化。

1. 大数据分析成为辅助决策的重要依据

可穿戴装备和物联网技术等科技的发展,也让体育科技在跑动距离、加速度、血压、心率、脑电波等各种维度的数据采集方面变得更加容易。大数据在体育竞技中扮演着重要角色，重心转向数据的筛选、整合及深度加工，并最终形成可辅助决策的有效信息。例如，球员管理系统可以将其收集到的运动员数据，通过大数据分析，向球队提供多维度的运动表现及健康数据分析，为教练组备战、预防伤病、提升球员运动表现等提供辅助。

全民健身信息服务平台也在为体育场馆、体育步道、体育公园、健身中心的智慧化提供服务。大数据技术将实现体育管理的科学化。未来全民健身大数据平台将可以连接全民健身信息服务平台、赛事平台、华为智能穿戴数据平台等，全面掌握场馆人流数据、身体素质数据、赛事数据、健康数据等，让体育主管部门准确掌握全民健身数据，进行科学决策。

2. 物联网技术实现体育器材、装备智能化

体育器材、装备的互操作协议，专用物联网芯片，专用操作系统的研发，为器材、装备厂家提供了全方位解决方案。物联网、互联网技术实现了体育设施、设备的智慧化。2018年，智能场馆的定义一直在被刷新，"智能"已从体育场馆的"加分项"变为标准配置。

如今，竞技体育的国际化竞争日益激烈，部分运动项目已经达到了相当高的竞技水平，要想在激烈的竞争中脱颖而出，就需要把最新的科技成果应用进来，提高运动员的训练效果。通常来说，普通的教练员很难用肉眼感觉到运动员的训练状态和水平要求。随着可穿戴设备（GPS、传感器、陀螺仪）、智能化体育训练器材与装备的升级，教练员可以用新的手段来测试运动员的运动指标水平，通过研究得到运动员的运动能力极限，进而使用科学合理的训练方法让运动员在不受伤的前提下突破自己的运动瓶颈。

3. 互联网+体育产业创新

"互联网+体育"是指以互联网技术发展的新形态、新业态为依托，将互联网的创新成果深度融合于体育行业的发展之中，推动传统体育行业的产业链、市场业态及商业模式等各个方面的颠覆性创新与变革，改造体育产业的演进模式和商业模式，提升体育产业的创新力、生产力和核心竞争力，形成更广泛的以"互联网+"为基础设施和实现工具的体育产业发展新形态。

随着"互联网+"被纳入国家顶层设计，提升为国家战略，利用"互联网+"推进体育事业发展、促进全民健身广泛开展已成为趋势。各种健身、骑行、跑步、运动商城、体育社交App的广泛应用表明，互联网全方位地改变了体育下游产业特别是传统体育服务形态。线上线下的有机融合，互联网体育方兴未艾，成为体育信息服务业的重要组成部分，也引发了创投资本竞相追逐。

随着"互联网+"时代的到来，传统体育企业纷纷走上转型之路，尤其是体育O2O发展势头迅猛。对于体育制造业企业来说，建设体育商城，可以将线下的资源转移到线上的电子商务平台，实现在线上打开用户流量的入口；同样，线上体育商城可以开设线下体验店，为用户提供线下多元化体验，打通线上线下资源渠道，使其得到更多发展机会。

除此之外，更多的体育行业尤其是体育服务业都在与互联网"牵手"，寻求更便捷、多元化的服务，加快转型步伐。具体来说：就体育健身行业而言，在预约教练方面，目前有各种预约教练的平台，场馆内教练可实现线上直约，或者预约教练去场馆陪练，从而更加省时、快捷地享受健身指导和培训；在预约场馆方面，通过相关平台可为用户提供周边健身场馆的预约服务，避免出现用户没有场馆锻炼和找不到场地的情况。就体育培训行业而言，传统体育培训行业的教育资源存在着分散、水平不一的问题，相关体育培训平台能够整合线下权威的信息、培训和教学资源，将市场上的优质资源、专业的体育人才与用户实现匹配，实现集中化、广泛化传播。就体育媒体行业而言，在体育视频直播上，与传统的单向性、解说员说教式直播模式不同，如今的体育直播更注重与观众互动，用弹幕、球迷房间、留言社区等方式增进与球迷间的交流与互动，目前体育媒体行业更多的是在视频直播上为用户提供更多元化、全方位的互动平台，在观看视频的同时实现社交。

熊彼特对创新的理论解读

体育科技产业壁垒较高，我国的体育科技行业刚刚起步，技术尚不成熟，体育科技的发展可能受限于技术水平；加之缺乏具有世界影响力的体育资源，商业化运作还不成熟，相关制度还不完备，产业发展还会遇到困难和阻力。但我国体育迷的基数庞大，消费能力强，体育科技产业市场空间巨大。

## 二、体育科技产业创新趋势

1. 以科技为手段，以促进全民健康为目的

体育科技是手段，科学健康是目的，群众体育最终目标是为全民健康服务。通过运动健康大数据，可研究慢病的预警机制，建立运动数据与慢病主要相关指标的趋势关联，做到未病防病。通过开展研究主动健康、体医融合的科学方法，提供慢病预防、慢病治疗、慢病康复的科学运动处方。加大主动健康产业发展，应对老龄化社会的到来，提高全民健康水平，降低医保支出，依靠主动健康提高幸福指数。

2. 以智慧化发展为载体，服务城市经济转型

城市体育基础设施智能化、智慧化改造升级是智慧城市建设的一部分。以体育为载体，运用智能化、信息化的技术，将场馆运营与服务应用相结合的智慧场馆，成为现代公共体育产业发展的新方向。向消费者提供智慧体育赛事活动整体信息服务，提升全民健身服务水平，降低运营成本，提高全民健身的便利性，可带动全民健身的热情。体育产业的智慧化发展具备了精准智能、便捷高效的特点，将全面提升体育产业的发展水平，促进全民健身活动的开展，服务"健康中国"城市经济转型。

3. "体育+"融合态势充分体现

未来10年，体育产业将插上"互联网+""AI+"的翅膀，搭载"物联网"快车，融大数据、云计算及物联网技术于一体，以竞技体育、全民健身、体育产业等为基本架构，整合教育、医疗、旅游、文化等"体育+"资源，构建一种全新、高级的体育生态系统。

4. 体育"精准制造、敏捷制造"能力得到提升

体育用品制造业将全面推广应用以绿色、智能、协同为特征的先进技术，产品的"精准制造、敏捷制造"能力将得到大幅提升。体育领域创新能力得到有效突破。2018年，我国研发经费占GDP比重的2.2%，连续5年持续增长，进入创新驱动大国行列，未来将加强群体智能体质管理，突破健康大数据分析、物联网等关键技术，研发健康管理可穿戴设备和家庭智能体质检测监测设备，推动健康管理实现从点状监测向连续监测、从短流程管理向长流程管理的转变。届时，体育智能控制系统、应用软件、身体实时故障诊断软件和相关工具、传感以及通信系统协同能力将极大增强，实现人、设备与产品的实时联通、精确识别、有效交互与智能控制，为公众健身、健康提供个性化、多元化、高品质的服务。

5. 体育生活获得改变，"未来体育"将变为现实

以满足体育消费、医疗健康、家庭服务、教育娱乐等服务机器人应用需求为主的产品进入研发高潮期，机器人本体、减速器、伺服电机、控制器、传感器与驱动器等关键零部件及系统集成设计制造等技术瓶颈获得突破，机器人按摩师、机器人太极培训师、机器人理疗师、陪跑机器人、陪打球机器人等应运而生，在"传统体育"保持活力的同时，"未来体育"将变为现实，人民的体育生活将获得改变，大众健康水平、幸福指数有效改善，幸福感、获得感、满足感全面提升。

6. 智慧体育成为体育产业发展的引擎

智慧体育改变了参与者的运动方式，它的出现使原本模糊不合理的运

动方式，变得更加合理化，通过人机之间的互动，运动者可输入自己的体质和运动方式，获得更加合理规范的运动强度和运动套餐。智慧体育是体育与科技融合发展的典范，智慧体育在国内外一些地区和城市已有建设应用，这必将影响物联网、云计算等新兴信息产业的发展；同时，促进智能手机、平板电脑等移动终端产业以及体育搜索引擎、在线服务、CPS 导航定位等相关产业的较快发展。体育运动作为城市居民生活的方式，关系着人们的身心健康，智慧体育的建设和发展，必将成为体育信息化发展的方向，从而更好地为体育运动服务。网络信息化时代，信息技术促进社会产生了巨大变革，"数字体育"只是起点不是终点，还需要深化发展，进一步解决"数字城市"这个网上城市"数字空间"与现实体育"物理空间"相分离的问题，即通过物联网把网上"数字体育"与"现实体育"联系在一起，进而深化发展走向"智慧体育"，并与其他行业的"智慧"应用一起构建"智慧地球"的宏伟蓝图。由此可见，"智慧体育"是未来体育信息化发展的战略需求。

7. 体育新媒体优势显著，深度吸引观赛用户群

自 2010 年国务院印发"46 号文件"以来，赛事转播权放开，新媒体在体育赛事传播中的角色逐渐被用户接受，从球迷意愿来看，使用电视、PC 端和移动端多屏收看体育比赛的现象已经成为普遍。新媒体的内容更具互联网属性，其节目制作可以更好地考虑体育迷的感受，把握体育迷的心理需求，为他们创造美好的体验。以英超转播为例，以往上海五星体育频道的转播，由于传统媒体的限制，只能选择同一时段的一场比赛进行转播，观众只能被动地选择观看场次。而新媒体出现后，观众可以选择在同一时段自己希望观看的比赛场次，内容的丰富以及个性化选择也提升了新媒体的魅力。大部分体育迷对比赛回放、赛事集锦都有重复观看的需求，门户网站体育频道和垂直体育网站平台体量大、信息全面，包括视频、图文等丰富多样的传播形式，大赛期间还有围绕赛事丰富的衍生节目，满足体育迷的观看需求。新媒体相对现场和电视观赛具有独特优势。随着各大媒体相继投入资金，新媒体在体育节目领域的专业性也越来越强，体育节目制作团队规模甚至要超过传统媒体。

## 三、体育科技创新发展的途径与策略

1. 加强体育科技基础研究，把握体育科技竞争战略制高点

体育科技基础研究是促进体育科技不断创新与发展的最原始动力，更是造就与培养体育科技人才过程中最薄弱、最基础、最关键的一环。尽管，

当前我国体育科学倾向于应用性研究，但关于体育的基础科学研究不容忽视。体育基础科学发展水平是体育科技发展实力和后劲的反映，对于促进体育科技可持续发展至关重要，掌握了体育基础研究的前沿，就意味着掌握了主动权与战略制高点，而这一点往往被当前体育科学领域研究所忽视。国际经验表明，应重视基础学科与体育学科的交叉性研究，尤其是运动训练学、运动生理、运动生物化学、运动营养、运动心理、运动医学与康复、反兴奋剂等众多体育学科研究领域，此外还涉及信息科学与系统科学、中医学与中药学、材料科学、计算机科学技术、情报学等非体育学科的研究领域等。

2. 加强体育科技基础条件建设，为我国体育科技的基础研究与科技创新提供强有力的创新平台

体育科技基础条件平台是指服务于我国体育科技进步与技术创新的基础科技支撑体系，目前主要包括以下组成形式：国家体育总局重点实验室、体育科技信息化平台、国家队训练基地科技条件、国家体育总局体育科技示范园区以及国家体育总局体育社会科学重点研究基地、国家体育总局体育文化研究基地、各省（自治区、直辖市）的体育科技基础条件等。总体来看，我国体育科技基础条件建设尚处于粗放式广泛布局发展阶段，需要持续加强内涵建设尤其是国家体育总局重点实验室、国家体育总局科技示范园区的内涵建设，使之积极适应体育科技发展的新局面，以增强自主创新能力与科技孵化能力。

3. 构建更为完善的竞技体育科技创新体系和群众体育科技创新体系

在借鉴发达国家相关经验的基础上，借鉴国家队备战奥运会科技服务体系的建构原则，从竞技体育发展的全局出发，我国体育科技创新应优化布局，广泛依托国家体育总局重点实验室、国家及地方科研院所、高等院校和科技型企业等资源，构筑新型体育科技研发创新平台，通过构建相对分层、更为合理的竞技体育科技创新体系，使科技创新成果最广泛地惠及我国竞技体育领域并创造条件使体育科技创新成果延展至大众健身、体育产业以及其他行业。在"科技成果惠及民生"的指引下，构建我国群众体育的科技创新体系是释放改革红利、促进体育科技成果社会效益最大化的重要方略。

4. 促进体育科技产学研一体化，增强体育科技创新能力，带动体育产业优化升级

产、学、研一体化由来已久，并成为发达国家提高国家核心竞争力的重要内容。构筑体育科技的产、学、研一体化平台是促进创新驱动发展的重要抓手。体育科技的产、学、研一体化建设就是激发科技型体育企业、高等院校和科研院所等科技创新主体，通过有效的协同配合使企业资源、院校资

源和科研院所资源竞相迸发,从而打通体育科技创新及其创新成果转化与推广的天然战略渠道,使创新成果尽快进入企业生产领域,带动我国体育产业的优化升级,增进体育科技的经济效益和社会效益。

5. 加强体育科技人才培养,培育体育科技创新支撑能力

体育科技人才作为体育科技可持续发展的组织者、管理者、实践者和开拓者,是体育科技发展中最具决定性的因素。培养造就高质量、高素质、综合性体育科技人才,是体育科技可持续发展的战略核心。强化体育科技人才这一战略核心,必须从体育科技创新发展的全局角度加以高度重视。具体来看,应着力优化我国体育科技人才培养的制度环境,引导创新型体育科研团队的形成与壮大;应精细营造宽松的体育科技人才发展环境,真正尊重体育科技与体育人才,逐步提高体育科技人才在体育事业发展中的地位;应加快完善我国体育科技人才培养体系,完善体育科技人才选拔、竞争与激励机制,使高水平体育科技人才能够脱颖而出,充分发挥作用;应大力整合体育系统内外的各种科研力量,重点发展跨领域、跨学科、跨行业的体育人才梯队,培养与造就一批高水平的中青年体育科技团队。此外,还要搭建国际化的体育科技人才双向交流平台,通过建立国际联合体育科技攻关专项资金,鼓励开展国际科研合作等。

6. 深化我国体育科技管理体制改革,构建体育科技创新长效机制

从创新驱动的角度,对我国体育科技管理体制进行全局性、长期性的探索改革,对改革发展的目标和实现方式进行整体部署,"着力转变职能、理顺关系、优化结构、提高效能,形成权责一致、分工合理、决策科学、执行顺畅、监督有力的行政管理体制";在此基础上,建立健全鼓励体育科技的原始创新、集成创新、引进消化吸收再创新的体育科技体制与机制,逐步健全体育技术创新的市场导向机制,积极发挥市场机制对体育技术研发的方向、领域、要素以及各类创新要素配置的导向作用。

特别要强化企业在体育技术创新中的主体地位,在条件成熟的情况下逐步推进我国应用型体育技术研发机构的市场化、企业化改革,从建设体育强国的战略高度构建"以企业为主体,市场为导向,产学研相结合的国家体育科技创新体系",通过深化体育科技管理体制改革形成创新驱动下的我国体育科技发展的新型治理体系及治理能力的现代化。

7. 持续加大我国体育科技经费投入,构建新型经费投入体系

经费投入是体育科技创新驱动发展的最重要保障条件之一。尽管我国逐年加大了体育科技的经费投入,但是,目前与发达国家相比,我国体育科技的投入依旧存在着一定的差距。因此,为保证体育科技沿循创新驱动的轨

迹快速发展，持续加大经费投入十分必要。然而，在当前体育科技多样化需求的背景下，仅仅依靠政府的财政投入必然无法满足我国体育科技发展的多样化需求。因此，在社会主义市场经济体制下，探索建立具有我国体育科技发展特色的多渠道、多样化的体育科技经费投入体系尤为必要。

8. 高度重视体育科技成果转化，推动体育科技可持续创新能力建设

体育科技成果转化是创新驱动发展过程中的必要环节，作为科研人员智慧结晶的科技成果如果束之高阁，不仅会造成资源浪费而且不利于创新的可持续发展，体育科技结果只有转化为现实生产力，才能真正意义上为竞技体育、大众体育、体育教育以及体育产业服务，并最终使广大民众受益。重视体育科技成果转化，首要在于发挥政府的引导作用，加强管理部门对体育科技成果转化和推广的重视，将成果转化作为考核及评价的重要指标之一。重视体育科技成果转化，还需加强过程管理，在严格体育科研成果的鉴定工作基础上，对体育科技成果按照推广的标准进行分类指导，从而设计成熟的、适用的、配套的、高效的政策措施。此外，还应鼓励科研单位、高校、企业等开展联合科研攻关，促进产学研一体化；鼓励科技中介持续发挥更大作用；打造体育科技成果信息推广平台，搭建起成果"落地"的转化桥梁。

9. 深入开展国际交流与合作，提高我国体育科技发展的国际化水平

当前，我国体育科技发展的国际化水平有所提高，但开展的深度和广度仍然不够，多层次、专业化的国际交流与合作尚有很大发展空间。毋庸置疑，深入开展体育科技的国际交流与合作，有利于借鉴国外体育科技发展的先进理念、发展路向及最新科技成果，从而提高我国体育科技创新驱动发展的能力与国际化水平，应根据当前我国体育科技领域的不同发展情况，制定科学、合理、有效的体育科技对外交流与合作计划，以"提高对外交流的质量，提升解决实际问题的能力"为目标，避免国际交流与合作流于形式。应重点加强人才培养方面的交流与合作，开展各种形式的科技培训、院校间的科技合作，联合培养人才尤其是我国体育科技发展的紧缺人才，如康复训练、体能训练、高原训练等领域的科研人才。在此基础上，逐步形成国际合作与交流的长效机制，使合作的广度、深度逐步加强，拓展至教材编写、师资互通、学科建设等各个环节的合作。此外，在开展对外交流与合作的同时，还应通过多种手段与方式，积极宣传推广我国体育科技发展的最新成果，提高我国体育科技发展的国际化水平。

## 第二节 体育创新创业基本认知

### 案例导入

#### 体育创业者谈创业心路

"创业者是痛并快乐着。"在体育产业中已经摸爬滚打近15年的火龙果足球俱乐部创始人王玉宇用这9个字平静地描述着自己的创业者身份。

王玉宇经历了两次创业。2004年,在球友们的帮助下,他创办了北京回龙观地区的足球超级联赛,并凭借"回超"当选"新京报十大感动社区人物"。为了让更多小朋友以及足球爱好者学到正确规范的足球技能,王玉宇又萌生了创办足球俱乐部的想法。在这个想法的驱动下,也为了纪念在回龙观地区的足球经历,2009年,足球培训机构——火龙果足球俱乐部正式成立。

回望自己的创业之路,这位体育创业"老兵"表示:创业者在创业的过程中必须坚持勿忘初心并要保持坚强的内心。王玉宇在谈论自己的创业项目时眉宇间透露出英气、坚毅与执着以及对于体育发自内心的热爱。体育并不是一个赚快钱的领域,相较于其他行业,体育创业在现在的环境中仍属艰难,面对种种困难,让体育创业者坚持下去的理由便是他对于体育的情怀与热爱。

### 一、体育创新创业的内涵与特点

创新创业是基于创新基础上的创业活动,既不同于单纯的创新,也不同于单纯的创业。创新强调的是开拓性与原创性,而创业强调的是通过实际行动获取利益的行为。因此,在创新创业这一概念中,创新是创业的基础和前提,创业是创新的体现和延伸。

2015年,国家体育总局、国家统计局发布的《国家体育产业统计分类》,将体育产业范围确定为:体育管理活动,体育竞赛表演活动,体育健身休闲活动,体育场馆服务,体育中介服务,体育培训与教育,体育传媒与信息服务,其他与体育相关服务,体育用品及相关产品制造,体育用品及相关产品销售、贸易代理与出租,体育场地设施建设等11大类。具体来说,体育创业是创业者不拘泥于当前的资源约束,在这11大类体育产业中寻求机会,开发、提供体育产品与服务,进行社会价值与经济价值创造的活动。

体育创新创业具有一般创新创业的特点,但也有鲜明的体育本质及其功能特点。体育创新创业区别于一般创新创业的特征包括:

1. 体育概念化特征

体育概念化是指体育创新创业通常遵从一般创新创业的行业规则和商业模式，只不过是在提供的产品服务上冠以"体育"的内容或概念，在创新创业活动本质上体育创新创业与体育本身的关联不大。比如，体育创新创业中的体育旅游服务，其本质仍属于旅游服务，体育旅游是旅游行业的一部分或一个极其细分的领域。体育培训的本质是培训，体育媒体的本质是媒体、体育社区的原型是社区等。

2. 体育发散性特征

所谓体育发散性，是指体育产品服务对满足需求的用户具有发散性。体育创新创业涉及的产品服务一般来说不仅能满足特定用户群体的需求（如体育迷），对一般用户群体来说，也有潜在购买需求。比如，足球手游产品，其用户不仅仅是足球球迷，大量的非球迷也有使用与消费需求。

3. 体育跨文化特征

一般来说，体育运动本身具有跨文化性。创新创业可以在各种环境中发生发展，不受文化和社会环境的限制。体育也可超越文化和社会环境，在全世界范围进行。源于体育的跨文化特征，体育创新创业天然具有跨文化、跨地域开展的优势。一般来说，体育创新创业项目在某个领域、区域市场取得成功后，很容易复制拓展市场。

4. 体育公益性特征

体育的本质功能是增强体质，促进人的身心健康与全面发展，为社会发展服务，体育事业具有鲜明的社会公益性特征。体育创新创业是服务于体育事业发展的，其本质是最大化服务于体育功能的价值。因而，体育创新创业往往建立在社会价值创造的基础上，通过收获经济价值而持续发生发展。从这个角度来看，体育创新创业具有鲜明的公益性特征。从现实看，体育创新创业有很大一部分从事的是社会公益创业活动。

## 二、体育创新创业的核心要素与过程

从内涵与特点可知，体育创新创业与一般创新创业在核心要素与创新创业过程方面，并无区别。

### （一）体育创新创业的核心要素

创业学发展至今，对创业要素的分析和概括中，人们比较公认的是美国百森商学院杰弗里·蒂蒙斯（Timmons）教授在其《新企业的创建》一书中提出的创业管理模型（图1-1）。该模型提出了创业活动至少需要三个关键要素：机会（商机）、团队（创业者）和资源。一般认为，创业机会是创业活动的核心要素，创业的核心是发现、识别与开发商业机会，利用机会去实施创业。创业机会具有不确定性，往往需要创业者或其团队发挥其创造力去识别、分析评估机会，进而开发创业机会。如果创业者没有找到适合的创业机会，创业活动则不会发生或无法有效推进。反过来，如果具备了好的创业机会，机会将驱动创业者将想法付诸行动，从而推动创业活动的开展。创业者有了可把握、可开发利用的创业机会之后，创业活动还需要具备必要的资源（如资金、技术、场地、设备等）才能进行。创业资源是开发创业机会的必要保证，是创业活动的支撑要素。团队（创业者）是三个要素中唯一能动的组织要素，需要发挥其主观能动性，才能进行创业机会的发掘与开发，才能寻求、整合开发创业机会所必需的资源。

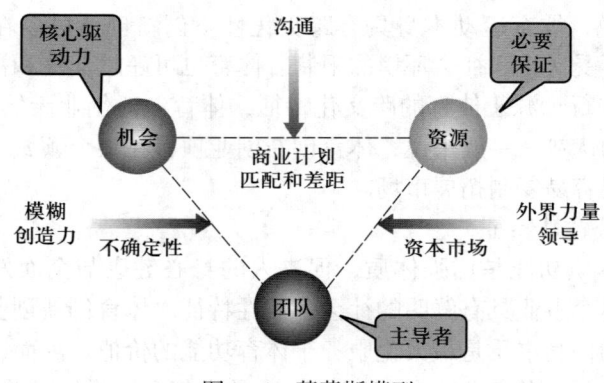

图1-1 蒂蒙斯模型

蒂蒙斯认为，创业过程是三个要素之间相互作用、相互影响，由不平衡向平衡方向发展的动态过程。成功的创业活动必须对机会、团队和资源三者进行最适当的匹配，并且还要随着创业阶段的发展变化而做出动态调整。

在蒂蒙斯模型中，机会、资源和创业团队这三个创业要素构成一个"倒立的三角形"，创业团队位于三角形的支撑点。在创业初始阶段，创业机会尚待开发，与开发机会所需的资源相比，创业资源相对缺乏，于是"三角形"会向左倾斜，呈现机会与资源的不平衡状态；在创业后期阶段，创业机会则被充分开发利用，创业者拥有并可支配的资源不断积累，此阶段"三角形"将向右倾斜，代表机会与资源不平衡的另一种状态。此时，创业者需要寻求更大的商业机会，去合理使用资源，以保证创业活动的持续开展。创业的过程，就是创业者发挥主导作用、平衡并实现三要素间动态平衡关系的过程。

### （二）体育创新创业的一般过程

创新创业的一般过程是指创业者从有创业想法开始到创业成功所经历的一系列流程和步骤，主要包括产生创业想法、识别评估创业机会、整合资源实践试错、创办新企业、运营管理新创企业和企业发展成功后获得回报等历程。

1. 产生创业想法

创业者是创业活动的主体，创业活动发端于其强烈的创业想法和动机。不管创业者是出于哪种想法和动机，必须有明确的创业意愿才会有创业行动。创业者有了创业想法和意愿，会主动评估自身条件和创业外部环境，做出最终的创业决策，做好创业的心理准备。这是创业的第一步，也是关键的一步。走出这一步，才会有后面一系列的创业活动。

2. 识别评估创业机会

创业者决定创业之后，首先要识别并找到适合自己的创业机会，即创业者要在这一步确定创业内容。创业机会的寻找是创业过程的关键环节，一方面需要创业者发挥主动性和创造性去识别有价值潜力的、好的创业机会，另一方面创业者要分析自身情况，确保自己能把握并有能力开发这个创业机会。识别、分析和评估创业机会有相应的标准、方法、工具和步骤，这部分内容将在本书后续章节进行专门、系统阐述。

小创新带来的大收益

3. 整合资源实践试错

创业者在第二步找到创业机会并确定创业项目或方向后，需要整合资源并以精益创业方式对创业机会实施实践检验，探索各方面的需求条件并验证商业模式，以确保创业项目可行，降低创业风险。

这一步是创业过程中最为重要的一步，其结果直接决定着创业活动能否顺利推进，是否能达成制定的创业目标。首先，创业者基于创业项目的基本需求，要去整合实践检验项目所必需的人、财、物、技术、场地等资源，同时盘点并判断出创业资源需求与自我资源拥有的整合能力是否匹配。其次，创业者需要分析目标用户或客户需求、细分目标市场、开发原型产品、在小范围市场做实测和登陆市场的销售检验。通过一系列的实践试错，创业者可对用户、市场、产品、技术、供应商、销售渠道和财务成本等关键问题做出理性、客观的判断，以调整、完善创业思路和计划，切实做好创办企业的准备。

#### 4. 创办新企业

当创业者找到合适的创业机会,并通过实践试错的方式实际验证后,可确定这个创业项目及其计划方案大致是可行的。接下来,创业者就可以筹备创办新企业了。创办新的企业是创业过程中具有里程碑意义的一步,直接标志着创业活动步入正式轨道。在这个步骤中,创业者需要做好组建创业团队、筹集资金、确定企业名称与选择等准备工作,按新企业注册的流程和规范完成企业注册工作以及新企业开张与初期运营准备工作。

#### 5. 运营管理新创企业

企业成立后,创业者已成为企业的拥有者和管理者。创业者需要打造并管理好团队,组织产品研发与生产,做好市场营销、销售管理和客户服务,统筹企业战略、行政事务和财务等各方面企业管理工作。在这个环节,创业者要首先保证企业的生存,保证企业现金流和一定利润,逐步将企业做强、做大。

#### 6. 企业发展收获成功

如果企业运营得比较顺利,在创业者及其团队的努力下,企业会获得发展和快速成长。在比较理想的情况下,经过一段时间的发展,企业有可能实现上市。可以说,只要能正常运营和发展,企业无论能赚取多少利润、创造多少价值、是否上市,创业就已经成功了。在这个时候,创业者可选择继续运营,也可以选择以某种方式退出。无论哪种结果,创业者都可以收回投资和创业回报,收获创业成就。

### 三、体育创新创业的分类与模式

#### (一)体育创新创业的分类

**1. 从创业的主体看,体育创新创业可分为体育人创业、机构创业和女性创业等类型**

体育人创业是体育领域的创业活动,体育创业者一般要求对体育行业有深刻的理解并对体育事业充满情怀。在这个角度看,体育人创业往往比非体育人具有竞争优势。现实也证明,运动员、体育技术研究者、体育媒体人、体育活动组织者和体育管理者等体育人是体育创业的参与主体。比如体操运动员李宁、篮球明星姚明和体育解说刘建宏等都是体育人创业的典型代表。体育人创业有自主创业者,也有跨界参与体育创业者。

体育创业的主体,除了个体还有机构。体育机构创业发端于体育的机构改革。在专业体育中有很多特别机构,其组织结构与运营机制发生变革时，可看作是机构创业的一种类型。比如国际奥委会、国际足联和纽约体育俱乐部等都转型为市场化运营模式。从我国体育事业改革发展来看，体育系统的事业单位机构改革早已启动，由事业单位转变为实体化、市场化的服务机构。比如与国家体育总局已经"脱钩"的中国足球协会，已经成为社会公益组织，可看作是体育创业中的机构创业。

女性参与企业创新是女性创业的开始。美国《教育法修正案》第9条中明确提出鼓励女性运动员创新创业。在很多体育管理领域，女性创业具有优势。在开辟体育市场方面，女性有很多成功案例，比如ESPRIT、E-LAND运动女装都取得了不俗的销售业绩。再比如，范斯特体育受到女性参与者驱动，成功开拓了纳斯卡汽车赛中的女性市场。

2. 从创业的目的看，体育创业可分为公司创业和社会创业等类型

从创业的初衷和目的看，一般创业可分为以谋求商业利益的公司创业和以创造社会价值为主的社会创业两种类型。体育创业也不例外。公司创业，是通过公司组织的资源与技术创新等，创造新的产品服务，或创新商业模式，或开拓新的市场。比如，阿里体育通过资本和技术创新，在智慧体育场馆建设与运营方面取得竞争优势。

社会创业是非营利、社会公益性的创业类型。体育创业的社会创业，是通过公益性体育活动促进现有社会问题的变革。比如支持乳腺癌预防意识的"粉红丝带运动"就是体育社会创业的典型案例。其他比如参与体育的个人和组织通过体育慈善事业或体育慈善机构等积极方式奉献社会也属于体育创业的社会创业。比如，联合国儿童基金会通过鼓励重建社区体育而鼓励社会创业计划，支持乌干达的体育健康事业。

3. 从创业的领域与模式看，体育创业可分为社区创业、国际创业、技术创业、互联网创业和"互联网+"创业等类型

体育创业的社区创业一般是指专门服务于实体和虚拟的社区，为其提供体育活动、用品和交流服务的一种形式。实体的社区组织通常包括学校、生活社区、商业社区和产业园区等。实体的社区创业通过为社区建设体育设施、组织体育活动和相关服务，创造并获取商业价值。虚拟的社区创业主要是通过网上的资讯、直播、体育商品和体育门票、彩票宣传销售以及社群的互动交流平台，为线上的社区人群提供服务。

国际创业一般是指通过跨地区开拓国际市场的创业活动。体育领域的国际创业多数是指通过开拓海外市场实现体育产业发展的国际化。比如，NBA和欧洲足球联赛来到中国开拓市场，寻求新的发展空间和机会。再比如，中国的体育用品制造商，通过"一带一路"将体育用品销售到"一带一

路"沿线国家，都属于体育国际创业。

技术创业通常是指以高新技术为基础进行的创业活动。体育创业的技术创业，是指因技术变革与发展，推出创新的产品服务，甚至构建新的商业模式。比如，随着新材料、人工智能技术的发展，开发出具有技术创新的体育用品和智能化体育装备，利用移动互联网和虚拟现实技术，构建新的体育赛事直播和体育观看新模式等，都属于体育创业的技术创业。

互联网创业是指依托互联网技术而进行的创业活动，也可看作是技术创业的一种形式。目前，互联网技术已经改变了人们的生产生活、工作方式，也为体育产业的发展创新提供了广阔的空间。利用互联网技术进行的体育创业活动，已经成为体育创业的一支生力军。比如各种体育App、体育视频直播、线上体育社区等都是体育互联网创业的典型形式。

"互联网+"创业是指运用人工智能、大数据、云计算和物联网等最新技术成果，优化传统产业的生产要素和资源配置，更新实体产业的业务体系，重构商业模式，实现传统产业经济转型和升级的一类创业活动。"互联网+体育"是指以创新2.0互联网发展的新形态、新业态为依托，将以互联网为代表的创新成果深度融合于体育行业的发展之中，推动传统体育行业的产业链、市场业态及商业模式等各个方面的颠覆性创新与变革，改造体育产业的演进模式和商业模式，提升体育产业的创新力、生产力和核心竞争力，形成更广泛的以"互联网+"为基础设施和实现工具的体育产业发展新形态。体育"互联网+"创业，是指运用技术创新成果，作用于传统实体的体育产业，实现体育产业结构的优化升级。比如，京东体育除了向消费者提供专业全面的运动、户外日常服饰及装备等海量商品外，还通过线上线下联动构建京东体育生态圈，如搭建太原马拉松唯一线上报名渠道、联合水立方搭建线上旗舰店等，用自己的方式倡导全民运动健身风潮。这就是典型的体育"互联网+"创业。

## （二）体育创新创业的常见模式

创新创业模式是指创业者为实现创业理想、保障自身权益和降低风险，提升创业效率，对所拥有或可能整合的各种创业要素进行创造性组合所选择的创业行动范式或路径。一般来说，创业者所选择的创业组织形式、创业方式和创业行业选择等构成其独特的创业模式。

创业者在创业之初的一个重要准备工作是寻找适合自己的创业模式。创业模式需要借鉴通行的、标准化的模式，充分发挥自身优势、克服劣势，结合自身能力与资源等条件，选择或创新创造出真正适合自己、实际可行的创业模式。好的创业模式，可以帮助创业者化解很多创业过程中的不利因素，有助于取得创业成功。

体育创业的模式是体育行业创业者在体育行业、产业环境中形成的，在创业动机、创业方式、产业进入、资金筹集、组织形式、创新力度和政府支持等方面具有相似性、典型性的创业行为，是对各种创业因素的配置方式。目前，体育创业比较成熟的创业模式有下面几种：

1. 独立自创模式

独立自创模式，是指创业者为了实现就业的同时积累资本和经验，由个人或几个人组成的创业团队，完全独立自主的创业模式。大部分体育创业者创业时会选择这种模式。体育创业的独立自创模式，主要集中在体育竞赛表演活动、体育健身休闲活动、体育中介服务、体育培训与教育、体育传媒与信息服务、体育用品及相关产品销售、贸易代理与出租的经营上。这种创业模式资金门槛较低，创业者通常可以自主筹集。在管理上主要采取自我雇佣形式，产权关系上以个人独资或合伙投资经营为主。这种创业模式面临的不确定性程度低，可以稳打稳扎、步步为营，逐渐积累壮大，成功率较高。

2. 代理加盟模式

这种创业模式是指创业者以加盟直营、区域代理或购买特许经营权的方式销售某种商品或服务的创业活动。体育创业加盟模式主要应用于体育用品零售、健身场馆经营和体育教育培训等领域。这种模式的经营资金由代理加盟者筹集，通常需要缴纳一定额度的加盟管理费。这种模式在组织管理上实行总店或中心统一标准化的经营管理方式，加盟后可得到授权方的资源、经营指导及相关配套服务的支持。这种创业模式由于有经营管理上现成的模式可供直接采用，可充分利用特许企业的品牌效应减少经营风险，享受规模经济效益，被称为"站在巨人肩膀上"的创业。

3. 分化拓展模式

这种创业模式是指创业者首先加入某高新技术或商品流通企业，成为该企业的骨干员工，积累资源和经验，然后利用企业内部创业的机会来实现自己创业理想的一种创业方式。体育创业者根据自己的专长和兴趣，有目标地加入某体育企业，迅速学习与积累经验，积极寻求内部创业机会。当创业者成长为骨干，资本、经验、人力资源等积累到适当程度并寻求到适合自己的创业机会时，创建自己的法人企业，开拓属于自己的事业。这种创业模式，由于创业者是先学习、积累经验与资源，依托原平台分化出相关业务并做了市场检验，在条件成熟时再启动自主创业活动，因此该模式的创业风险较小，成功概率较高。

4. 专业联合模式

这种创业模式是创业者将自己拥有的专业技能或技术专利成果通过"知本雇佣资本"的方式进行创业。当体育创业的创业者具备了某一专业技术技能，或成功研发出新的产品，或申请并拥有了相关专利成果可以辅助市场应用，但缺乏创业与管理经验，无市场渠道和无法承担相应的资本投入时，可以技术、专利、其他智力成果作为生产要素，整合各种资源，参与创业的一种方式。这种创业模式主要集中于体育信息化平台与管理系统、健身休闲类独创性体育活动项目、高科技体育用品、专业化体育教育培训课程等技术含量高、知识密集型的领域。这种创业模式是参与式创业，通常是技术与外部资源（如资本）的结合，对创业活动缺乏全面掌控，其不确定性程度高，风险往往很大。

5. 模拟孵化模式

模拟孵化模式是创业者通过各种创新创业大赛、创业融资路演活动、实践模拟等方式论证创业想法，条件成熟时入驻创业孵化器，通过孵化器创业环境的熏陶、政策支持、资助、创业指导服务等催化发展而逐渐成熟的一种创业方式。在国家大力倡导创新创业的背景下，各种鼓励支持创新创业的比赛、投融资活动和创业孵化器层出不穷。体育创业的创业者，特别是创业经验和资源不够丰富的创业者，可以通过参加创业大赛（如中国智能体育创新创业大赛、全国大学生体育产业创新创业大赛、中国体育产业创新创业大赛），熟悉创业流程，学习创业知识，了解体育创业现状与趋势，打磨论证自己的创业项目，积累经验与人脉，全方面进行创业计划的模拟论证。根据创业项目模拟论证与创业准备实际，体育创业者可申请体育产业创新创业基金、专项创业基金的资助，同时可根据孵化器条件申请入驻体育产业孵化器或创业园区，对创业项目进行催化成长。这种创业模式通常集中于体育运营与用品制造的高科技领域。该模式由于经过多种实践模拟论证，并借助于创业孵化的专业化服务支持，创业风险不大。

## 第三节　体育创新创业环境

案例导入

### 体育产业创业需要"千里马"而非"独角兽"

懒熊体育创始人兼CEO韩牧，把体育产业比作一场足球比赛。他认为目前体育产业发展如同刚进入到足球比赛的前20分钟，进入到一个体力小极限，容易出现"体力不支"的情况，出现这样的情况就要开始调整。应意识到体育产业发展绝对不是20分钟的比赛，而是一场90分钟，甚至是120分钟的比赛，这时应调整战术、战略，根据生理机能来调整，分配资源，只有这样才能在体育产业发展中蓬勃向前。

他总结了对体育产业创业5个方面的认知：

1. 体育产业创业需要的是千里马，而不是"独角兽"

"独角兽"是互联网概念，通过两三年的时间成长为庞大无比的"怪兽"，但体育产业希望有跑得更久、耐心更强的"千里马"。例：WTC世界铁人三项公司在1977年开始创建，2015年被万达收购，收购价格6.5亿美元，已经经营了近40年的时间。而一些公司一两年就能估值10亿美元。但是WTC公司对体育产业用户的贡献和习惯养成是有很大帮助的。

2. 体育产业的创业投资热情并没有减弱

并不是所有产业都有资本寒冬，对体育产业要有信心，体育投资的热情不能减弱。2018年，有235起体育创投事件，涉及投资金额约196亿元。

3. 传统体育公司开始发力

传统体育公司，像安踏公司做了几起并购，匹克从港股回归，贵人鸟在筹划收购威尔士。很多过去传统体育人才也开始流动起来，这些专业人才流动起来，体育产业才开始涌动，进入第二个阶段。

4. "产品"将成为体育公司的核心竞争力

过去体育产业属于计划经济时代的产物，体育产业产品是体育公司的核心竞争力，产品如何让用户为之信赖，并为之付费，十分重要。能不能打造一个好的产品是非常重要。

5. 体育行业人才将比资源和资本更重要

人才比资源和资本更加重要，乐视体育曾在短时间聚拢那么多的人才，这也是保证他们在一段时间内高速发展的基础。暴风体育CEO冯鑫的一个观点是未来体育重要岗位的60%要替换成产品人才，这个行业才能创造价值。

## 一、体育创新创业的宏观背景

### （一）国家创新创业的宏观背景

近几年，我国大力提倡加快建设创新型国家，促进大众创业、万众创新。回顾我国市场经济的发展历程，从联想、海尔、华为等一批大企业创立并成长为当今具有全球竞争力的国际企业，到阿里巴巴、腾讯、百度等互联网企业引发世界对中国企业的关注，每一次创业浪潮的兴起，无不激发出巨大的创新力量，成为我国经济实力和国际竞争力不断增强的坚实基础。

如今，伴随着我国经济转型步伐和改革进程的不断加快，新一轮创业潮已然来临。放眼全球，在互联网技术日新月异的当下，我国经济拥有许多难得的发展机遇，创业机会就在每个人的身边。特别是近几年来我国政府连续出台简政放权措施，推动政府职能转变，破除了一切束缚发展的体制机制障碍，营造了更加宽松的创业环境，大大降低了创业门槛。

时代呼唤更多人拿出创业的勇气和智慧。中国13亿多人口中有8亿~9亿的劳动者，如果他们都能投入创业和创新创造，这将是巨大的力量。

迈入新时代，创业已成为经济发展中最具活力的部分，也是经济发展的新动力。新时代的创业者创造了全新的成长型企业，对新时期经济发展产生了巨大影响。

进入新时代，新科技迅速进步，互联网创新成果和社会各领域深度融合，形成以互联网为基础平台的发展新形态，给创业者提供了一个新的发现价值、创造价值、解决问题的新路径，也改变了消费者的需求内容、需求结构、需求方式。这是一个变革的时代，也是商机无限的时代。这是一个迫切需要创业者挖潜改造、大发展的时代。创新引领发展，创业成就未来，新的时代呼唤敢为人先的创新者，需要担当有为的创业者。

### （二）体育创新创业的宏观背景

近年来，体育产业的发展已经逐渐改变了人们的生活方式，从2014年10月国务院印发的《关于加快发展体育产业促进体育消费的若干意见》到2016年5月国家体育总局《体育发展"十三五"规划》的出台以及各省（自治区、直辖市）结合各自战略定位，对辖区内体育产业总规模、体育产业增加值提出的明确目标，并就扩大体育服务业规模、培育体育企业、加强体育设施建设、建设体育产业基地、优化产业布局、促进产业融合发展等多项内容提出了具体规划，这些都激发了中国体育产业的蓬勃发展。

国务院"46号文件"提出到2025年，中国体育产业总规模将达到5万亿元。根据国家体育总局的数据，2018年，体育产业增加值占据全国GDP的比重超过1%，体育消费近1万亿元，体育产业机构数量同比增长超过20%，吸纳就业人数超过440万人。据预测，全国31个省（自治区、直辖市）在2025年体育产业规模的目标值合计将超过7万亿元，按照这个数字计算，年复合增速可达到33.14%。

未来10年，是推进"健康中国"建设的重要战略机遇期。经济保持中高速增长将为维护人民健康奠定坚实基础，消费结构升级将为发展体育服务创造广阔空间，科技创新将为提高健康水平提供有力支撑，各方面制度更加成熟更加定型将为体育领域可持续发展构建强大保障。

从目前我国体育产业的结构看，与发达国家相比，我国体育服务业占比偏低。目前，我国体育用品业占比达到65.7%，体育服务业占比仅为33.4%。美国体育产业结构中，体育服务业比重高达57%，体育用品制造业仅占28%。因此，全面提升体育管理、体育赛事、体育营销等体育服务业科技水平，通过智慧化提升服务能力、服务效率，服务全民健身和健康中国战略，将成为助力体育消费经济发展的重要方式之一。

"十三五"时期，伴随着供给侧结构性改革的不断深入、科技革命和产业变革的不断发展和"健康中国"战略的逐步实施，我国体育需求将从低水平、单一化向多层次、多元化扩展，体育消费方式将从实物型消费向参与型和观赏型消费扩展，体育产业将从追求规模向提高质量和竞争力扩展，体育产业必将迎来重大战略机遇。

近年来，随着经济高速发展、运动理念逐渐普及、国家政策持续支持和资本的日益关注，为体育产业提供了良好的发展基础。目前，我国的体育产业已经初步形成了以竞赛表演和健身休闲为驱动，以体育用品为支撑，体育场馆、体育培训、体育中介、体育传媒等业态快速发展的良好态势（图1-2）。体育与科技、文化、传媒、健康、养老、旅游等相关行业的融合日益加深。

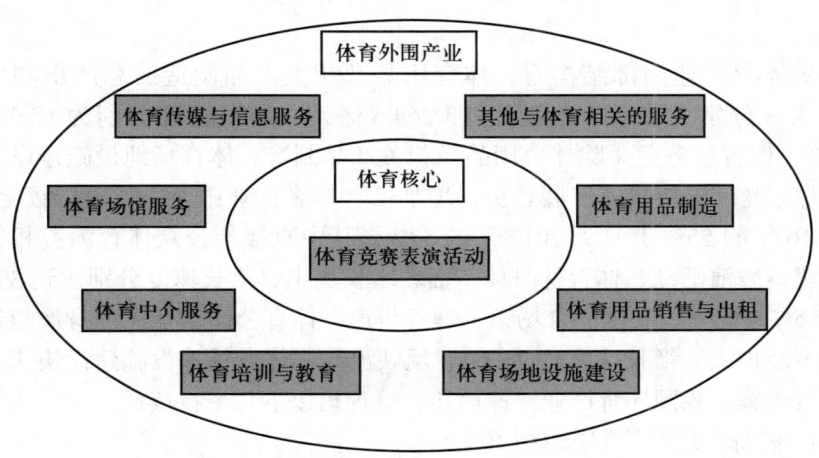

图1-2　我国体育产业结构图

## 二、中国体育产业发展现状与趋势

### （一）体育产业发展的现状及特点

2019年1月8日，国家统计局发布《2017年全国体育产业总规模与增加值数据公告》。经核算，2017年，全国体育产业总规模（总产出）为2.2万亿元，增加值为7 811亿元。从名义增长来看，总产出比2016年增长15.7%，增加值增长了20.6%，具体统计数据如图1-3所示。

2017年全国体育产业状况

| 体育产业类别名称 | 总量（亿元） | | 结构（%） | |
| --- | --- | --- | --- | --- |
| | 总产出 | 增加值 | 总产出 | 增加值 |
| 体育产业 | 21 987.7 | 7 811.4 | 100.0 | 100.0 |
| 体育管理活动 | 504.9 | 262.6 | 2.3 | 3.4 |
| 体育竞赛表演活动 | 231.4 | 91.2 | 1.1 | 1.2 |
| 体育健身休闲活动 | 581.3 | 254.9 | 2.6 | 3.3 |
| 体育场馆服务 | 1 338.5 | 678.2 | 6.1 | 8.7 |
| 体育中介服务 | 81.0 | 24.6 | 0.4 | 0.3 |
| 体育培训与教育 | 341.2 | 266.5 | 1.6 | 3.4 |
| 体育传媒与信息服务 | 143.7 | 57.7 | 0.7 | 0.7 |
| 其他与体育相关服务 | 501.6 | 197.2 | 2.3 | 2.5 |
| 体育用品及相关产品制造 | 13 509.2 | 3 264.6 | 61.4 | 41.8 |
| 体育用品及相关产品销售、贸易代理与出租 | 4 295.2 | 2 615.8 | 19.5 | 33.5 |
| 体育场地设施建设 | 459.6 | 97.58 | 2.1 | 1.3 |

注：若数据分项合计与总值不等，是由于数值修约误差所致。

图1-3 2017年全国体育产业数据

从体育产业内部结构看，体育用品及相关产品制造的总产出和增加值最大，分别为13 509.2亿元和3 264.6亿元，增长速度分别为12.9%和14.0%。体育服务业（除体育用品及相关产品制造、体育场地设施建设外的9大类）继续保持快速发展势头，增加值在体育产业中所占比重继续上升，从2016年的55%上升到2017年的57%，其中直接与公众体育消费相关的体育竞赛表演活动、体育健身休闲活动增长突出，增长速度分别达到39.2%和47.5%。此外，我国体育场馆、健身步道、体育公园等全民健身设施建设力度不断加大，增长速度达94.7%，反映出我国体育场地设施建设快速蓬勃的发展势头。我国体育产业快速增长，呈现出以下几个特点：

1. 健身、培训等需求快速增长

健身是体育产业最为广泛的需求。广义上来看，经常参加体育锻炼的人群就是健身人群。2017年，全国经常参加体育锻炼的人数达到5.5亿人，占全国人口的比重达42.3%。这个庞大的人群对体育用品产生需求，例如运动服装和鞋帽等。狭义上来看，健身人群指健身俱乐部的会员。按这个标准，我国目前有效需求水平较低。虽然消费者普遍有健身需求，但愿意为之付费的意愿较弱，与服务提供成本有较大差距，因此还不是经济学意义上的"有效需求"。对比国内外相关数据可知，我国会员渗透率（俱乐部会员数占总人口的比例）仅为0.4%，而美国超过20%，加拿大、英国等会员渗透率均超过10%。

据美国福克斯新闻网的一项研究报道显示，美国人目前在健身上的花费比大学学费还要多。该项研究发现，18~65岁的美国人，平均每月花费在健身房、私人教练、膳食计划、营养品和健身器材上的费用为155美元，按此计算，全美国18~65岁年龄段人口的年消费额达到3 961亿美元（155美元/人×2.13亿人×12=3 961亿美元）。

近几年我国健身人群数量增长很快。根据多项数据显示，2012年以来，国内健身行业年均增长率超过12%，而且呈现出加速增长的趋势。按此速度预测，到2025年，我国健身行业将达到目前规模的2.2倍。

体育培训需求的增长也很快，青少年课外培训中体育培训将成为重要部分。即使对成人而言，自发锻炼已不能满足部分人群对体育技能的需求，专业培训服务需求增长快，就项目来讲，足球、篮球、羽毛球、乒乓球、网球、游泳、跆拳道、轮滑等项目是当下市场的主流项目，与此同时，击剑、橄榄球、攀岩、冰雪等部分小众和新兴项目也开始流行。

### 2. 中高端项目参与人群扩大

有些体育消费需要付出较高成本，如专业装备骑行、露营、攀岩、登山、皮划艇以及马术等。这些运动比传统体育项目更"贵"，因此参与者更多的是中产阶层以上人群以及年轻人。最近几年，国内这类运动项目逐渐形成可观的规模。京东等网络销售平台提供的数据表明，过去几年体育用品类产品销售中，骑行、游泳、垂钓用品的消费比重一路上升，尤以垂钓用品和骑行运动的消费增速最快，2017年上半年，上述运动消费增速超过75%。再以马拉松运动为例，2014全国仅举办了51场，2017年已超过500场，参跑人数10倍增长。其中外地参加者人数超过60%，2017年无锡马拉松5万多报名者当中，90%是外地跑者。除了数百元的报名费外，还要付出旅行费用、食宿费用等，可谓"一跑值万金"。即使如此，参赛名额仍"一票难求"，2017年武汉马拉松有2.2万个参赛名额，却有12万多人报名，中签率不足20%。

**3. 消费者对新项目的热情度很高**

国内消费者特别是年轻人对新的体育项目表现出很高的热情。以电子竞技产业为例，2017年11月4日，4万人购买了价格为280~1 280元的门票，在鸟巢观看电竞游戏"英雄联盟"的全球总决赛。总决赛之前，武汉、广州、上海和北京还分别举办了不同阶段的比赛。从9月23日开始直播到11月4日结束，总直播时长为132小时。观看直播的国内观众高达9 634万人，占总观看比赛人数的98.4%。这个场面震撼了全球竞技体育界，竞技游戏竟然在中国已经发展成如此繁荣的大产业。

据《2017年移动电竞市场规模研究报告》，过去几年，中国电竞市场高速成长，市场规模从2015年的321.3亿元增加到2017年的799.6亿元。其中移动电竞市场规模的迅速扩张是主因，目前，我国已成为名副其实的电子竞技大市场。普华永道的分析表明，未来几年，我国的电竞市场规模还将以26.4%的增长率持续增长。

**4. 职业体育需求旺盛、潜力巨大**

职业体育是指那些提供商业性体育竞赛表演的产业，核心产品是"比赛"，例如中超、CBA等。职业体育俱乐部以经营比赛来实现收入和营利目的，运动员、教练员和其他从业者以此为职业获得收入，观众则愿意付费观看比赛，这些都与其他产业并无不同。职业体育的收益来自三个部分：比赛日收益（门票及现场餐饮消费等）、转播权收益、商务开发收益（特许商品、赞助等），其中转播权收益位居首位。

转播受众人数是影响转播权收入的重要因素之一。由于我国的人口基数大，一个流行项目的收视人数可以达到几亿，高居全球前列。2016—2017年赛季，中超、CBA电视转播收看人数分别超过4亿和7亿人。观众群体目前主要是免费观看，其商业价值主要来源于广告，最近几年我国付费观众人数有了较快增长，今后较长时期，插播广告的免费转播虽然还会长期存在，但体验更佳、收费低廉的付费市场会迅速成长。

**5. 群众性体育活动的商业价值开始显现**

互联网时代，群体类体育活动参与人数多，商业价值开始显现。例如，马拉松以往都是政府举办的公益性赛事，近些年比较出名和具备规模的比赛如北马、上马、厦马等，都实现了商业化运作且有不菲的收益。再如覆盖人群的多少是走步、跑步类App项目在资本市场融资的重要指标。近几年有多个广场舞App获得融资，2016年，糖豆广场舞获得2 000万美元A轮和B轮融资，投资者看好1亿人以上的广场舞参与人群，要先做这部分中年群体的娱乐生活入口，再跨进到交易变现。

#### 6. 先进网络技术和庞大用户数量支撑"互联网＋体育"

"互联网＋"将是体育产业最大的增长点，也是我国最大的优势。我国接入互联网的绝对人数和相对比例都很高。2016年年底，我国网民规模、手机网民规模和社交网站活跃用户分别为10亿人、10亿人和6亿人，分别占人口总数的75%、75%和45%，远远超过美国和欧洲相加的总和，成为"互联网＋体育"的庞大市场支撑。特别是中国以10亿计的网络用户使用同一种语言，这对任何互联网产品都是极为可贵的用户群。以阿里巴巴、腾讯和百度为代表的全球顶尖的中国互联网企业，3家都已进入全球前十，技术创新和商业模式创新能力很强，体育产业都是其重点布局的领域。

#### 7. 体育设施潜力得到释放

我国体育场馆存量大，但运营效果差。数亿元甚至数十亿元的场馆投入，年均收入仅有几百万元，有很大的改进空间。我国的文化与体育产业正在快速发展，对体育场馆的综合运用产生多方面需求。对大型体育场馆来说，仅对健身爱好者低价或免费开放，并不是长期可持续的模式，这些场馆中，场地面积仅占建筑面积的20%左右，占80%面积的各种功能用房、附属设施和看台下空间仍然处于闲置状态。目前国内甚至世界范围内经营较好的场馆全都是综合发展。北京"水立方"定位为多功能的大型水上体育休闲娱乐中心，除游泳馆外，还有多功能大厅、嬉水乐园、公益展室、水滴剧场、南北小楼等，使用面积已达到95%，基本饱和。可以看出，全国千余所大型场馆和数万所中小场馆的有效使用能释放出巨大能量。

#### 8. 政府意愿足、能力强

从政府角度看，体育对当地民众和外界都是显性度很高的产业，值得高度重视和大力促进发展。从媒体的公开报道中显示，全国31个省、自治区、直辖市明确提出到2020年体育产业增加值超过1%，即超过全国平均水平的地区至少有26个。许多地方政府努力将本地区打造成体育产业聚集区，包括体育产业示范基地、体育产业园、运动休闲小镇、体育特色景区、体育旅游小镇等。通过完善基础设施、设计节庆活动、举办体育赛事等，让体育活动和户外运动成为当地突出特色，聚集人气，吸引投资者和旅游者的关注。

地方政府还愿意为职业体育发展助力，提供各种补贴和奖励。首先是支持运动设施建设。据不完全统计，我国90%以上大型体育场馆的建设获得了政府财政补贴或直接投入，建设主体一半以上是由政府组建的投资集团、投资基金或国有企业、国有机构。

### (二)体育产业未来发展趋势

**1. 体育产业规模与产业链进一步扩大**

按近年体育产值和增加值年均复合增长率18%~20%推算,预计到2020年,我国体育产业总产值能顺利实现突破3万亿元的目标,到2022年,体育产业规模将进一步超过3.5万亿元,增加值也将达1.14万亿元。2012—2017年,中国体育产业规模及增加值统计数据如图1-4所示。

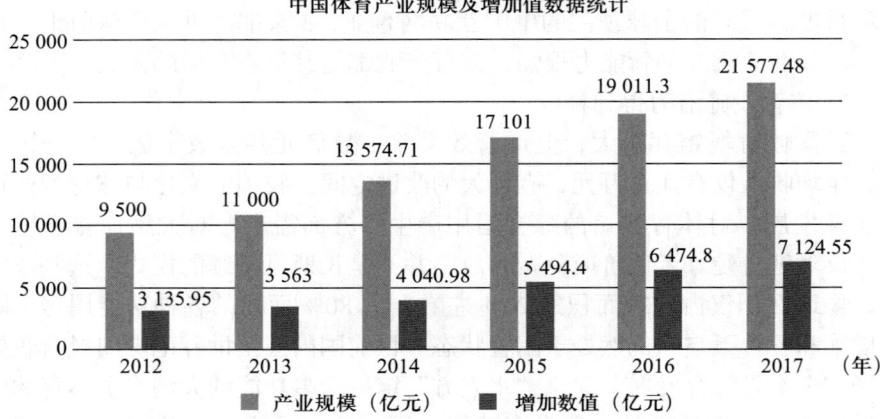

图1-4 2012—2017年中国体育产业规模及增加值统计

据推算,我国2018—2022年体育产业规模及预测,如图1-5所示。

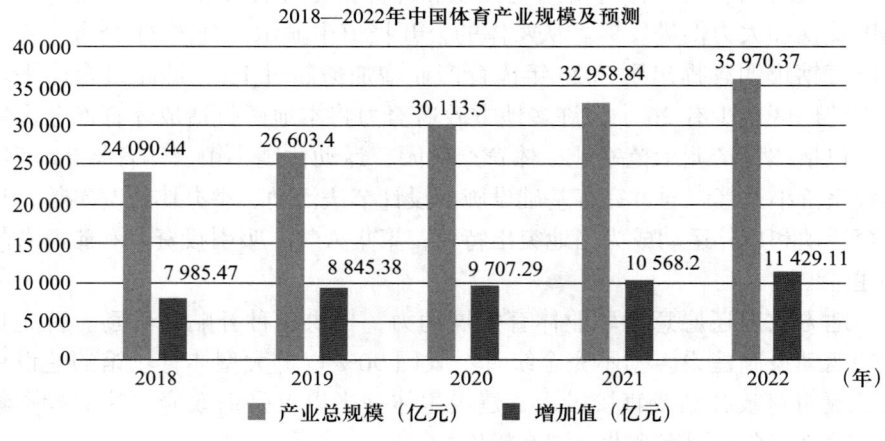

图1-5 2018—2022年中国体育产业规模及预测

体育产业链将进一步拓展。根据国外经验，像美国 NBA 等体育赛事及其衍生的赛事转播、体育经纪、广告、服装、影视等产业已形成一个巨大的产业链。而国内尚未打破体育领域的政策垄断，市场化机制尚不成熟，如果未来政策能够逐步放宽，体育产业链各环节的发展空间十分巨大。

2. 体育产业发展的重要性不断提升

近年的《政府工作报告》中，对体育产业发展有不同的论述。2014 年《政府工作报告》中提出"发展全民健身、竞技体育和体育产业"；2015 年提出"发展全民健身、竞技体育和体育产业，扩大教育文化体育消费"；2016 年提出"支持发展文化体育等服务消费"；2017 年提出"实施全民健身计划，广泛开展全民健身，统筹群众体育、竞技体育、体育产业发展"；2018 年明确了体育产业与"智能产业""互联网+"的融合发展方向，确立推进体育改革，支持社会力量提供体育服务。上述表述侧重点各不相同，不过体育产业发展的重要性日益凸显，主要表现在两个方面：第一，体育产业发展上升到国家战略层面，与全民健身、竞技体育并驾齐驱；第二，从支持发展、统筹发展等表述转变为如何发展和如何推动，体育产业的发展目标和发展路径更为清晰与准确，即以供给侧改革为主线，积极提供体育服务供给，重视与凸显社会力量、社会领域的作用，强调政府、社会、市场的三位一体。

3. 体育产业的"朝阳产业"特征逐渐凸显

体育产业的总体发展无法脱离国家经济的发展水平。基于我国经济的不断增长，体育产业发展获得了全新机遇，步入快速增长阶段。从名义增长看，无论是总产出还是增加值，都显著高于同期经济增长速度，是名副其实的朝阳产业。

在新的历史起点上，稳步增长的收入水平、四通八达的交通设施、便利多元的场馆设施、日益增长的体育人口、绿水青山的生态环境、包容共享的治理理念，都将为体育产业迎来前所未有的发展良机。

4. 体育产业发展的目标与路径愈加清晰

在发展目标方面，体育产业首次进入国家经济总体布局，在深入推进供给侧结构性改革中，体育产业作为新兴产业，需要实施大数据发展行动，与其他幸福产业一起强调注重"互联网+"的发展理念，发展智能产业，拓展智能生活，为人们更美好的生活创造基础。

在发展路径方面，体育产业发展一方面需要依托于市场基础，另一方面需要充分仰赖社会资本与社会力量。改革开放 40 年来，体育产业改革尚存在较大瓶颈，社会领域进入体育行业还存在诸多障碍；核心体育资源尤其是优质赛事资源、运动员资源的配置仍待优化，体育产业与市场化、产业化、职业化发展方向存在一定差距；行业协会改革推进面临着许多真空地带，尤其是法律、政策、制度的配套改革还有待创新与完善。

5. 体育产业发展的工作重点日益聚集

2018年年初的全国体育产业大会，对于体育产业发展进行了全面部署，从国务院工作层面解析，提出以下几项工作需要特别关注：

一是体育产业发展助力乡村振兴。通过各类乡村振兴战略，越来越多的城市居民到乡村郊游、度假，户外体育产业将成为乡村旅游的重要载体，体育产业如何实现"既要绿水青山，又要金山银山"的目标值得倍加关注。

二是体育产业发展仰赖社会力量。《政府工作报告》中明确，要通过改革，充分释放社会领域巨大发展潜力，这将为我国体育产业的发展迎来改革的春风。

三是体育产业智能化发展呈现全球同步趋势。《政府工作报告》中提及体育产业的发展要充分依赖"互联网+"、人工智能、云计算、大数据等，实现产业的做大做强，成为经济发展的新动能。

四是继续大力推广全民健身，多渠道增加全民健身场所和设施，鼓励国民积极强身健体。

6. 场景化引领体育消费升级

近年来，体育产业的消费结构也发生着巨大变化，针对体育健康等方面的新兴消费形式得到快速发展。过去以体育服饰、体育用品与装备为主导的体育消费，正逐步转化为一些场景化服务方面的消费，特别是智能体育消费会成为体育产业发展的重要趋势。

我国体育产业创新场景发展主要分为两大方面：一是传统体育领域，如体育场馆运营、体育赛事运营、体育用品等环节。比如体育场馆与体育赛事运营环节逐步实现了市场化运作与智慧化管理，通过VR、大数据、云平台等应用重新定义体育赛事、直播等，开辟场馆服务新模式，促进体育场馆变革，激发国内体育场馆进行智能化升级。二是赛事IP、俱乐部、电子竞技、体育大数据、体育社交等新兴体育领域。新兴体育领域一般与互联网进行深度融合，由于市场成熟度较低，仍处于初步发展阶段。赛事IP、俱乐部等高价值领域主要由体育产业巨头以及一些互联网企业参与。总体来看，体育产业创新的主体有初创企业、传统体育企业以及一些跨界者，他们将共同激发体育新业态的产生，推动我国体育产业的发展。

另外，体育场景消费日渐成为居民日常生活中的重要组成部分。在体育爱好者的家庭消费中，涉及"体育+"场景消费的占比也在逐步显现。近些年来，用于观赏体育赛事、家庭体育旅游、体育培训和运动健康（如可穿戴设备、体育 App 与体育社交平台等）等方面的家庭支出不断增加。

### 三、体育行业创业现状与趋势

#### （一）体育行业的融资环境

根据体银商学院发布的《中国国际体育投融资报告（2019）》，截至 2018 年 11 月 1 日，共有 81 家上市公司布局体育业务。81 家 A 股概念上市公司合计营收达 5 539 亿元，平均营业收入为 78 亿元，较 2017 年同期增加 13 亿元。

近些年，社会资本密集涌入体育产业，阿里体育、万达体育、腾讯体育、苏宁体育、恒大体育等巨头纷纷成立体育版块，加紧布局，大笔投入。2014 年，阿里体育以 12 亿美元投资恒大足球俱乐部获得 50% 的股权，此后不少中超俱乐部获得大手笔投资。腾讯、苏宁则斥巨资布局体育视频平台。中小型体育服务项目创新更是多种多样。例如，一些依托互联网的小型、低价、共享型的健身创业项目，还有移动装配式场馆、气膜场馆等多种新型项目产生，投资少回收快，发展迅速（图 1-6）。

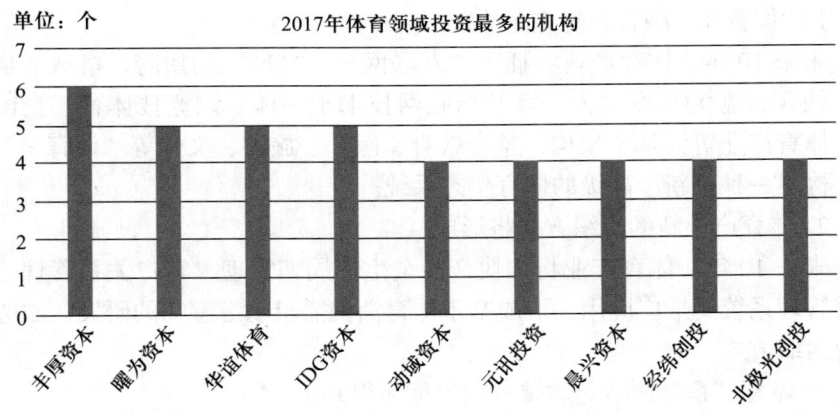

图 1-6　2017 年体育领域投资最多的机构

2015 年，体育类创业公司融资共计 202 起，融资金额约为 123 亿元；2016 年该领域的创业公司融资为 245 起，融资金额约为 202.1 亿元。2017 年 1—12 月中旬，国内体育领域共发生投融资约 180 起，融资总额近 90 亿元（图 1-7）。

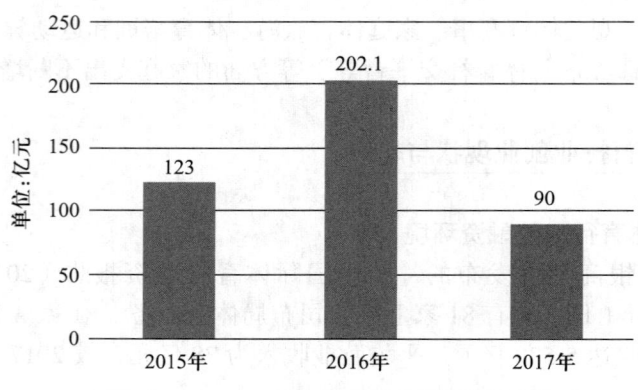

图 1-7  2015—2017 年体育领域融资金额

2017 年下半年，伴随整个一级市场创投大环境的回落，体育投资的热度逐渐消退，主要原因是刚开始有一批资本进入到这个行业，产生了财富效应。但其实，体育行业的上升是缓慢的过程，所以在这段时间，体育行业出现投资过热的情况，随着投资泡沫的破灭，自 2017 年下半年起，投资界对体育的热情逐渐下降。

**（二）体育创业的发展趋势**

1. "体育 +" 融合态势充分体现

未来 10 年，体育产业将插上"互联网 +""AI+"的翅膀，搭载"物联网"快车，融大数据、云计算及物联网技术于一体，以竞技体育、全民健身、体育产业等为基本架构，整合教育、医疗、旅游、文化等"体育 +"资源，构建一种全新、高级的体育生态系统。

2. 体育产业新的组织方式将形成

未来 10 年，体育产业将加快产品全生命周期管理、客户关系管理、供应链管理系统的推广应用，形成基于体育消费需求动态感知的研发、制造和产业组织方式。

3. 体育"精准制造、敏捷制造"能力得到提升

体育用品制造业将全面推广应用以绿色、智能、协同为特征的先进设计技术，产品的"精准制造、敏捷制造"能力将得到很大提升。

4. 体育领域创新能力得到有效突破

2013 年，我国研发经费占 GDP 的比重首次突破 2%，进入创新驱动大国，未来将加强群体智能体质管理，突破健康大数据分析、物联网等关键技术，研发健康管理可穿戴设备和家庭智能体质检测监测设备，推动健康管理

实现从点状监测向连续监测、从短流程管理向长流程管理转变。届时，体育智能控制系统、应用软件、身体实时故障诊断软件和相关工具、传感和通信系统协同能力极大增强，将实现人、设备与产品的实时联通、精确识别、有效交互与智能控制，为公众健身、健康提供个性化、多元化、高品质服务。

以满足体育消费、医疗健康、家庭服务、教育娱乐等服务机器人应用需求为主的产品进入发展高潮期，机器人本体、减速器、伺服电机、控制器、传感器与驱动器等关键零部件及系统集成设计制造等技术瓶颈获得突破，机器人按摩师、机器人太极培训师、机器人理疗师、陪跑机器人、陪打球机器人等将投入使用，在"传统体育"保持活力的同时，"未来体育"变为现实，人民的体育生活、人民健康水平、幸福指数有效改善，幸福感、获得感、满足感全面提升。

## 运动员创业人物

### 邓亚萍：从体育人到投资人

2019年3月28日，邓亚萍出现在博鳌亚洲论坛"体育产业，赢在新经济的拐点"分论坛上。

邓亚萍现在是邓亚萍体育产业投资基金董事长，从事体育产业的工作。在这之前，她曾在国家体育总局装备中心从事中国奥委会的市场开发工作。她回忆，那个时候国际社会觉得中国奥委会，包括北京奥组委的市场开发能力较弱，不认为中国人有市场营销的概念。"北京奥运会我们也没想到合作伙伴、赞助商产品销售得这么好，最终有了一点盈利。"邓亚萍说。

邓亚萍认为，作为体育人、创业者，现在面临的局面是"两重天"。一种是体育人创业，大家非常愿意扎根在这里，也非常愿意去努力，但是对资本不太了解；另外一种是体育爱好者，他们对资本、对市场相对有一些概念，一些好公司对这方面比较有敏感性。所以体育人想要从事更多市场化、商业化的工作，要开放他们的思维。体育爱好者除了应该有很好的商业模式和市场以外，包括对资本的认知和使用，还应该对体育有更多更深的认知，因为体育这个行业有它独特的一些文化和规律，体育是一种培养人的途径和方式。

邓亚萍说："从事体育产业的工作我觉得特别不容易，应该向所有从事这个行业的从业者致敬，他们能够坚持到现在，尤其这几年真的非常艰难，有时候还找不到很好的方向。政策也有时落不了地，对一些创业团队、创业者不能给他们更多'子弹'，不能给他们更多的落地政策，需要他们去探寻，找到自己的出路，这时候资本又处于一个冷静阶段，对于他们来讲是挺难的。所以我觉得需要大家一起努力，体育产业一定是朝阳，但是黎明前是黑暗时期，希望大家共同努力渡过这个难关。"

## 体育创业资源

### 中国体育产业投资基金

体育产业投资基金是指一种主要对体育产业领域中尚未上市的企业进行股权投资，并提供经营管理服务的集合委托投资制度。它和体育行业的发展现状密切相关，当前我国体育产业投资基金正处于发展的初级阶段。一些主要的体育产业投资金包括：

1. 动域资本

动域资本由贵人鸟股份、虎扑体育和上海景林投资管理有限公司共同发起成立，其主要面向互联网＋体育、O2O 体育服务、智能设备、体育培训、场馆服务、赛事组织和媒体等体育产业各细分领域，投资阶段覆盖早期、成长期，乃至 Pre-IPO 阶段。

2. 光大体育文化产业股权投资基金

光大体育文化产业股权投资基金由光大资本、利得财富、华体集团联合管理，基金主要面向国有体育文化资产、体育文化公司的 Pre-IPO、Post IPO 投资与并购机会，并将其作为投资方向。

3. 北京智美红土体育文化产业投资基金

北京智美红土体育文化产业投资基金由智美控股集团和深创投共同出资成立，旨在推动体育文化产业和社会资本的融合。

4. 中体鼎新体育产业投资基金

中体鼎新体育产业投资基金由中国体育报业总社与北京鼎新联合投资管理有限公司共同创立，以私募股权投资为主，并辅以风险投资，将专注于投资体育产业具有良好成长性的优质企业。其投资领域涉及体育用品制造、体育场馆运营、健身服务业及其他体育产业相关企业，并向其提供争取政策支持、战略发展及经营管理咨询等帮助。

5. 华旅新绩体育投资中心

华旅新绩体育投资中心由国旅联合体育发展有限公司与上海华设金融信息服务有限公司、华设资产管理（上海）有限公司共同设立，针对体育营销传媒类公司、体育广告类公司、赛事运营、赛事转播权、市场开发及广告代理权、体育场馆运营、境内外其他相关体育资产等目标项目进行投资或收购。

6. 北京市体育发展投资基金

北京市体育发展投资基金由北京控股集团有限公司与北京市体育局联合发起成立，用于发展国际化品牌赛事落地、职业化体育俱乐部引进运营等。

7. 江苏省体育产业投资基金

江苏省体育产业投资基金由江苏省体育产业集团、江苏省政府投资基金、江苏省广播电视集团、江苏省文化投资管理集团、江苏沿海创新资本管理有限公司出资成立，是江苏省第一支省级聚焦于体育产业的专项股权投资基金，重点投资体育本体产业和体育文化、旅游、健康等领域。

8. 浙江省体育产业基金

浙江省体育产业基金由莱茵体育、浙江黄龙体育发展有限公司与建银国际财富管理有限公司共同出资设立基金管理公司，主要投资浙江省内体育产业及其衍生行业的相关企业，重点关注互联网+体育、全民体育休闲、体育时尚、体育赛事运营等行业。

9. 佳兆业凯兴体育文化基金

佳兆业凯兴体育文化基金由佳兆业联手凯兴资本、佳兆业资本共同启动，投资方向从场馆最前端的设计、工艺制造等延伸到互联网思维下的场馆智能化，涉及场馆本身的固定资产，与场馆息息相关的体育培训、赛事竞演以及各个场馆相关的周边产业。

## 复习思考题

1. 中国体育科技创新的现状与发展趋势如何？体育科技创新发展的途径与策略有哪些？
2. 什么是体育创业？体育创业有哪些特点？
3. 体育创业的三个核心要素是什么？体育创业的一般过程分为哪几个步骤？
4. 体育创业有哪些分类？体育创业模式有哪些？
5. 如何理解"中国体育产业"正经历黄金发展时代？
6. 中国体育产业发展现状与趋势如何？
7. 体育行业创业融资现状如何？未来有哪些发展趋势？

# 第二章

# 体育创新创业团队建设

▶ 本章导图

- 学习目标
- 创业观察　体育创业者之痛：创始人的困境
- 第一节　体育创新创业人才
  - 案例导入　退役冠军的创业路
  - 一、体育创业者的概念与类型
  - 二、体育创业者的素质与能力
  - 三、体育创业者的创业动机
- 第二节　体育创新创业团队
  - 案例导入　团队合作创佳绩
  - 一、体育创业团队及其要素
  - 二、体育团队创业的优势
  - 三、体育创业团队胜任力
  - 四、高绩效体育创业团队的基本特征
- 第三节　体育创新创业团队管理
  - 案例导入　新锐体育的团队建设心得
  - 一、体育创新创业团队的组建
  - 二、甄选创新创业团队成员应注意的问题
  - 三、体育创新创业团队的管理技巧
- 运动员创业人物　陈一冰：创业获千万融资
- 体育创业资源　8大体育创业服务平台
- 复习思考题

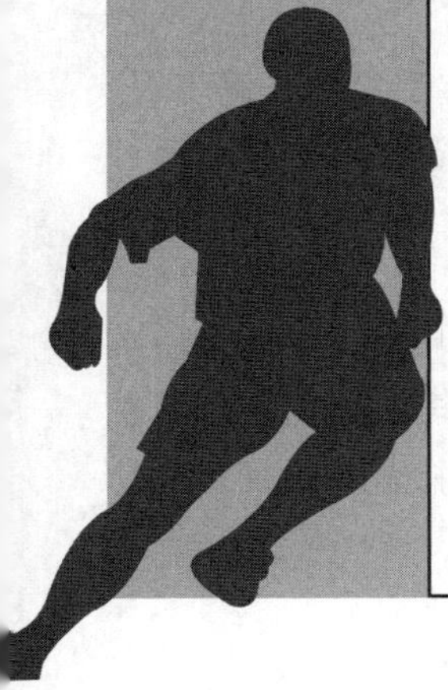

> **学习目标**
>
> 1. 了解创业者的概念与类型,理解创业者应具备的能力与素质
> 2. 明确创业动机的含义和分类
> 3. 了解创业团队的概念,理解创业团队需要具备的特征
> 4. 熟悉创业团队的管理知识,了解创业团队组建的原则与方法

▶ **创业观察　体育创业者之痛:创始人的困境**

在"大众创新万众创业"的大背景下,几乎每天都有数家新公司诞生。根据国家市场监督管理总局的数据,到 2019 年 5 月底,平均每天有 1.06 万家新公司注册。夸张地说,几乎每分钟就会诞生 7 家创业公司。

新公司的诞生,不可避免会发生合伙人之间的矛盾。在体育行业,这种现象更为严重。据粗略估计,从 2015 年 6 月份至 11 月初,体育创业公司发生合伙人斗争的案例有 26 起,涉及的方向有:体育视频类、场馆 O2O、体育媒体、经纪业务等。合伙人不和导致的结果也有几类:公司倒闭、投资人清算资产、分道扬镳、另立门户等。

案例一:权责不清,都想当 CEO

一家体育视频类的创业公司在创业初期,合伙人股权相差不多,但随着公司的发展,逐渐有了业务与影响力,问题随之出现,2 位合伙人都想当 CEO,而且均不认可对方,造成公司内部不和。

案例二:股权之争,过早埋下隐患

很多创业者可能没有意识到,对于一家公司来说,如果能融资成功,即使 5% 的股份都是一个天文数字,但如果不能成功,即使 50%(甚至 100%)的股份也毫无意义。所以,在创业初期,很多公司在设置股权时,过于随意,还有的体育创业公司,在早期随意送出股份。

创业公司,尤其是体育创业公司,在创业早期所有决定都没有正确与否。需要创始人带领团队不断试错,及时改正,包括敢于承认自己的错误。体育创业公司的股权,最好建议由一人拥有绝对控制权。

案例三:投资人撤资,合伙人不和

这是最近遇到的几个案例,创业不久的体育公司,因为投资人的清算撤资而散伙。在早期获得融资时,这些公司基本是靠个人投资或者不太正规的投资机构的融资,那么,在合伙人之间出现矛盾后,投资人清算撤资是最好最快的办法。

体育行业比较特殊，很多创业项目比起互联网等行业更偏早期，所以在获得投资时，很多是个人投资。个人投资与机构投资不同，当发生一些变故时，个人投资变数非常之大，极有可能面临撤资。

以上是体育创业者合伙人不和的三个案例，几乎概括了目前合伙人矛盾的主要方式。也是《创始人的困境》作者诺姆·沃瑟曼的研究成果，请各位体育创业者必须引起重视。

##  第一节　体育创新创业人才

**案例导入**

退役冠军的创业路

2000年，王丽萍拿到了悉尼奥运会中国代表团唯一的1枚田径金牌。

2015年，退役当了几年教练的王丽萍发现，爱跑步的人越来越多，可是有很多人因为不知道正确的跑步方式导致伤病，甚至偶有猝死的极端事件发生。

身边也有很多人向她请教：如何备战一场比赛，如何训练，如何安排自己的训练计划？

"我想靠着自身的技能为全民健身服务。"王丽萍琢磨，自己身边有这么多退役运动员，为何不将他们动员起来，整合一个真正为跑步者提供专业科学的跑步服务平台？于是，2016年3月，她与伙伴们成立了王者传奇俱乐部。

王者传奇俱乐部成立当天，王丽萍在北京奥林匹克森林公园开始了第一堂公益培训课。因为奥运冠军的人气和专业的保证，围观和参与的人越来越多。

此后，王丽萍团队免费为跑步者提供培训，半年多的时间内共累计服务超过几百人，拥有了忠实粉丝和较好的口碑。

项目推进看上去顺利，但王丽萍一直在苦恼：如何养活教练，如何更好地运营和管理公司？她最初的想法很简单，只要自己踏踏实实做好培训和跑步这些事情，就可以服务更多的人，可创业需要更多管理能力，这是她没想到也不能胜任的。

这种痛苦不亚于在竞技场上遇到的困难，转型的压力压在王丽萍的身上。她总是给自己打气，一定要坚持下去。经过不断的摸索、实践、创新，王者传奇俱乐部开始走上正轨。

点评：创业者要具备综合能力，比如管理、经营、资源整合能力等，但市场营销、公关等技能又是大部分运动员的短板，这使得创业失败的风险增高，但运动员所具备的体育精神和学习、适应能力，能很快帮助他们重新适应社会，补齐短板。

## 一、体育创业者的概念与类型

所谓创业者，是指能够识别商业机会并创造性地整合经济资源和提供创新性产品或服务的人。体育创业者是指通过识别体育领域商业机会，通过整合各项资源，向市场提供体育产品和服务的人。体育创业者按照创业内容和创业动机可划分为不同类型（表2-1）。

▶ 表2-1 体育创业者类型

| 分类 | 创业者类型 |
| --- | --- |
| 按创业内容划分 | 生产型创业者 |
| | 管理型创业者 |
| | 市场型创业者 |
| | 科技型创业者 |
| | 金融型创业者 |
| 按创业动机划分 | 生存型创业者 |
| | 变现型创业者 |
| | 主动型创业者 |

### （一）按创业内容分类

1. 生产型创业者

生产型创业者是指通过创办企业推出产品的创业者，这种产品通常科技含量较高。例如，在我国家喻户晓的"体操王子"李宁在1990年创立了李宁体育用品有限公司，公司主要产品为专业运动用品和运动生活类、鞋、服饰等。

2. 管理型创业者

管理型创业者是指那些综合能力较强的创业者,他们对专业知识并不十分精通,但能够通过各种有效的管理手段带动企业前进。例如,现在体育产业的创业者有很多并没有体育背景,他们可能之前是从事互联网、金融等行业,虽然综合能力较强,但对体育的了解还不够深入。

3. 市场型创业者

市场型创业者的一个重要特点就是注重市场,善于把握机会。自2014年国务院"46号文件"出台以后,5万亿元规模的体育市场成为创业者的又一片热土。一大波体育创业公司诞生、融资、发展,催生了大批市场型创业者。

4. 科技型创业者

科技型创业者多与高校和科研机构相关联,以高科技为依托创办企业。比如,ZEPP公司创始人韩铮,本科就读于北京航空航天大学管理科学与工程系。2007年,他曾在微软亚洲研究院攻读博士学位,主修无线传感器网络和移动操作系统,2010年,他创立ZEPP公司。创业初期专注于挥杆(拍、棒)类小众体育运动智能化产品和解决方案,在美国智能硬件市场有着出色的表现。2011年2月,ZEPP在旧金山发布了基于手机App的高尔夫智能硬件Golf Sense,2012年4月,Golf Sense正式在北美200多家Apple Store零售店开始销售。ZEPP是全球首款多项目智能运动传感器,也是最早通过苹果MFI(Made for IOS)认证并进入Apple Store在全球销售的体育产品之一。

创业基本认知

5. 金融型创业者

金融型创业者实际上就是一种风险投资家,他们向企业提供的不仅仅是资金,更重要的是专业特长和管理经验。他们不仅参与企业经营方针的制定,并且还参与企业营销战略的制定、资本运营乃至人力资源管理。比如2018年,大众健身领域融资高达26起,占体育行业融资总量的1/4,获投金额为9.27亿元。一些企业等陆续拿到上亿元大额C轮融资,在资本厚度与用户积累方面获得了较好的壁垒优势。

(二)按创业动机划分

1. 生存型创业者

生存型创业者中最具代表性的是退役运动员,例如全国散打锦标赛70公斤级冠军鲍辉离队后当过司机,做过酒类生意,还参与过建筑、金融行业,但总觉得与自己练的专业不接轨,他一直想重拾"老本行"。于是,从

2011年起,鲍辉就开始筹备资金,2014年年底开始组建、装修自己的俱乐部。鲍辉坦言,自己出身专业队,组建俱乐部就是想培养省队中没有培养的泰拳和自由搏击项目的职业运动员,成为致力于发展泰拳、自由搏击领域的赛事、选手、经纪及教学为一体的专业机构。

2017年,冠军基金和清华大学体育产业发展研究中心联合发布了《中国运动员创业现状与需求调查》。本次线下问卷调查对象314人,覆盖了田径、自行车、击剑、举重、花样游泳等52个运动项目的运动员。从运动生涯获得的最高成就来看,调查对象中既有奥运冠军、世界冠军级的运动员,也有在省级或者全国大学生比赛中取得过名次的运动员。

调查显示,1/5的退役运动员已经开始创业,创业人数高于就业,同时,运动员们最主要的创业兴趣仍然是体育培训教育和体育健身机构,体育财经、体育传媒、体育旅游领域创业的百分比明显提升。

2. 变现型创业者

变现型创业者是在体育行业拥有较大影响力,可将这种影响力与市场关系相结合从而变现,将无形资源变现为有形货币的一类创业者。例如,从全国冠军到亚洲冠军、从奥运冠军到世界拳王,23年的运动生涯和各种荣誉让邹市明在拳击领域拥有了巨大的影响力。2018年,邹市明集全部心血与财力创办了"一号运动中心",位于上海黄浦江畔,毗邻南浦大桥、世博中国馆、奔驰中心等众多上海地标建筑。这是一座占地近18 000平方米,融训练、比赛、文化、健身,并结合餐饮、酒吧、娱乐为一体的综合性健康体验馆。

确切地说,这不是简单意义的拳馆,而是一所以拳击等体育项目为载体,同时集成运动推广、品牌展示、文化沙龙、主题展览、公益慈善活动、亲子运动和青少年教育等功能为一体的多元化空间。

3. 主动型创业者

主动型创业者的特点是谋定而后动,不打无准备之仗。他们或掌握资源,或拥有技术,一旦行动,成功概率通常很高。例如,体操奥运会冠军陈一冰,2015年创办了"型动体育"。与市面上常见的约场馆、在线训练课程、记录分享社交等切入方式不同,陈一冰创办的"型动体育"主要从教练培训入手。

他凭借自己奥运冠军的身份和国家体育总局达成合作,成为项目教练资质发放的唯一合作方,行业内任何项目的专业教练都要通过国家体育总局和"型动体育"的培训和考试认证。除此之外,他还邀请了许多奥运冠军和体育教练做训练直播互动。在创业资源方面,他获得了很多冠军们的支持,有张成龙、王丽萍、刘莎莎等明星运动员进行训练课程教学，属于主动型创业者。

## 二、体育创业者的素质与能力

人是创业成功的第一要素，创业者在其中发挥着核心作用，创业活动是由创业者主导和组织的商业冒险活动。要成功创业，不仅需要创业者富有开创新事业的激情和冒险精神、面对挫折和失败的勇气以及各种优良的品质素养，还需要具备解决和处理创业活动中各种挑战和问题的知识和能力。

### （一）创业的激情与创业意识

创业的激情不是一时冲动，而是持久的追求与不懈的努力。创业需要百折不挠，坚持不懈的意志。体育创业者中的运动员，大都具有非常坚强的韧劲，肯吃苦，能战斗，且具备永不放弃的精神。体育人"更高、更快、更强"的精神与创业的激情非常契合。

创业是一个长期努力奋斗的过程，在方向目标确定后，创业者就要朝着既定目标一步步迈进，不可轻易改变，半途而废。保持创业的激情，是创业者成功的关键因素之一。

创新意识是创业者需要具备的一项重要素质，能在瞬息万变的市场环境中不断推陈出新是创业生存的一个重要环节。许多创业者都是依靠，不断推出新产品、新服务、新方法来获得企业生存与发展的空间，最终在市场竞争中创业成功。创新的方式与途径通常来源于创业者对产品服务的认识、开放式的思考、灵敏的市场触觉和多样化的资料信息。

要想取得创业的成功，创业者还必须具备自我实现、追求卓越的创业意识。强烈的创业意识，能帮助创业者克服创业道路上的各种艰难险阻，将创业目标作为自己的人生奋斗目标。

### （二）出众的品质和心理素质

运动员在职业生涯中形成的坚毅品质和心理素质是开展自主创业的又一优势。在我国特殊的体育制度下，运动员通过层层选拔挑选，从小就开始接受训练，在漫长且严苛的训练中形成了坚忍不拔的品质。运动员能吃苦、能流汗的精神激励其取得优异的成绩。竞技体育的残酷性也铸造了运动员强大的心脏。在比赛中，运动员要面临来自各方的压力和考验，只有良好的心理素质才能做到从容应对。选择自主创业具有很大的挑战性，在复杂、竞争激烈的市场环境下，创业者需要付出巨大的努力才能走向成功。运动员坚忍不拔的品质和强大的心理素质是进行自主创业的动力所在，也是其实现职业转换的基本条件。

### （三）良好的知识结构

创业知识是进行创业的基本要素，体育创业者不仅需要具备经营管理知识和专业知识，还要对体育创业相关领域有非常深刻的见解。创业实践证明，良好的知识结构对于成功创业具有决定性的作用。

### （四）强烈的竞争意识

竞争是市场经济最重要的特征之一，是企业赖以生存和发展的基础。体育行业竞争非常激烈，以体育教育培训为例，现在的一些头部公司发展得很快，比如动因体育和万国体育，在这种情况下，创业者如果缺乏竞争意识，就等于放弃了自己的生存权利，创业者只有敢于竞争，善于竞争，才能取得成功。

### （五）良好的人际关系

运动员合作的意识特别强，人际关系处理能力也很强。在创业的道路上，人际关系具有重要的作用。良好的人际关系可以帮助创业者排除交流障碍，化解交往矛盾，降低工作难度，提高客户的信任度，从而提高办事效率，增加成功的机会。

### （六）良好的经营管理能力

市场经济条件下，企业要生存和发展，创业者必须具有良好的经营管理能力。如何把现有的人、财、物，通过管理获得最佳的效益；如何调动每一位雇员的积极性使之全力以赴为企业工作；如何使企业的产品或服务项目被社会认可，受用户欢迎，这些都需要通过创业者良好的经营管理来实现，需要依靠创业者所建立起来的高效的管理体系来运作。此外，创业者还需具备信息的加工处理能力、公关交往能力、创新力等综合能力素质。

### （七）精通的专业技术能力

创业者需要以精通专业操作为基础，一个具有丰富经验和较高水平的经营管理者，如果不熟悉、不了解某一专业或职业的特殊性，就无法施展和发挥其经营管理的能力。运动员和体育院校的学生，一直从事与体育相关的活动，经过多年的训练和各种比赛的历练，基本形成了个人的专业技能与特长。对他们而言，过硬的运动技能和丰富的实战经验是其宝贵的财富。因此，在自主创业时务必要选择自己熟知且拥有专业技能的领域，这样才能充分凸显自身独有的优势。

### （八）领导与决策的能力

创办一个企业，不仅需要处理大量的事务性问题，还要为企业建章立制，因此，创业者还需要具备相当的领导与决策能力，能及时沉着冷静地处理企业所遇到的一切问题。

## 三、体育创业者的创业动机

### （一）创业动机的含义

创业动机是指引起和维持个体从事创业活动，并使活动朝向某些目标迈进的内部动力，它是鼓励和引导个体实现创业成功的内在力量。行为心理学认为："需要产生动机，进而导致行为。"创业的直接动机就是需要。

创业动机是推动个体或群体从事创业实践活动的内部动因，是使主体处于积极心理状态的一种内驱力，具有较强的选择性、倾向性和主观能动性。

Keep 创始人王宁——创业贵在沉淀

### （二）创业动机的分类

创业者创业动机可分为两种类型：事业成就型和生存需求型。其中，事业成就型包括获得成就认可、实现创业想法、扩大圈子影响、成为成功人士、控制自我人生5个维度。生存需求型包括不满薪酬收入、提供经济保障、希望不再失业三个维度。

体育院校大学生和运动员等的创业动机具有一定的特殊性，归纳起来主要有以下4种类型（图2-1）。

1. 生存的需要

大多数运动员从小进入少体校进行专业训练，能进入国家队的少之又少，大批运动员没有进入专业队就已经被淘汰了。他们从小进行封闭式的专业训练，没有接受学校良好的系统文化教育，没有接触社会的经历，缺乏最起码的生存和发展能力。为了实现更高的收入，提升自我价值，满足自我生存发展的需要，一部分运动员会选择创业。

2. 积累的需要

按照耶鲁大学教授奥尔德弗的 ERG 理论，人的需求分为生存、相互关

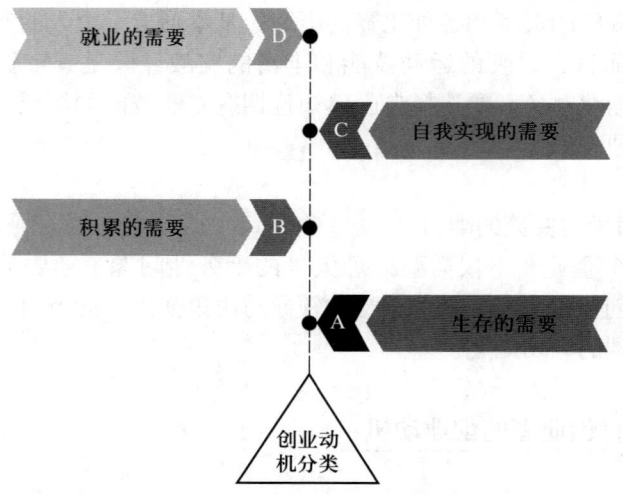

图 2-1　体育院校大学生和运动员创业动机分类

系和成长。这三种需求并不一定按照严格的由低向高的顺序发展，可以越级。大学生随着年龄的增长，对于相互关系和成长的需要会逐渐增强，一部分大学生为了增加自己的实践经验，丰富自身的社会阅历，在条件成熟的情况下会利用课余时间走上创业的道路。这个类型的创业者往往以锻炼为目的，承受失败的能力较强，同时由于压力较小，失败和半途而废的比例也比较高。

3. 自我实现的需要

心理学研究表明，25~29 岁是创造力最为活跃的时期，这个年龄段的青年正处于创造能力的觉醒时期，对创新充满了渴望和憧憬。他们思维活跃、创新意识强烈同时所受的约束和束缚较少，按照 ERG 理论，他们对成长的需要也更为强烈。另外，由于大学生所处的环境，他们往往更容易接触一些新技术和学术上的新成果，或者他们中的一部分人本身拥有自主知识产权的科研成果。为了能早日实现目标，他们中的一部分人改变了自己的成功观念也开始了创业生涯。

4. 就业的需要

当前，我国大学生就业形势相当严峻，一方面表现为需求不足，另外一方面表现为大学毕业生的工资待遇降低。在这种情况之下，如不能找到一份自己满意的工作，有一部分大学生会选择创业。

## 第二节 体育创新创业团队

### 案例导入

#### 团队合作创佳绩

2015年4月，锋姿（北京）体育文化发展有限公司在北京市工商局注册成立。以臧博为核心的创业团队，均是北京体育大学的在读研究生。2015年，其创业团队被评为"北京地区高校优秀大学生创业团队"，并获得10万元的创业扶持资金。2015年下半年，臧博代表北京体育大学参加"全国体育院校大学生体育产业创新创业策划大赛"，并获得二等奖。

臧博说："创办锋姿体育不是一时冲动，是一个长期准备过程转化为现实的理想产物。我个人多年在体育产业一线工作，从体育场馆运营到商业性体育赛事运营管理，再到大型运动会筹备，积累了很多资源和经验。而且目前国内体育产业由过去常说的朝阳产业，实打实的变成了'黄金产业'。我想把自身积累的资源和经验转化成经济效益，这是第一步，二是希望做一家有传承、有故事的企业。"

事情并非一帆风顺。公司在成立初期没有设立明确的分工制，使得初期运作的过程中合伙人工作互相推诿的情况时有发生，导致团队工作效率低下，公司运转推进缓慢。各位合伙人及时发现问题，在例会上进行了批评与自我批评，经多次讨论和协商后，各自进行了明确的任务分工，保证人人有事做，事事有人做，不仅使大家的工作效率明显提高，而且最大限度地发挥了每一位合伙人的优势特长，调动他们的热情，积极完成自己的任务；明确分工，也意味着明确了责任人，杜绝了今后公司在项目运营过程中发生的责任推诿情况。

由此可见，所谓"优秀"的合伙人是一帮志同道合的合作伙伴，成功是大家一起努力的结果，尤其在创业初期，公司会遇到各种问题和困难，如果没有共同的奋斗目标，公司将因缺乏凝聚力而停滞不前。圈子越大，个人和公司的发展空间也会越大，机会也就越多。

责任不清、相互推诿，除了团队成员的因素，与领导个人管理水平也有一定的关系。初创公司，最开始没有很大的业务量，所以没有相对应的个人任务，就会出现人员冗余的情况。企业运行，尤其是初创企业，一定要明确岗位权责，建立企业的工作流程。流程是企业做事的规范，把工作流程设计好并变成程序，可以避免混乱，提高工作效率，明确责权。因此，企业有必要明确组织构架流程、岗位设置流程、组织运行基本事务的工作流程和构成各基本事务工作的具体流程。一个优秀的领导者，能够把控公司的发展方向，制定明确的战略目标，团结所有合伙人的力量，增强公司内部的执行力。合理的分工协作，可以发挥整体效能，提高工作效率，弥补个人不足，发挥团队每个成员的优势，最大化调动成员的积极性。明确的责任制，有助于团队成员各司其职，使公司管理更加有条不紊，避免出现工作失误互相推诿。团队还应制定周例会制度，通过开会及时发现、讨论问题，总结经验。

点评：团队可以创造出大于个人绩效之和的群体效应，即 $1+1>2$ 的效果，良好的团队氛围，能让每一个人都有高涨的工作热情，和谐的团队氛围，能让团队成员荣辱与共，齐心协力，共同实现团队目标。因此在团队建设中，应该注重沟通，加强信任，不断激励，灵活协调，有序组织，提高团队工作效率，才能创造更大价值。

## 一、体育创业团队及其要素

创业团队的概念有广义和狭义之分。狭义上说，创业团队是由两个或两个以上具有共同的愿景与目标，共同创办新企业或参与新企业管理，拥有一定股权且直接参与战略决策的人所组成的特别团队。[①] 广义上说，创业团队除了拥有股份的核心成员外，还包括参与创业活动的所有相关成员。体育创业团队和其他创业团队一样，都是按照角色分工相互依存地在一起工作，共同对团队和企业负责，不同程度地分担创业风险并分享相应的创业回报。本书采用狭义的创业团队概念，界定是否属于创业团队的条件有：

（1）是否具有与创业团队一致的理念和目标；

（2）是否拥有股份；

（3）是否直接参与创业决策或经营活动。

创业团队的构成，需要具备以下几个方面的要素（图2-2）：[②]

1. 具有共同的理念和愿景

体育创业团队所有成员必须一致认同所创办事业的价值、团队的行为理念和创业的目标方向。只有确保理念一致，创业团队才能做到高效沟通和做事默契，才能创造融洽的团队氛围和较高的团队绩效。只有拥有共同的创

---

[①] 朱仁宏，曾楚宏，代吉林. 创业团队研究述评与展望 [J]. 外国经济与管理，2012，11（34）：13.

[②] 田里. 大学生创业团队构成要素分析 [J]. 产业与科技论坛，2014，13（22）：241.

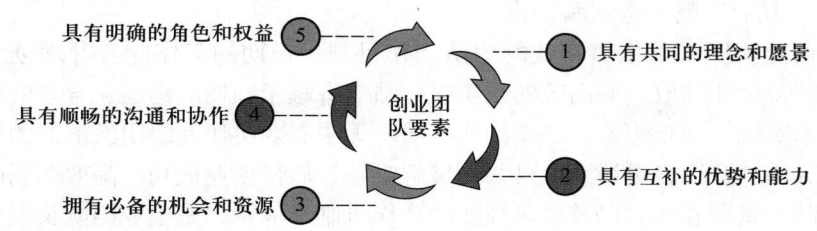

图 2-2 创业团队要素

业愿景，创业团队才能目标统一，形成团队凝聚力，化解意见和矛盾。据"懒熊体育"创始人韩牧介绍，在接触到的体育创业团队中，遇到最多的情况是合伙人不和，很多人只看到领导的光鲜，却没有看到其应该承担的责任背后所做出的牺牲。

2. 具有互补的优势和能力

创业团队要实现创业目标和胜任创业活动的要求，需要团队在结构安排上具有互补性。创业团队在知识技能、经验资历、素质能力、个性特质、思维习惯等方面需要有结构上的合理、统筹安排，以构建团队的核心优势和竞争力，促进创业活动顺利开展。运动员创业的短板体现在专业能力、文化知识、工作经验以及社会阅历，尤其是工作经验，所以在组建创业团队时要寻找具备综合能力，比如具有管理、经营、资源整合，可开拓市场、行政公关等技能的合伙人。具有互补性优势和能力的团队，可保证决策的科学性和执行创业计划的高效性。一个都是"唐僧"或都是"孙悟空"的创业团队，不利于创业成功。

3. 拥有必备的机会和资源

创业团队组建和成立的前提是拥有有价值的创业机会和开发创业机会所必需的、匹配的创业资源。比如随着中产阶级的壮大，越来越多的人愿意付费去参与体育运动，消费升级驱动下的新生活方式为体育创业带来了大量的机会，但是创业者要拥有装备、场地、教学、组织运营四大资源。不同的运动品类，对这四种资源的依赖程度都不太相同。例如，足球、篮球对场地资源具有强依赖，对组织运营资源具有中等依赖，而对装备和教学资源的要求相对弱一些；健身对装备（器械设施）、场地和教学资源的依赖都很强，对组织运营资源的依赖较弱；而马拉松跑团则是对组织运营资源具有强依赖的品类。

如果团队缺乏必要的启动资金也无法顺利启动、正常开展创业活动。在此情况下，团队也构不成创业团队。无法拥有确定的创业机会和必备的创业资源团队，也不能算是真正意义上的创业团队。

### 4. 具有顺畅的沟通和协作

创业团队必须依靠有效的团队工作机制、长期的工作配合开展创业活动，获得创业绩效。而高效的团队工作绩效有赖于顺畅的沟通、合理的协同工作来实现。很难想象，一支沟通不畅、无法有效协作、组织涣散的团队能够形成团队合力，更谈不上可共同破解难题、取得创业成功。高效顺畅的沟通机制、氛围和能力以及简单高效的协作机制和体系，是创业团队长期存在和发展的要素之一。

### 5. 具有明确的角色和权益

创业团队需要有明确的角色分工以及与角色相匹配的合理权益安排。创业团队必须要有一个核心角色来领导，至少需要一个创业的"精神领袖"。一个创业团队，至少需要管理者、技术者和营销者三种核心角色。创业团队成员需要明确各自角色职能、职责权限和工作内容及程序安排。要根据角色职能与团队贡献明确团队成员的权、责、利，特别是要建立起团队一直认可的权益分配机制和激励制度。一个角色定位混乱、权责不清和利益分配不完全认可的团队，会产生互相扯皮、矛盾和冲突，造成团队不稳定，更无法实现期望的绩效和目标。

拓展资源：怎样避免团队流失

## 二、体育团队创业的优势

有关研究表明，目前大多数新创企业都是团队创办的，而从创业绩效看，团队创业无论是创业成功率还是创业企业的经营绩效，都比个人创业要好得多。体育行业团队创业与个人独自创业相比，具有以下优势（图2-3）：

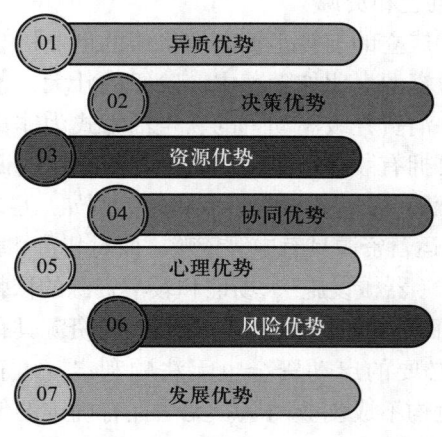

图2-3　体育创业团队优势

1. 异质优势

创业团队是由两名或两名以上的成员组成,每个成员的知识、经验、能力、行为与思维方式等特质都存在差异,这就是创业团队的异质性。创业团队成员各有各的优势和劣势。创业团队与个人创业者相比可以实现优势互补,同时可实现规避和弥补成员个体的劣势与不足。对体育创业团队来说,有的团队成员对体育运动有深刻的认识,有的团队成员熟悉市场运营。创业团队可发挥团队合力,解决个人解决不了的问题,实现个人实现不了的目标。团队创业的异质性优势,是相对于个人独立创业的根本优势。

2. 决策优势

创业过程中,需要不断做出对创业产生不同影响的各种大小决策。个体创业者进行独自创业的最大风险,来源于其个人的决策风险。创业团队的决策模式是团体共同决策的模式。团体决策模式可有效规避因个人决策风格、决策信息不全、思考不周等带来的不利影响,发挥集体的智慧和知识、经验、信息等优势,会使决策过程和决策结果更合理、更科学。团队创业与个人独立创业相比,具有明显的团队决策优势。

3. 资源优势

通常来说,创业资源越多对创业越有利。创业团队成员因背景不同,其各自拥有人脉资源、信息资源、资金资源、技术资源和品牌资源等不同程度、不同类别的资源。比如有些运动员在职业生涯过程中积累了大量的人脉资源,而且知名度比较高,他们创业自带名人光环,而其成员则拥有丰富的市场资源,所以说创业团队往往比个体创业者拥有的资源更多、更广和更为丰富,资源在结构上更为全面、合理,其资源获取和整合的渠道方式也更多。另外,创业团队通常更容易获得外部资源,更容易整合到更多创业所需的资源,也更容易发挥资源整合的效应,实现更高效利用资源的作用和价值。

4. 协同优势

创业活动是一项系统复杂的实践工程,需要各方面工作的协调推进。创业团队的工作协同,由于其职能划分更细、更科学,工作绩效也更高。协同机制可以充分发挥各自的优势,在实现工作更专注、专业的同时,还有利于实现团队的协同创新,解决更复杂的问题,完成更艰巨的任务目标。创业团队的协同工作平台和机制,是个人独立创业不可实现的。因此,团队创业与个人独立创业相比,具有协同优势。

5. 心理优势

创业团队在相互信任的基础上,通过成员之间的相互影响、相互激励,可营造出积极进取的心理氛围，更有信心和毅力完成创业目标。特别是在面对创业困难、挫折、障碍和压力挑战时，由于团队成员之间可彼此依靠、相互宽慰、共同分担，因而个体的心理压力较小且容易疏散。运动员整体心理稳定性更强，心理压力承受能力和韧性更强，能为其他创业团队成员提供强大的精神支撑。因此，创业团队可有效应对创业压力和危机，抵挡更大的压力和风险，可坚持得更久。创业团队相较个人独自创业者具有心理能量更强大的优势。

6. 风险优势

创业过程中充满风险与挑战。由于创业团队是集体共同承担风险，实现了风险的分散。因此，创业团队的风险承担能力更强。创业团队与个人创业者相比，可构建更为完善的创业风险预防与管理机制，建立起更全面的创业风险防范体系。通常来说，创业团队要比个人创业者更易发现创业过程中各种不确定性的风险因素，更早识别出创业风险，并通过团队决策和力量，制订出更优的风险管理方案，从而降低风险发生率和损失率。

7. 发展优势

通常来说，团队能力与绩效会远远大于个人。团队创业的天花板要远远高于个体创业，也就是说，团队创业具有更大的发展潜力。创业团队通过努力，构建的创业优势更大，构筑的竞争门槛和市场壁垒更高，更易发现新的创业机会，获得更多创业领域的成功开拓。因此，团队创业一般会发展得更快、更长久。就创业企业未来发展的规模、速度、质量和潜力来说，团队创业相较个人独立创业，优势更为明显。

需要特别指出的是，虽然团队创业具有很多方面的优势，但也存在着管理要求高、沟通协调难、运作成本高等劣势。在创业时，创业者一方面要组建好的团队，另一方面要管理好团队，充分发挥出团队创业的优势和价值。

## 三、体育创业团队胜任力

体育创业团队胜任力是指在创业过程中，维持创业活动正常进行、胜任创业任务和获得良好创业绩效创业团队所要具备的知识、技能、能力和特质等方面的综合能力。

对于体育创业团队胜任力的研究，目前尚未有统一、普遍被认可的模型和结构体系。本书只介绍张振华构建的创业团队胜任力要素体系，供创业者参考。他提出，创业团队胜任力主要包括8个方面，分别为：创业导向、机会能力、关系协作能力、组织能力、承诺能力、学习能力、知识共享能力和创新能力（表 2-2）。

► 表 2-2　创业团队胜任力要素及其定义[①]

| 要素名称 | 操作性定义 |
| --- | --- |
| 创业导向 | 导致新的进入行为中，在战略制定、新产品的开发和把握市场机会过程中所体现的一种创业性的姿态和激情 |
| 机会能力 | 通过各种手段捕捉和孕育市场机会的能力 |
| 关系协作能力 | 团队成员之间、团队成员与下属、与社会组织之间互动的能力，包括凭借契约或社会关系、沟通说服能力和人际技巧等建立合作和信任的周边环境的能力 |
| 组织能力 | 组织企业内外资源（人、财、物和技术资源），还包括团队建设、领导下属、培训和监控技能 |
| 承诺能力 | 驱使企业团队永续经营的能力 |
| 学习能力 | 从以往自己或他人的经历、关键事件中，主动学习并改变自己行为的能力 |
| 知识共享能力 | 团队成员各自的知识和技能是有差异的，知识共享是团队成员间相互分享知识并优势互补的能力 |
| 创新能力 | 创造和改进新的技术、产品、服务和流程的能力 |

系统评估创业团队的胜任力状况，可参考表 2-3 的测评体系。

► 表 2-3　创业团队胜任力测评体系

| 维度 | 测评问题 | 参考文献 |
| --- | --- | --- |
| 创业导向 | 1. 团队注重项目研发、技术投入、新产品开发和服务创新<br>2. 团队成员在工作过程中具有明确的创业意识<br>3. 团队不断寻求新业务资源或者新的市场领域<br>4. 团队率先进行组织与业务流程革新、完善以使工作更高效<br>5. 团队不放过任何好的项目机会，哪怕冒着经营失败危险<br>6. 团队成员有很强的创业激情，具有感染力 | Miller（1983） |

---

[①] 张振华. 创业团队胜任力结构与创业绩效的关系研究［J］. 当代经济研究，2009（12）：23-25.

续表

| 维度 | 测评问题 | 参考文献 |
| --- | --- | --- |
| 机会能力 | 1. 可以承受适当的风险<br>2. 始终在寻找新的机会<br>3. 具备灵活的适应能力，能快速地进行取舍<br>4. 拥有低成本的供货商，具有成本优势<br>5. 拥有发展良好的网络关系，容易获得合同<br>6. 能够获得销售渠道或已经拥有现成的网络 | Timmons（1994）和苗青（2006） |
| 协作能力 | 1. 团队成员通过正式组织和非正式组织中的沟通建立彼此的信任<br>2. 团队成员间有很强的团队协作精神<br>3. 团队成员配合默契，关系融洽<br>4. 在团队中经常会感到来自团队和同事的支持<br>5. 团队成员在任务完成的过程中紧密配合，取长补短 | 张炜，王重鸣（2004）和Thomas（2000） |
| 组织能力 | 1. 团队对资源的配置整合，能够发挥团队优势<br>2. 团队成员技术和能力的互补得到了体现<br>3. 团队的各项活动组织得环环相扣，相得益彰<br>4. 组织能力可以推动目标的实现 | McClelland（1987） |
| 承诺能力 | 1. 这个团队值得我为之奉献忠诚<br>2. 我将本团队的利益视为个人利益<br>3. 我确实觉得团队所面临的问题就是我自己所面临的问题<br>4. 很庆幸当初没有选择其他团队而选择了本团队<br>5. 我十分关心团队未来的发展 | Lincoln（1990） |
| 学习能力 | 1. 在团队中，学习被认为是保证组织生存的关键条件<br>2. 团队的价值系统认为学习是一种不断提升的主要手段<br>3. 管理者认为团队学习的能力是获取竞争优势的关键因素<br>4. 一旦我们停止学习，我们的未来就面临危险<br>5. 团队促使每名员工都从本单位自身的经验教训中加以学习 | Senge（1990）和Gibson（2003） |
| 知识共享能力 | 1. 团队成员会相互共享信息<br>2. 团队成员之间经常相互交换意见和看法<br>3. 团队会定期不定期地组织探讨成员的建议<br>4. 成员间共享工作上的经验、窍门和专业知识是非常普遍的 | Jialin Yi（2005） |

续表

| 维度 | 测评问题 | 参考文献 |
|---|---|---|
| 创新能力 | 1. 获取外界信息能力很强<br>2. 引进技术改造强度较高<br>3. 提供的产品或服务创新频率较高<br>4. 新产品或服务销售利润较高<br>5. 产品或服务经常会有显著的变动以便满足市场需要 | 熊彼特（1934） |

以上创业团队胜任力的 8 个方面，对创业绩效都有正向作用，按影响程度由低到高分别是创新能力、知识共享能力、组织能力、机会能力、创业导向、承诺能力、学习能力和关系协作能力。其中，关系协作能力对团队胜任创业和创业绩效的影响是最大的。创业团队成员之间的相互信任支持、关系融洽、协作默契和取长补短，对于创业活动的顺利开展和推进，最为关键。

## 四、高绩效体育创业团队的基本特征

一个好的、成功的体育创业团队是用创业绩效来证明的。一般来说，高绩效创业团队具有以下几个方面的基本特征（图 2-4）：[①]

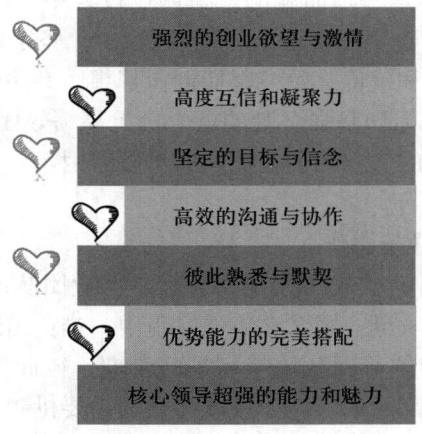

图 2-4　高绩效创业团队的基本特征

---

① 杨惠丽. 高绩效创业团队特征分析［J］. 经贸实践，2016（04）：167-168.

### (一)强烈的创业欲望与激情

创业团队的各成员,不甘于现状,具有创立自己事业的愿望和想法,充满着创业的欲望和激情。一旦找到志同道合的创业团队和高度认同的创业项目,他们就会立即充满激情地投入创业行动。由这样的成员组建的创业团队,在创业过程中就会带着梦想充满激情地投入,致力于创业梦想的实现,必然会创造出不凡的业绩。

### (二)高度互信和凝聚力

信任是团队的基石。一个具有诚信品质、彼此忠诚、无任何猜忌、高度互信的创业团队,必然高度团结。团结就是力量。高度团结的创业团队会形成团队的强大合力,团结一心,同甘共苦,共同奋斗,必然得到高绩效回报。创业团队成员具有高度一致的愿景和价值理念,就会产生团队凝聚力。创业团队的高度凝聚力,会让团队成员高度认可事业目标,促使其主动承担责任、自愿奉献一切,营造和谐的团队氛围,积极面对创业过程中的问题和风险,从而产生高绩效。具有高度互信和凝聚力的创业团队,一般不会计较个人的短期利益和得失,一心为了集体和创业目标的实现。当遇到利益冲突时,团队成员会主动做到利益让渡,顾全大局,从而换来整体团队的创业高绩效。

### (三)坚定的目标与信念

创业成功往往不是一蹴而就的。在创业过程中,特别是遇到创业困难和危机时,团队成员会坚守自己的"创业初心",坚定创业方向与目标不动摇,牢记自身的使命和价值,始终坚持创业梦想,专注于创业理想和目标的实现。具有坚定的目标和坚强必胜的信念,是高绩效团队的基本特征之一,也是高绩效团队制胜的法宝和创业成功的重要原因。

### (四)高效的沟通与协作

高效的沟通是团队绩效的关键和保障。创业团队成员具有异质性,在创业过程中需要磨合。创业团队在工作过程中,难免出现意见分歧和各种冲突、矛盾。沟通是让创业团队快速度过磨合期、彼此了解和适应的不二方法,也是化解团队内部矛盾、减少彼此冲突的主要机制。高效的沟通,才能保证团队快速达成统一意见,构建顺畅的协作机制,才能产生分工合作的高绩效。高绩效的创业团队都具有高效的沟通能力和团队协作能力。

### （五）彼此熟悉与默契

不难发现，大部分成功的、高绩效的创业团队，在团队组成上基本都是彼此熟悉的"同学、同乡或同事"。比如，阿里巴巴的"十八罗汉"、小米的"七人组合"和新东方的"铁三角"，都是相互之间非常熟悉的人脉关系。创业团队成员之间相互熟悉，有充分的了解和信任基础，有利于快速形成团队协作的默契，降低磨合与沟通成本。创业团队形成高度默契后，会大大提高协作效率，产生团队高绩效。因此，彼此熟悉与默契，是高绩效创业团队的又一基本特征。

### （六）优势能力的完美搭配

团队绩效受团队个人能力的高度影响。"木桶理论"指出，团队整体绩效能力往往受制于构成木桶的那块最短"木板"长度。虽然团队间的相互协作可在一定程度上弥补个别"短板"，但无法完全摆脱其对整体绩效的影响。高绩效的创业团队，其成员往往有自己独到的专长和特色优势，且彼此间的优势可形成结构性的完美搭配，即具有"优势互补"和"强强联合"的特点。具有优势能力完美组合与搭配的创业团队，可有效发挥各自优势和专长，发挥各自最大效能，产生超出一般团队的绩效结果。因此，高绩效创业团队具有各成员优势能力科学搭配的特征。

### （七）核心领导超强的能力和魅力

俗话说，火车跑得快，全靠车头带。团队领导核心对团队管理起着最重要的作用，团队绩效的获得有赖于其正确、强有力的领导和有效的管理协调。尤其是创业团队，必须要有一个"灵魂人物"，带领创业团队克服困难，建立公平、公正、共同认可的激励制度，充分调动团队成员的积极性和主动性，高效发挥团队成员的优势和创造力，进而取得好的创业绩效。创业团队核心领导的魅力，影响着团队凝聚力和团队活力，影响着团队的稳定性，对团队绩效至为关键。

## 第三节 体育创新创业团队管理

**案例导入**

**新锐体育的团队建设心得**

前段时间，一个名叫"首席娱乐官"的自媒体，因合伙人之间的矛盾而成为大家关注的焦点。而这种合伙人争斗现象，在体育行业更为突出，涉及的类型有：体育媒体、场馆O2O、经纪业务等。创业公司的失败，超过65%都是由于内部管理的问题。纵观当下的体育创业公司，这个数据可能会超过65%，甚至超过70%。那么体育创业如何寻找合伙人？本节列举了一些具有代表性的体育创业创始人的创业分享。

"悦动圈"胡茂伟：每个团队都有自己的故事，我们团队有3名员工入职时间比我还长，我的技术合伙人是我2009年招聘进来的毕业生，他在迅雷负责过离线下载，后来在腾讯担任开发平台的技术负责人，他在腾讯的时候是2万元/月的薪水，出来之后是6 000元/月的薪水，我当时挺惊讶的，有一种被信任的感觉，同时压力很大。后来我创业时就毫不犹豫地拉这个团队一起来做。说白了，最重要的还是信任。

"趣运动"CEO关政罡：我比较特别，这个项目是我大三的时候开始做的，大学生没有社会阅历的情况下去组一个团队是很难的，我的两个合伙人其实我是上一个创业项目时的伙伴。我的想法是，大学生创业不能找大学生合伙，所以我就很坚定去找校外有工作经验的，我当时的合伙人一个比我大7岁，一个比我大9岁，我花了很多时间让他们辞职创业，这个时间长达半年。初始团队创业的初期，如果没有光鲜的背景，比如腾讯、阿里巴巴高管，难以吸引到可靠人，能打动人的更多是一个能令很多人怦然心动的想法或点子。

"火辣健身"创始人徐威特：我们比较顺畅一点，没有那么累，技术类合伙人是靠介绍，我认为第一点是大家的大目标和自己的小目标要结合起来，每个人的诉求都是不同的，把核心团队的想法尽量与公司的目标整合到一个方向上，公司效率会很高。第二点是，你所说的故事或梦想，是不是别人比较容易感兴趣和相信的，做事情一定要有吸引力，才可吸引同伴加入。

"动域资本"副总裁王静：根据我的经验，可以有4点吧。第一点是，创业团队的合伙人数量，2~3人是比较稳定的状态；第二点是，团队有一个精神领袖，也就是得有一个领头者；第三，团队成员能力上相对是比较互补的；第四，最重要的一点，团队前期的利益和分配要约定好。

创业，需要有一个强大的创业团队，而不能仅依靠某一个人的打拼。创业团队的组建和管理，需要考量很多因素。

## 一、体育创新创业团队的组建

### （一）组建体育创新创业团队的原则

为了组建一支优秀的体育创新创业团队，以保证其沿着共同目标，求同存异，最后实现团队愿景，创业者在组建团队时应遵循以下原则（图2-5）：

图2-5 创业团队组建的原则

**1. 能力互补**

创业者由于知识、技能和经验等方面具有局限性，就体育创业而言，只懂体育，不懂市场，创业很难成功；熟悉市场规律，但对体育行业知之甚少，创业活动也很难开展。所以需要寻求合作伙伴以弥补不足，只有当团队成员的能力能够覆盖创业活动所需要的所有能力时，创业活动才能够顺利展开。同时，团队成员也都应该清楚自身和他人的优势和劣势，并能够主动利用别人的优势，规避自己的劣势，使团队合作达到"1+1>2"的效果。

**2. 有明确的创业理念**

在组建创业团队时，创业者首先要有明确的理念，并以此吸引有共同理想的人加入，这样有利于降低团队成员离开的概率，使创业团队尽可能保持稳定。随着创业活动的深入，创业理念可能会发生变化，这时团队成员需要进行充分的沟通，避免因为理念的不一致导致团队成员的分化，对创业活动造成损害。

**3. 创业态度端正**

创业活动不是一朝一夕的事情，尤其对体育创业而言，体育运动对参与者的价值激励一般是慢反馈、长周期的。这天然就决定了大多数体育运动品类的付费消费人群不会太多，是个存量市场的小众生意。当然，一些娱乐休闲基因强的运动可能会在圈内人的引领下未来发展为潮流新生活方

王昱东：创新设计激发体育产业创新活力

式，但对多数细分领域的体育创业者来说，往往要有足够的耐心深耕自己的"赛道"。体育创业过程艰辛，充满风险，团队成员要认识到创业活动的意义，对未来充满信心，能够承受困难和风险带来的压力，积极乐观，不轻言放弃。

4. 精简高效

在团队成员能力满足创业需求的基础上，团队成员应尽量精简，这是创业初期成本控制的要求，避免人员冗杂，权责不明，人力资源浪费，同时也可以增加团队决策的效率，提高个人分享创业成果的比例，增加创业的成就感。

（二）组建体育创新创业团队的方法

选定创业机会以后，可以采用以下方法组建创业团队（图2-6）：

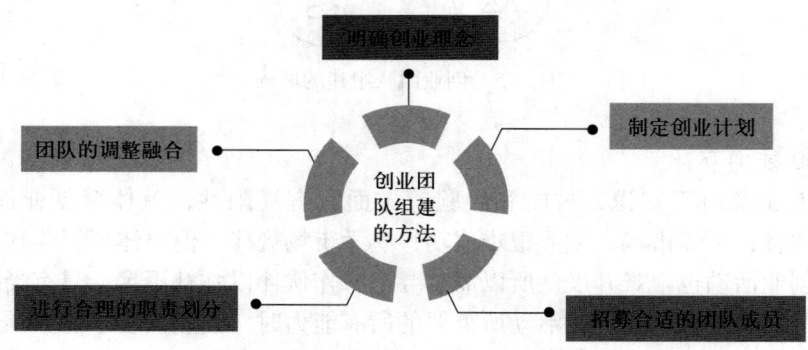

图2-6　体育创业团队组建的方法

1. 明确创业理念

创业发起者（可能是一个人，也可能是一个小组）在进行团队建设之前，首先要明确创业理念，这是组建和管理创业团队的基础，也是创业发起者与其他团队成员之间进行双向选择的前提。

2. 制定创业计划

制定创业计划使创业者进一步明确创业活动的发展思路，需要创业者审视自身所具备的能力和资源，然后对创业团队的具体需求进行分析和规划，比如团队成员的能力素质和人员数量的需求等，这同样对之后的创业资源整合工作起到指导作用。

3. 招募团队成员

这是组建创业团队的核心，正确的人可以使工作事半功倍，错误的人可能使工作事倍功半。所以在招募团队成员时，需要充分考虑组建创业团队的原则，使团队中拥有具备管理、技术和营销三方面能力的人，比如某运动科技公司组建的创业团队，首席执行官曾经在跨国企业担任高管10年，并主导一家科技公司在新三板成功上市，拥有先进的企业管理知识。首席运营官，具备极强的商务运营能力，首席财务官有丰富的资本市场从业经历，熟悉一级资本市场运作模式，擅长规划公司融资节奏的把控，常务副总裁是资深体育媒体人，在体育圈和媒体圈都拥有人脉资源，另外一位副总裁是不仅是高级软件工程师，还是国家一级足球裁判，是少有的既懂技术又懂足球的专业化人才，团队中还有一位是高级市场销售人才。

4. 进行职责划分

招募到团队成员之后，团队成员要确定合作的形式，并根据创业计划的需要，依据每个成员的能力，对团队成员进行合理的分工，赋予其相应的权利和责任。并形成文字材料，产生相应的法律效力。

5. 团队的调整融合

创业团队建立之后，随着创业活动的深入，团队的成员以及职责划分等都有可能存在不适应的情况，影响创业活动的开展，可能会有成员的流失。以体育培训行业为例，体育培训行业最大的痛点就是人员流失率。体育类的教练很多都是运动员出身，自带明星光环，这意味着他们有更多的选择。而稳定的团队会是该行业复制、扩张的一个基础，所以要招募新的合适的成员重新加入团队，直至团队成员适应创业项目的需要。

## 二、甄选创新创业团队成员应注意的问题

创业者在组建创业团队时，至为关键的问题是如何甄选合适的团队成员。创业者在甄选创业团队成员时，需要注意以下几个方面的问题：

### （一）成员的目的需求

人的选择都有其特定的需求和动机，人的需求层次和动机目的会影响其行为和决策。创业者在甄选创业团队成员时，首先要注意成员加盟团队进行创业的根本动机和目的以及从事创业活动所想满足的需求。一般来说，创业团队成员的需求层次越高，具备的创业者素质和创业精神也越高，对创业越有利。团队成员具有强烈的自我实现和自我超越的需求，对创业是极为有利的。反之，创业团队的成员如果还处于满足基本需要层次的状态时，比如想通过创业解决生存和温饱问题，就可能会偏重短期利益，对创业而言，是

不利于应对创业风险和长期发展要求的。

### （二）成员的优势与劣势

每个人都有优缺点，创业团队成员也存在着自身的优势与劣势。退役运动员往往很难找到持续且稳定的资金来源。同时，创业活动一般以团队的形式进行，组建专业化的创业团队是创业成功与否的关键。专业创业团队的成员往往来自不同的领域，具有多样化的特长，可以从不同的方面助力团队的创业。运动员和体育院校学生由于长期处在封闭或半封闭的训练和学习环境之下，接触不同领域、不同行业的专业人士相对贫乏，对于处在初创期的创业者而言，往往会因人脉关系相对较少而影响创业团队组建。所以在甄选团队成员时，首先考虑的是成员具备的优势及其可能带来的价值，然后才考虑其劣势与问题。人的优势与劣势是相对的，创业者要系统分析对比，综合权衡各种利弊得失，从团队整体结构和需求角度进行评估，做出科学的决策。

### （三）成员的个人特质

不同的人，在性格、兴趣、思维方式和行事风格等方面存在不同特点。创业团队在组建时，团队成员的不同特质对于团队来说是必需而有利的。但在甄选创业团队成员时，创业者要注意成员不同特质对团队整体可能产生的不利影响，比如个人特质对团队氛围、沟通、绩效和稳定性等方面的不利影响有哪些，影响程度如何。一般来说，通过团队建设与管理，可规避或不会对团队整体绩效产生负面影响，不影响团队的团结和稳定，团队成员的个人特质不利影响就是可以接受和包容的。

### （四）成员的人品和价值观

对团队成员的人品和价值观要求方面，创业团队有别于一般团队，其对团队成员的人品与价值观要求不仅要相似相融，而且要求更高，这是由创业的本质和创业活动的特点决定的。创业活动的艰巨性要求创业团队具有共同的价值观，特别是对创业价值的高度认同，这是团队凝聚力的根本来源和创业动力。创业团队各成员的道德品质（敬业、诚信、正直等）和价值观念如果存在混乱和相悖的情况，将导致团队的利益冲突无法调和，影响团队的沟通协调、稳定性和工作绩效，会给创业活动带来巨大的风险。

创业是在为消费者和社会创造价值的基础上，创业团队获取相应的利益回报。创业团队要求其成员具有高度的诚信品格和社会责任感，只有如此，才能对团队、对他人和对社会带来积极影响，才能对其个人和团队产生信任，才有利于品牌的建立和创业的持久成功。

## 三、体育创新创业团队的管理技巧

创新创业团队在组建之后，需要进行有效的管理，以使团队发挥最大的效力，使创新创业活动得以成功开展。

### （一）创新创业团队管理的基础——理念及制度建设

1. 共同的理念

共同的创业理念是创业团队组建的基础和原则，同样也是团队管理的基础和原则。创业理念对创业团队的性质、目标、工作方式都会产生决定性的影响，同时影响着团队成员的价值认同和行为方式。"在某种意义上讲，创业理念甚至比机会、计划、融资等细节问题更重要"。成功创业团队的理念往往具备一些共同特点，如合作精神、凝聚力、立足长远目标，致力于创造价值、坚持不懈，具有公正性、共同分享收获等。

2. 制度建设

创业团队的管理应该有法可依，在建立创业团队时需要将成员之间的责、权、利划分清楚，建立团队的日常管理、产权分配、增资、扩股、融资、撤资、绩效评估、奖惩、团队成员进出、人力资源管理等方面的制度。尤其是当一个创业项目发展成为一个正规的企业后，相应的制度体系需要更加完善。

### （二）创新创业团队管理的阶段特征——四阶段论

在不同发展阶段，创业项目的特点、创业团队的任务以及领导者的管理任务都不尽相同。

1. 形成阶段

此阶段的团队成员刚刚组合在一起，成员之间的信任还没有建立，主要任务是沟通交流思想，进行职责划分。此时，每个成员都迫切地想知道自己的工作任务以及他人对自己是否认可。团队领导首先需要认识了解每一位成员特点，并创造机会使成员之间相互熟知，还要将创业团队的理念和创业项目的情况向成员进行详细的介绍，并将可能出现的问题与他们进行沟通。

2. 波动阶段

此阶段是团队成员接受创业理念，达成共同创业目标的阶段，成员之间的信任逐步建立，团队合作机制逐步形成，团队合力逐步提升。因为每个人知识结构、价值观念的差异，可能会产生冲突，如果冲突处理得当，此阶段会充满竞争、积极向上，富有创造性，但如果冲突处理不当，也会为团队的未来发展埋下隐患。团队领导者需要将成员个人需求与团队发展目标进行融合，既满足个人需要，也不损害团队目标。

3. 稳定阶段

此阶段团队成员的职责分工已经明确，成员之间的信任已经建立，团队开始和谐发展，团队工作任务得到有效执行。此阶段，团队成员会对个人需求进行自我抑制，即使有冲突发生，一般都会从创业活动目标出发，以合作的方式应对冲突。团队领导者在此阶段应该进一步明确工作目标，并督促、激励团队成员为了工作目标而全力以赴，当冲突产生时进行适当的沟通和引导。

4. 成熟阶段

此阶段的团队处于一种良性的发展氛围中，团队成员在轻松、自由、互相信任、充满动力的氛围中工作，将工作目标内化于心，自觉地为完成工作任务而努力。团队领导者的主要任务就是将团队发展维持在正确的轨道上，并调动一切可利用资源为完成工作目标而努力。

创业团队的发展是动态的，也可能由于老成员的退出、新成员的加入，或者团队成员职责的变化，使团队管理的阶段特征产生逆向变化，此时需要团队领导者及时发现，并进行修正，使团队发展回到正确的方向上。

### （三）创新创业团队管理的要素（5C）

团队管理就是采取一定的措施，使团队资源得到有效的配置，最终实现团队目标的过程。在这个过程中，5C，即 Confidence（信心/信任）、Competence（能力/权限）、Communication（沟通）、Creation（创造）、Cooperation（合作）是促使资源达到有效配置的关键要素。

1. Confidence（信心/信任）

创业团队成员需要分工合作，团队领导者需要将权力下放给团队的其他成员，并对其他成员给予充分的信任，使他们可以大胆地开展工作，提高工作效率。

2. Competence（能力/权限）

每个团队成员都需要在自己的职责范围内进行充分的能力发挥，但自己职责范围之外的事务需要相应职责的人员完成，如果需要提供适当的协助和支持，团队其他成员也要各尽所能。

3. Communication（沟通）

有效的沟通可以使团队成员之间增加了解和信任，同时避免所掌握信息的不对称，减少机会的流失，降低资源的浪费。

4. Creation（创造）

创新精神是创业素质的要求，也是创业活动的生命。创业团队的管理要能够培养和激发团队成员的创新精神，创造出新的市场机会和价值，推进创业活动不断前进。

5. Cooperation（合作）

团队之所以称为团队，就是因为团队成员有分工，有合作，而不是各自为战，只有合作才能使群体的合力得以发挥。

### （四）创新创业团队管理的精髓——创新创业团队精神的培养

团队精神是团队管理的工具，可以增加成员对团队的认同感，激励成员为了团队目标而共同努力。在培养团队精神时，要紧密结合团队目标和团队文化，并将团队目标分解到每个团队成员，使每个人明确自己的职责。

优化创业团队的方法

团队精神的培养主要从以下几个方面进行：

1. 培养共同的价值观

首先需要团队领导者对团队价值观的绝对认同，并对团队价值观有深刻的理解，能够在日常工作、生活中言行一致。团队的规章制度也应充分体现团队的价值观，使员工既有价值观的导向，又有制度化的规范。

2. 增加团队成员对团队工作的参与度

全方位参与团队活动对团队精神的培养非常重要，可以使团队成员对团队具有归属感和使命感，只有全方位参与团队的活动，才能将成员个人的命运与团队的未来绑在一起，使成员真正关心团队。为了激发成员的参与热情，可以请成员提合理化建议，参与管理，实施"从群众中来，到群众中去"的群众路线，并建立有效的激励机制。

3. 良好的沟通

良好的沟通可以使团队成员对团队了解更加充分，也可以使团队成员之间充分了解，有利于在思想和行动上达成统一。团队的各种会议、文件、内部刊物、邮件抄送、非正式接触都可以使团队信息进行有效的流动，加强团队的沟通。

### （五）创新创业团队管理的保障——风险应对

1. 团队冲突应对

冲突是由于某种不一致或对立状况而使人们感知到彼此不相融合的差异。这时差异本身是否客观存在并不重要，只要群体成员感觉到差异的存在，就处于一种冲突状态。在任何组织形态下，冲突是无法避免的。冲突可能导致绩效的降低，也可能导致绩效的提升，最佳绩效的获得，有赖于适度冲突的存在。冲突与绩效的关系如下图 2-7 所示：

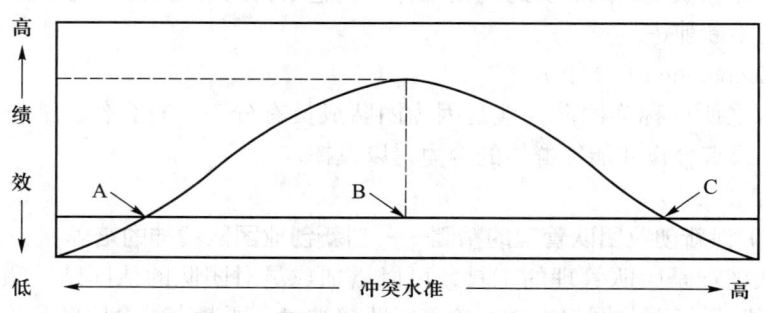

| 情景 | 冲突水准 | 冲突类型 | 内在属性 | 绩效 |
|------|---------|---------|---------|------|
| A | 低或没有 | 破坏性 | 冷漠的<br>呆滞的<br>对改变没有反应<br>缺乏创新 | 低 |
| B | 适量 | 建设性 | 有活动的<br>自我批评的<br>创新的 | 高 |
| C | 高 | 破坏性 | 破坏性的<br>无秩序的<br>不合作的 | 低 |

图 2-7　冲突与绩效的关系

体育行业的三大变化、六大机会

　　冲突分为建设性冲突和破坏性冲突。凡能推动和改进工作或有利于团队成员进取的冲突，可称为建设性冲突；相反，凡阻碍工作进展、不利于团队内部团结的冲突，称为破坏性冲突。建设性冲突是一种有效的沟通方式，建设性处理冲突有助于实现共赢，对团队建设和提高团队效率有积极的作用，并能对组织的问题提供诊断资讯。

　　一个团队如果缺少冲突，会使团队成员之间冷漠、互不关心，缺乏创意，从而使团队墨守成规，停滞不前，工作效率降低。如果团队有适量的冲突，则会提高团队成员的兴奋度，激发团队成员的工作热情，提高团队凝聚力和竞争力。

应对冲突的方法主要有竞争、合作、妥协、回避、顺应 5 种，如下图 2-8 所示。

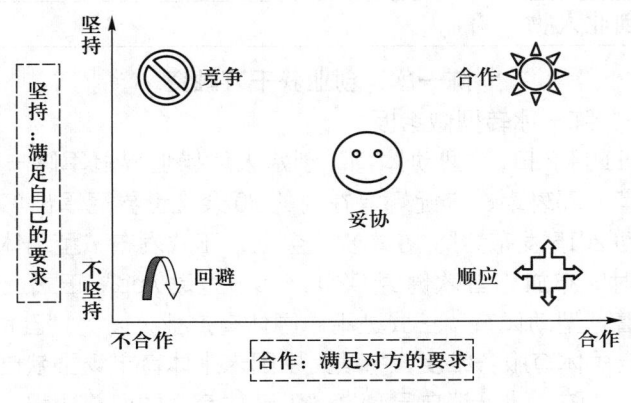

图 2-8 应对冲突的方法

处理冲突时，要立足于组织利益并兼顾个体价值，既要解决复杂问题，克服组织中的消极情绪，又不能激化矛盾。竞争、顺应都是有赢有输，回避则是双输，妥协介于输赢之间，合作则是双赢。合作的处理方式的实质是不同思想的有益碰撞、不同见解的相互探讨、不同方案的比较分析、不同行为的相互激发。商谈时双方注意维持充分自由的环境，对事不对人，从对方的立场出发考虑问题，权衡双方的利益，寻找出共同点，重新考虑优先顺序，做出协议。

2. 团队分裂应对

创业团队分裂的原因和预防措施如下：

（1）团队成员能力不再适应团队发展需要。应对措施是，加强团队的培训和学习，不断提高自身综合素质，以适应团队发展的需要，或者进行工作职责、岗位的调整，达到人职匹配。

（2）团队成员经营理念分化。应对措施是，建立团队时就加强对团队成员理念的了解和要求，在工作中加强信息沟通，主动消除分歧，如果分歧不能消除，要尽早分开，避免后期出现更严重的问题。

（3）创业成员之间人际关系破裂。应对措施是，成立团队时对成员的性格、个性、爱好等人格特点进行充分了解，寻找合适的人进入团队，在日常工作中增加集体活动、非正式接触的机会，加深沟通和了解，培养共同的爱好，拉近人与人之间的距离。

（4）利益分配不均。应对措施是，建立明确的利益分配机制，并随着企业的发展，定期对分配方案进行修订，使团队成员没有异议。

## 运动员创业人物

### 陈一冰：创业获千万融资

**"吊环王"陈一冰转型做老板**

2015年11月2日，"型动体育"创始人体操世界冠军陈一冰率领包括冯坤、王丽萍、邓琳琳、李妮娜等在内的20余位世界冠军出席了在水立方举行的"型动2015发布会"。在本次大会上，正式发布"型动体育"品牌战略计划，同时宣布旗下首款健身O2O产品"型动App"正式上线，本次发布会也标志着"型动体育"正式进军中国体育产业，发力"互联网+体育"领域，深耕全民体育服务维度，持续为中国未来体育市场贡献自己的力量。

发布会上，陈一冰畅谈自己创办"型动体育"的心路历程，"退役之后，我勇敢地选择了我认为比较难走的路，但我坚信这是一条正确的路，我希望在体育总局人力中心、职鉴指导中心领导以及各行业前辈的帮助下，更好地为服务全民体育多做实事。"

对于自己的身份转变，陈一冰在发布会后接受记者采访时谈道："作为奥运冠军的时候，面对的都是鲜花和掌声，而当我开始创业的时候，什么东西都是从零开始，这对我来说有不小的挑战。"不同于此前运动员的身份，进入商业圈让陈一冰更加"职业"。在细节上，他的穿着打扮更有商业人士的味道。

**投资人解析陈一冰为何能获千万融资**

这个项目目前已经成功融资数千万元，而打动投资公司的除了中国体育产业蓬勃的大背景，更在于陈一冰本人。首先，作为前奥运冠军，陈一冰的官方和明星资源，从发布会到场嘉宾可见一斑；其次，陈一冰个人学习能力和商业意识以及学以致用的运用能力，也是能够成功融资的关键。

明星创业有天然的优势，他们比一般人更容易获得眼球，取得资源，获得成功。但是也面临较大的挑战，"他们要学会如何团结人，如何管理伙伴，这对之前训练比赛一直被人安排的运动员来讲挑战更大，创业首先要面临自己心智的转变，要否定自己，又要一切从零开始。"创新投资负责人刘纲先生谈道。对于陈一冰"型动"的创业项目，该投资公司也跟踪了半年，除了共同设计，确定增长路径，选择如何切入……"这也是体育创业公司成功的关键，找到方向感，避免跌入商业化误区。"

## 体育创业资源

### 8 大体育创业服务平台

1. 江苏省无锡智慧体育产业园

无锡智慧体育产业园是由江苏省体育局大力支持，无锡市体育局和高新区共同打造的"科技"与"体育"相结合的综合性园区。智体园以科技园区模式来培育体育行业的高科技企业，鼓励和扶持传统体育产业服务商和生产商向信息化、大数据、物联网领域拓展，并逐步将相关技术成果推广应用到各类体育赛事和全民健身活动中，最终探索出体育和科技相结合的行业发展新模式。

2. 体育 BANK：体育与资本对接的平台

体育 BANK 是一个体育与资本对接平台，创始人为安福秀博士、安寿志博士、安寿辉律师，团队由体育、投资、证券、律师等专业人士组成；其拥有众多体育项目资源库，与投资机构、深交所、北交所、鸟巢文化中心、V创空间等有良好合作。

3. 斯迈夫：体育产业资源共享平台

斯迈夫成立于 2005 年，全称是北京斯迈夫体育产业有限公司。其通过会员社群建设及服务，打造体育产业资源共享平台。"中国体育营销论坛"(CHINA SPORTS MARKETING FORUM)，简称 CSMF（斯迈夫）论坛，是中国体育资源营销与商务平台。

4. 亮中国：文体垂直领域的投融资平台

亮中国是由首都金融服务商会文创投融资委员会与鸟巢文化中心共同发起的文创、体育、科技领域创客孵化平台，总部位于鸟巢三层。亮中国重点关注体育、文化、大健康领域。

5. 鸟巢文化中心：体育经济孵化器，搭建众创空间

2015 年 3 月 21 日，经过一年多时间筹备的鸟巢文化中心正式启动，力图建设成为行业资源整合、创新体育经济的一站式服务平台。鸟巢文化中心拥有硬件设施、综合配套服务和独特的现场体验；中心设有专业体能训练所，并计划开办"鸟巢书屋"艺术书店。"中心"有孵化体育企业的配套服务，为体育、文化和创意产业企业提供从集体入驻到政策引导、企业宣传等一站式、全要素、高水平综合服务，同时借助导师辅导、现场互动等新型模式，实现创新与创业、线上与线下、孵化与投资相结合。

6. V 创空间：新兴的创业孵化平台

V 创空间，全称是北京微创空间科技孵化器有限公司，位于北京海淀区

上地综合性高科技产业区，是由宏福国家级孵化器、新奥特集团和天使投资人共同创办的新兴创业孵化平台。V创空间是一个全要素产业孵化平台，以"苗圃＋孵化器＋加速"的运营模式，为创业者提供组合投资支持、优秀企业资源对接、全程创业辅导咨询，提供政策、法律、财务、企业管理、人力资源、市场推广等全方位的孵化服务。

7. 山东互联网＋体育孵化基地乐体体育成立

山东省互联网＋体育科技协同创新孵化基地是由大唐电信、山东体育学院等单位发起并成立，于2016年7月11日正式启动。孵化器包含三大特色：① 面向体育的垂直孵化空间；② 孵化器采用混合所有制模式，既有国企支持又有市场化运作；③ 不仅提供场地进行企业孵化，还提供从商业逻辑梳理，产品、技术开发运营，团队搭建、投融资创投服务。

8. 全国体育院校体育产业创新创业服务平台

由国家体育总局科教司、天津市教委、天津市体育局主办，天津体育学院承办的全国体育院校体育产业创新创业服务平台启动于2016年7月9日正式启动。服务平台是为全国体育院校（含全国普通高等院校）本专科学生、研究生从事体育创新创业提供服务的交互式公益平台。

目的是通过整合政府、高校、企业以及投融资机构等相关资源，为大学生创新创业的政策分析、创业培训、创新指导、赛事参与、项目孵化及项目对接等方面提供理论依据与实践支持。服务平台包括政策法规、双创智库、公益助创、双创培训、双创赛事、项目对接、孵化中心与求职招聘等8个模块。

## 复习思考题

1. 组建创新创业团队所需要素是什么？
2. 成功的创新创业团队有哪些特征？
3. 组建与甄选创新创业团队分别需要考虑哪些因素？
4. 组建创新创业团队的方法是什么？
5. 创新创业团队如何管理？

# 第三章
# 体育创新创业机会甄选

▶ 本章导图

第三章 体育创新创业机会甄选
- 学习目标
- 创业观察　体育创业的四大机会
- 第一节　体育创新创业机会
  - 案例导入　体育创业机会在哪？
  - 一、体育创业机会界定
  - 二、体育产业创业机会来源
  - 三、体育产业创业的主要领域
  - 四、体育产业创业机会
- 第二节　体育创业机会评估
  - 案例导入　昆仑决：切中搏击赛无品牌"痛点"
  - 一、有价值的体育创新创业机会的特征
  - 二、体育创新创业机会评估的内容和方法
- 第三节　体育创新创业风险
  - 案例导入　"UP Lady"新女性运动社交平台
  - 一、体育创业风险的来源与类别
  - 二、体育创业风险的识别与防范
- 运动员创业人物　邹市明：拳击台下如何做大体育产业"蛋糕"
- 体育创业资源　体育创业大赛
- 复习思考题

> **学习目标**
> 1. 了解创业机会的定义和类型，理解创意、商业机会和创业机会的异同
> 2. 理解创业机会识别的内容和方法
> 3. 理解有价值的创业机会具备的特征，了解创业机会评估的内容和方法
> 4. 了解体育产业创业的主要领域，掌握常见的体育创业机会

▶ **创业观察　体育创业的四大机会**

1. 打造赛事 IP 的机会

无论是基于 IP 的稀缺性还是从需求的角度出发，多样化的赛事供给是体育产业自身发展的需要。IP 的争夺战已经从赛事的版权、转播权，延伸到俱乐部层面，2015 年、2016 年是中国公司赴海外收购俱乐部的高峰，收购仅是第一步，未来如何运营，如何与公司自身体系产生协同和化学反应，有待进一步验证。

在购买 IP 的成本和运营风险很高的情况下，打造赛事成为一大机会。行业巨头们依靠头部的赞助权，或已经拥有的赛事 IP，在尝试打造新的赛事；行业中的创业公司，依靠移动端带来的空前传播能力和自身的社群运营能力，也在打造一些多样化的赛事 IP，这类 IP 的特点是将体育的专业性和娱乐性相结合，有一定的参与壁垒，但并不是仅面对专业选手，而是迎合大众需求。娱乐化体育 IP 的打造，周期更短、门槛更低，所以受众也更广，消费者也更愿意为新体验买单。

2. 体育产业附加层的机会

在买入大量的头部 IP 之后，后续的开发和运营是一大挑战也是机会，IP 的拥有方或自行组建运营团队，或外包给专业的赛事公司去运营。

除此之外，由于赛事 IP 的获取成本高，IP 拥有者希望通过商业化开发获得最大化的回报，能够赋予更多变现想象空间和变现渠道的体育产业附加层也迎来了更大的机会。比如体育彩票以及围绕着赛事的体育内容生产、体育经纪、体育营销也将迎来新的机会。

3. 全民健身的机会

近几年来，全民健身领域的投资机会并不是来自于盲目地圈入更大范围的人群，更多是为有相应消费能力的群体提供精准、有附加价值的服务和产品。

围绕全民健身领域创业的核心是要有切实解决用户痛点的产品与服务，比如国际顶级健身培训体系中国区的独家授权和落地，比如结合智能硬件，自行研发的减脂训练体系等。其次，产品和服务要能精准抵达受众，并表现出良好的用户黏性和复购率。此类公司比如体育培训（不仅仅限于跑步和健身）、青

训、减脂课程、健身课程、营养食谱、运动康复等。

4. 体育产业衍生层的机会，也是跨界的机会

体育作为内容本身，也具备非常强的跨界属性。娱乐和旅游是体育结合度非常高的领域，文体不分家，美国"超级碗"决赛只有 12 分钟的中场秀也是世界上最昂贵的娱乐表演。当下越来越多的体育创业项目都加入了娱乐化的元素，但专业性依然是体育运动的核心吸引力。

体育旅游是 2016 年逐渐新兴的一个领域，体育旅游本身就是体育赛事 IP 的衍生品，是赛事 IP 最佳的商业化方式之一。上游赛事票务资源的获取，对于传统旅游运营商来说还存在很大的难度，并且在对于体育赛事专业度的理解层面，体育领域的企业更具有经验。

## 第一节　体育创新创业机会

**案例导入**

### 体育创业机会在哪？

**高尔夫**

　　拥挤赛道：订场

　　机会赛道：培训

在高尔夫创业的细分领域，订场是高尔夫创业最拥挤的赛道，这其中包含云高和体运通公司，也有百度、携程等大公司进场。但据 2015 年度《朝向白皮书——中国高尔夫行业报告》的数据，2014 年中国高尔夫发展的基础数据首次出现全面大幅下降，高尔夫设施总数量净减少 100 家，全年产生的总打球轮次降幅也达 15.8%。

高尔夫培训方面创业机会较多。如同李娜在网球界掀起的学习热潮，吴阿顺、冯珊珊等球员很可能通过自身在奥运会的成绩，引发明星效应，带动高尔夫运动的关注和打球人数的增长。同时，培训类项目拥有较强的变现能力，能向投资机构交出比较具有吸引力的财务数据。

**装备智能**

　　拥挤赛道：智能手表、手环

　　机会赛道：材料、芯片、区别于大品牌的垂直领域单品

中国信息通信研究院发布的《可穿戴设备研究报告》显示，2015 年中国智能可穿戴设备的市场规模为 125.8 亿元，增速高达 471.8%，其中运动健

身类产品将占据市场的23%，规模达46亿元。在这个大市场中，智能手表、手环占比最高，也是创业公司拥挤的赛道。新机遇则分布在材料、芯片以及区别于大品牌的垂直领域单品上。

**体育VR**

拥挤赛道：硬件

机会赛道：内容

在"懒熊体育"发布的《2016体育创业白皮书》中，由于有VR的带动，智能硬件融资总次数跃居第四，紧随健身、电竞、足球产业融资之后。目前VR在中国还处于起步阶段，技术不够成熟、佩戴体验差等现实情况还需时间教化市场，而VR硬件领域互联网"巨头"扎堆的情况也使VR硬件创业赛道更加拥堵。

对于VR应用来说，除了技术的支撑、硬件的完善，另外亟待消除的一大痛点就是内容。体育VR的内容创业将迎来爆发期，原因有以下几方面：

首先，VR内容制作技术上的可实现性已经被验证并逐渐成熟化。利用180°或360°摄影技术，用8K甚至更高的画质代替"视觉现实"，用多层次的现场收音还原听觉上的现场感。随着技术发展，相信在不久的将来，在赛事播放中就可实现互动性，释放VR内容的更多潜能。

其次，由于硬件部分可以探测到观众的视觉焦点，这让广告商们不用再猜测"观众的视线会在什么地方停留"，而能真正把想传达的信息呈现在"焦点上"，让广告呈现方式存在巨大的想象空间，这使得内容创业除了被硬件厂商追捧，也被广告商着力催化。

**体育旅游**

UNWTO数据显示，体育旅游领域的收入增速已达每年14%，是全球旅游市场中增长最快的细分行业。同时，我国2015年体育旅游实际完成投资791亿元，同比增长71.9%。对于赛事旅游产品而言，其所面向的客群主要包括了体育爱好者、传统游客以及商务会展游客三大类，不同顾客群所对应的旅行方式以及赛事特点也有所不同。国信证券认为，奥运会作为世界体育第一大盛会，对当地旅游市场有着充分的带动作用，并吸引相关旅游企业围绕其设计观赛游产品；欧洲足球联赛由于商业化程度高且球队底蕴深厚而衍生出了场馆朝圣游及足球游学产品；NBA则借助强大的球星忠诚度在旅游企业推广出相关观赛产品后也大受欢迎。

点评：事实上，机会不仅存在于以上列举的创业方向。整个资本市场遇冷，使得体育产业有一些冷热变化，但正如动域资本管理合伙人程杭所说，体育产业"万米马拉松跑了个开头"，还处在蓬勃发展阶段。可以预见的是，随着政策的扶持、消费的升级和奥运会的助推，将有越来越多的创业者和资本涌入体育产业，也将在未来诞生出与中国体育大国相匹配的世界级"独角兽"公司。

## 一、体育创业机会界定

体育创业机会是指有利于创业的一组条件的形成情况。这组条件至少包含着如下四大要素：

第一，某个细分市场存在或新形成某种持续性需求。比如我国高尔夫选手吴阿顺、冯珊珊等球员通过自身在2016年里约奥运会的成绩，引发明星效应，带动高尔夫运动的关注和打球人数的增长，带动高尔夫培训领域的创业机会。

第二，拟创业者开发或持有着有助于满足体育市场需求的创意。比如虚拟现实技术，通过沉浸技术让体育赛事变得触手可及，提高了观众观看体育赛事的体验。

第三，创业者有能力、有资源，可实施所持有的创意。

第四，创业者将自己的创意转变为具体的产品或服务，不需要大规模的资金（所谓轻资产）和团队（所谓小团队）。

当这四大要素都得到满足时，可以认为该创业者客观上存在或形成了某种创业机会。

拓展资源：体育行业投资的新机会

## 二、体育产业创业机会来源

### （一）政策引导

2014年，国务院出台"46号文件"将体育产业上升为"国家战略"，并提出2025年我国体育产业总规模将达到2 025亿元。据21世纪经济研究院梳理，2016年，全国31个省、自治区、直辖市均出台了体育发展规划。到2025年，提出具体目标的27个省份规划的体育产业总规模超过7万亿元。政策上的明确指引点燃了资本的热情。

按照国际标准，当人均GDP达到5 000美元时，体育产业会出现"井喷"态势。目前我国人均GDP已达8 000美元水平，人均体育消费额却只有全球平均水平的1/10，体育产业未来的发展前景将更大程度地释放。

来自销售终端的数据为该判断提供了依据。京东体育总经理王学松曾表示，体育品类是京东快速增长的重要品类之一，2013—2015年销售增速均超100%。2016年"6·18"当日，销售件数达到2015年同期的2.6倍。

### （二）消费升级引导

与很多领域一样，消费升级让体育产业也获益颇丰。报告显示，满足特定人群的"小众"运动逐渐成为潮流，如徒步旅行、骑自行车、露营、攀岩以及皮划艇等，这些运动比传统体育项目更"贵"。

从2013—2016年的消费轨迹来看，基础性体育用品的消费比重明显下降，但骑行、游泳、垂钓用品的消费比重一路上行，尤以垂钓用品和骑行运动的消费增速最快，2016年上半年，上述运动消费增速超过75%。2015年，国内有近200场颇具规模的自行车赛事。其中，业余赛事和群众活动占比8成以上，自行车已从"代步"演变为"健康运动"，带动骑行市场不断扩大。垂钓的吸引力已经可以与马术、高尔夫和网球运动相媲美。其中，有7成垂钓消费集中在26～35岁的"80后"群体，消费占比达68.97%。垂钓入门消费集中在千元以上，且复购率很高。报告还显示，登山、远足、滑雪等户外消费也处在"风口"上。

## 三、体育产业创业的主要领域

世界上体育产业最发达的国家，将体育产业划分为19个领域：消遣性和参与性体育、体育用品业、体育广告业、体育彩票业、体育比赛门票收入、体育场地出租和体育纪念品销售业、电视的转播权费收入、体育赞助费收入、高尔夫球场和滑雪场建筑业、体育保险业、体育报纸杂志收入、特许地产许可证收入、运动业资助费收入、体育卡片、体育明星卡片收入、体育书籍、体育场馆建筑业、体育设施建设、美国奥委会预算收入、少年体育队收入、名人厅收入、体育文化展览等。体育产业的这些领域都可以成为创业的核心领域。

拓展资源：体育行业值得关注的细分领域

对于体育产业中小型创业者而言，由于创业资源和资金的限制，暂时没有能力去与一些已经十分成熟的体育市场"巨头"相竞争。可以选择一些投入资金较少，相对风险较小的领域进行创业。

## 四、体育产业创业机会

《2016体育创业白皮书》中披露了目前体育创业领域最值得关注的6条"赛道"，包括：健身、先进的训练方法、电子竞技、运动营养、运动康复、运动垂直电商（图 3-1）。

图 3-1　体育产业创业机会

健身和电子竞技，是 2016—2019 年融资频次最高的"赛道"，这是体育创业领域目前争夺最激烈，现金流最好，变现商业模式最清晰可见的两个"赛道"。

在消费升级后，运动人群在如何练、吃、恢复和购买上会产生强烈需求，运动营养、运动康复等 4 个领域在国内体育行业里尚属"蓝海"，代表着未来创业和投资的方向。

### （一）健身

健身房是目前体育产业中，除鞋类、服饰外现金流量最大的部分，也是 2015 年投资者热捧的领域，共完成了 39 次融资，融资金额约 4.9 亿元。当前，线下传统健身房和线上健身 App 都是资本关注的焦点，未来如何进行资源整合，如何打通线下线上资源，打破传统健身房的死循环，都是可能的创业方向。

### （二）电子竞技

电子竞技成为 2015 年创投市场的一匹"黑马"，其强大的竞技、IP、泛娱乐属性，让它成为资本和巨头们抢夺的重点。

### （三）先进的训练方法

伴随跑步、健身、骑行等运动参与者的增长，运动人群从"小白"选手不断向专业有规律的资深参与者进阶，由此催生了市场对先进运动方法的渴求，先进、科学的训练方法将成为体育市场下一个增长点。

### （四）运动营养

运动营养市场是基于我国运动人群不断扩大，运动品位不断提升的背景下产生的。运动营养能够帮助运动参与者提高营养摄入、赛场表现、肌肉增长和运动的恢复等。

### （五）运动康复

运动康复是一个"体育+医疗"的复合行业。近两年，全民健身兴起，运动损伤、运动疾病甚至是运动猝死案例都在增加，而我国运动康复行业起步较晚，康复机构不足，市场空间巨大。

### （六）运动垂直电商

垂直电商是大多数体育创业公司的"宠儿"，也是其变现的重要方式之一。不过国内运动垂直电商并没有形成预期的影响力，货源、渠道、平台三方竞争。此外，移动端电商对传统PC端产生了巨大冲击。由此可知，运动垂直电商一方面面临行业重新洗牌，另一方面充满机遇。

## 第二节　体育创业机会评估

**案例导入**

#### 昆仑决：切中搏击赛无品牌"痛点"

提起江苏卫视的《昆仑决》节目，人们想到的是中华尚武精神，想到搏击的激烈场面以及金灿灿的冠军腰带。对于创业圈来说，《昆仑决》意味着在不到两年时间里实现18亿元市值的商业奇迹。创业之初，姜华看出职业搏击是一个内涵丰富的巨大产业，于2013年年底创办了昆仑决赛事，切中的正是中国搏击赛事无品牌的痛点。创立1年半时间，《昆仑决》估值达到3亿美元。姜华的目的很简单，就是在规则等各方面模仿UFC（目前世界上顶级和规模最庞大的职业综合格斗赛事）。对于《昆仑决》来说，创办之初最大的挑战是，在中国运营一个原创赛事难度非常大，价值也被长期严重低估。2015年，《昆仑决》从最开始的青海卫视播出转到江苏卫视，并以

1 000万元的网络播映权价格独家卖给了爱奇艺。

姜华称，《昆仑决》接下来要做的事很简单，就是做大规模，布局全产业链。他计划2016年在中国再开将近100家连锁线下搏击俱乐部，主要作为拳迷的集中培养地，涉及城市包括北京、上海、深圳、香港等地。此外，《昆仑决》利用互联网和赛事的覆盖度，进行了产业链布局。

姜华击败3 000名创业骄子一举夺冠，不仅基于《昆仑决》项目本身的市场潜力，更因为姜华身上有着与之匹配的特质——"速度与激情"，这是互联网的精神特质，也是创业家的精神特质，更是格斗勇士的精神特质。中国搏击产业刚刚起步，但《昆仑决》却实现了一个在成熟市场中才可以看到的飞跃式发展。这一切成绩的背后，并不是一个简单的"体育娱乐＋移动互联网"的概念整合，而是一个成熟团队的建设与打磨。近年来，中国格斗赛事如雨后春笋层出不穷，但很多比赛呈现出内容同质化、水平低劣化、宣传炒作化的特征。《昆仑决》着力打造专业的赛事运作与宣传团队，姜华先生凭借自身对格斗的专业理解，以推动中国搏击健康长远发展为目标，慧眼识人挖掘圈内人才，筹备国际级团队，以卓越的领导能力，短短几个月就完成了品牌形象建立与市场普及。国际化的运作模式、冠军级的明星选手、世界级的裁判团队，打造出"真实、硬朗、公正、火爆"的赛事，被观众所热捧。我们有理由相信，在体育娱乐需求不断增加的今天，《昆仑决》节目在崛起的中国有着更广阔的市场。"黑马运动会"的冠军奖杯，对于昆仑决团队发展来说，只是一个起点。

点评：国务院"46号文件"将体育产业提升到国家战略高度，体育产业成为创业热点。在《昆仑决》之前，我国的搏击比赛很少，无法满足全部运动员参赛的需求，姜华抓住了缺少搏击比赛的痛点，利用这个创业机会，把搏击产业、互联网思维、正能量和传播性紧密地融合在一起，将其打造成为国际顶级体育搏击平台。

## 一、有价值的体育创新创业机会的特征

有价值的体育创新创业机会具有4个主要特征：

### （一）有吸引力

有价值的体育创新创业机会总会带来市场需求，使创业产生盈利，因而受到创业者与投资者的青睐。

## （二）持久性

体育机会取决于市场变化，市场的环境变化是持久的，而商业机会客观存在于一定的市场环境之中，也具有持久性。

## （三）及时性

商业机会产生于一定条件下，随着环境的变化，消费者需求的转移，商业机会也会随之改变。为此，创业者必须及时地捕捉机会，科学地加以利用，以取得良好的经济效益。

拓展资源：创业机会识别的4个环节

## （四）客观性

无论经营者是否意识到，市场机会总是客观存在于一定的市场环境之中。一个企业未能发现的机会，会被另一个企业捕捉和利用。因此，企业应积极从市场环境变化的规律中寻找机会。

## 二、体育创新创业机会评估的内容和方法

### （一）好创业机会的特点

创业者在识别创新创业机会的同时应该对这些机会进行评估。好的机会有利于解决重要和紧急的问题。好的创新创业机会也具有盈利潜力，并处在一个有利的监管环境和行业背景中（图3-2）。

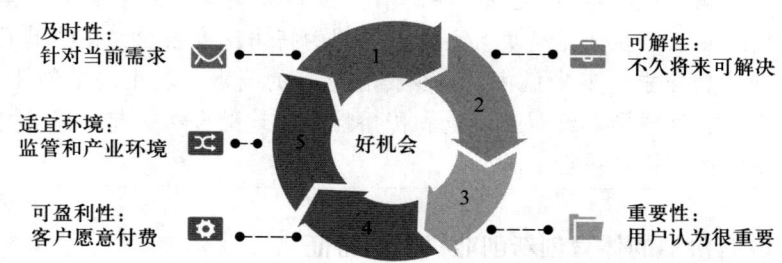

图3-2 好的创业机会的特点

我们以体育细分领域存在的创新创业机会为例，从目前的形势来看，以阿里体育、腾讯体育、苏宁PPTV体育为代表的大公司似乎把整个体育生态链包揽其中。但我们仍可听到某体育公司获得融资的消息，从这些公司的特性来看，大多数都是在做某一细分领域，比如"ACAC"射箭俱乐部、泥泞跑等赛事都获得了融资。垂直细分市场更易建立较高的忠诚度，且巨头很

难通过流量入口优势夺走用户，中小创业者刚好有喘息机会。

比如，2010 年美国举办了首次障碍赛跑公开赛之后，在全球 6 个国家举办了超过千场赛事，吸引了超过 1 300 万人参加比赛。现在，障碍赛跑在国外已经是很成熟的赛事了。障碍赛跑的商业模式在国外已经被证明，而在中国尚处空白，这一赛事自身所带有的属性，事实上十分契合中国体育休闲消费人口的消费诉求。"跑步""远离城市，贴近自然"……这些标签预示着摆在中国体育创业者面前的是一个潜力巨大的市场。当下，中国的障碍赛市场几乎未被开发，最著名的两项赛事"泥巴大赛"和"泥泞跑"的参赛者数量，相比于市场潜力几乎可以忽略不计。而且泥泞跑的盈利方法也很简单，一是参赛人群的报名费，二是企业的赞助费，三是场地方所支付的费用。"比赛能够聚集人流，形成媒体关注，对所用场地也是一种宣传"。

由此可见，障碍赛跑是一个很好的创新创业机会，一是它针对的是当前休闲消费人口的消费诉求，二是入行门槛较低，可快速满足消费者诉求，三是经过国外验证，此项运动受到消费者欢迎，且消费者愿意为此付费。

（二）创新创业机会的评估

1. 五步评估法（图 3-3）

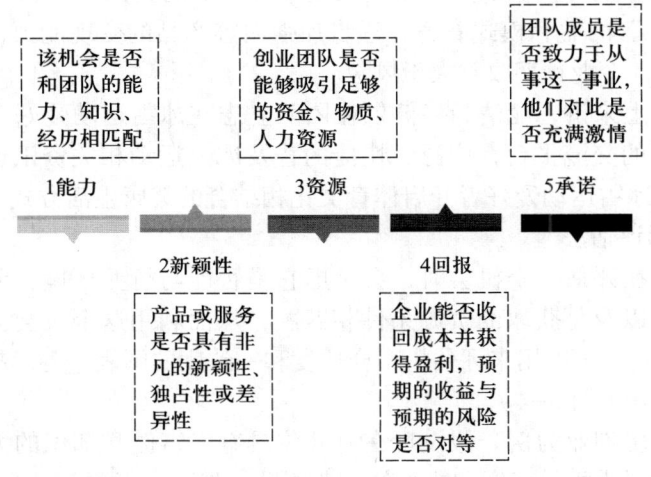

图 3-3　五步评估法

此方法可以快速淘汰那些比较没有前途的创业活动，并为真正有前途的创业活动节省出时间和资源。机会评估没有成规，某个创业机会是不是值得深入研究应视情况而定。例如，不应该去进一步研究那些新颖程度较低的创业活动。创业者可通过推敲这5个步骤排除那些不合格的机会，进一步研究那些通过了快速筛查的机会。

以花样滑冰世界冠军庞清、佟健创业为例，他们是我国花样滑冰界的传奇，2次夺得世界冠军，并于2010年获得温哥华冬奥会双人滑亚军。2015年，两人在世锦赛后宣布退役。紧接着在同年7月，庞清、佟健一起创立了"翼翔冰雪"，旨在打造中国冰雪运动高端服务平台，营造冰上社群概念。

从能力上看，"翼翔冰雪"的优势在于其创始人佟健在花样滑冰领域拥有顶级资源和完整的核心创意团队，其团队的能力、知识和经历与冰雪运动创业机会相匹配。

从新颖性上看，"翼翔冰雪"旗下设有"爱滑冰"微信服务号、"爱滑冰"App交流平台、经典冰上舞台剧、I skating 表演团，并积极开展学员培训、教练员培训等业务，线上线下相辅相成。

从资源上来讲，其冰上中心整合了全国最优秀的教练员资源，由国家队优秀的运动员、教练员组成常驻教练员团队，享有国家队级的指导水平。

从回报上讲，随着近年政策红利不断，体育板块已成为资本热络之地。2022年北京冬奥会的成功申办以及国家提出的"3亿人上冰雪"的号召，无疑使"冰雪"成为板块焦点。公司在政策红利下向美国"内容（30%）+衍生品（70%）"的盈利模式看齐，逐步加强内容产品的变现能力，多渠道提高业务收入。企业预期收益大于风险。

从承诺上来讲，庞清、佟健创业团队立志在冰雪运动爱好者之间搭建最直接有效的交流平台，广泛、快捷的普及冰上运动相关资讯、知识与文化，为广大冰雪运动爱好者开启体育文化相结合的健康生活方式。

2. 菱形评估法

创业者在评估一个机会时，会考虑它是否能与行业环境、创业成员的才能及特点以及可获取的资源条件相匹配，从而利用这个机会去创业。图3-4展示了一个可以用来评估机会合适度和一致度的图表。菱形越大，机会的匹配度越好（图3-4）。

以健身房创业为例。假设现在有几位具有丰富健身知识的大学生，还有一组具备创业所需态度和能力的创业团队。然而，考虑到众多失败案例，该团队对于此次创业活动的风险仍然有所忌惮。在团队坐标上，我们给创业团75%的匹配度值。

健身房所处的环境特征是十分复杂的，因为健身房竞争非常激烈，同质化竞争严重，我们在环境的匹配度上给了50%的分值。

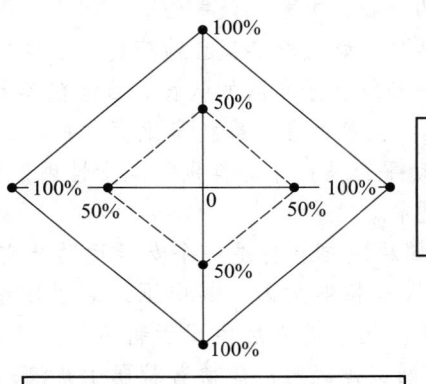

图 3-4　菱形评估法

接下来看机会的坐标，受到互联网对健身房发展的冲击、房租上涨等挑战，机会的匹配度值为 75%。

鉴于这些评估分值，大多数团队都缺乏足够的能力去获取上千万美元的创业启动资金。因此，我们认为在资源的匹配度方面，只能给 50% 分值。显然，这是一个具有挑战性的机会。

## 第三节　体育创新创业风险

案例导入

### "UP Lady" 新女性运动社交平台

目前，在中国女性手机移动 App 市场中，占有市场份额较大的主要有辣妈邦、美丽说、美拍、大姨妈、河狸家、快乐孕期、时尚猫等，基本上可以覆盖生理、拍照、购物、母婴、美容、整形领域等，但是专为女性定制的运动类 App 目前仍处于市场空白阶段。"UP Lady" App 通过向女性提供丰富有趣的多种体育运动，提倡"crazy、sexy、cool"等新的生活方式，并带动健康、快乐的消费升级。"UP Lady"在初创期即获得天使投资人盛希泰及其创办的洪泰基金的大力支持，并被广泛关注。

2009年，"UP lady"创始人李鹤疯狂地痴迷上了摩托车，后来成为国内首支女子摩托车队——新蜂女子车队的队长。目前在各大互联网平台上，她共有超过60万的粉丝。在参加各种摩托车比赛和户外运动的过程中，李鹤也感受到现阶段的运动平台虽然不分性别，但女性用户始终都是小众群体，她们的需求不能得到重视。

2015年3月，李鹤决定自己打造一个女性运动社交平台，王浩、丛培楠、庞博、张冠华等人也相继加入，其中王浩曾供职于 TOM.COM、掌上灵通、12580等知名企业；丛培楠先后供职于新浪、搜狐、12580、窝窝团等公司，有着10年互联网实操经验；庞博曾就职于新浪；张冠华是一位连续创业者，曾服务于源泉音乐。团队组建之后，他们创立了新蜂极酷（北京）科技有限公司。2015年8月，新蜂极酷获得洪泰基金的种子轮投资；2015年10月，"UP Lady"正式上线。

李鹤解释称 UP 是 unique 和 passion 的结合，寓意鼓励用户做富有活力的独立女性。李鹤将目标用户定位在25~45岁的女性用户，在她看来，这部分女性成熟、有自己的家庭和事业，属于社会的中坚力量。"UP Lady"采用的是"互联网＋运动＋娱乐"的模式，在线上具有运动社交、社群电商多重功能，用户不仅可以晒运动照片、交流运动经验，也可以购买专业的女性运动装备。在线下，"UP Lady"还陆陆续续推出了不少明星与企业达人参与的线下活动。

李鹤认为，尽管女性创业比较困难，但这些困难并不是来自外界，而是自身。只要信念坚定、充满激情并确保自己在前进的道路上是快乐的，就没有办不成的事情。女性在创业过程中容易得到帮助，但这种帮助并不是实质性的，真正的力量还是源自自身。

点评：随着中国社会经济的发展，国民消费观念也逐步转变，运动健身意识开始觉醒，休闲运动也成为广受认可的健康生活方式。"UP Lady" App 瞄准女性运动市场，通过"互联网＋运动＋娱乐"模式吸引女性用户，填补了女性定制运动 App 市场空白。

## 一、体育创业风险的来源与类别

### （一）体育创业风险的来源

创业环境的不确定性，创业机会与创业企业的复杂性，创业者、创业团队与创业投资者的能力与实力的有限性，是体育创业风险的根本来源。

由于创业的过程往往是将某一构想或技术转化为具体的产品或服务的过程，在这一过程中，存在着几个基本的、相互联系的缺口，它们是上述不确定性、复杂性和有限性的主要来源，也就是说，创业风险在给定的宏观条件下，往往就直接来源于这些缺口。

1. 融资缺口

融资缺口存在于将概念转化为有市场的产品原型（这种产品原型有令人满意的性能，对其生产成本有足够的了解并且能够识别其是否有足够的市场）的过程中。

体育院校大学生的创业资金来源有限。大部分大学生的资金主要来源于家庭的支持，有少量的学生来源于银行的贷款，能获得风险投资的学生少之又少。银行贷款虽然只有少量的利息，甚至没有利息，但是手续复杂、条件多，贷款金额有限。风险投资从 2017 年开始，进入了冷静思考期，许多体育项目不到两年就开始夭折，相关投融资情况也迅速降温。

据统计，2017 年 1 月 1 日至 12 月 31 日，国内体育相关创业公司投融资和并购事件共发生 188 起，其中公开融资金额的有 166 起，资金总额约 100 亿元。这一数据相对于 2015 年大幅下滑。2016 年，有披露的体育类创业公司共融资 235 起，融资金额约 196 亿元。由此来看，2017 年体育产业较 2016 年整体投融资金额下降了近 50%。因此，大学生缺乏资金是创业过程中最主要的问题。

2. 研究缺口

研究缺口主要存在于仅凭个人兴趣所做的研究判断和基于市场潜力的商业判断之间。大部分的大学生对体育行业了解甚少，还有一部分大学生一点都不了解，对体育行业完全了解的仅占极少数。从事时间短暂，对体育产业研究严重不足，这也成为体育专业大学生创业面临的一个关键问题。

3. 资源缺口

如果没有创业所需的资源，创业者将一筹莫展，创业也就无从谈起。在大多数情况下，创业者不一定也不可能拥有全部资源，这就形成了资源缺口。如果创业者没有能力弥补相应的资源缺口，易面临创业无法起步或在创业中受制于人的局面。

例如,"全城热炼"是一家以 Class Pass 模式(用户只要在"全称热炼"缴纳每月低价的会员费,便可以在所有平台签约商户的实体店内进行预约消费)创业的公司,其平台主要与线下健身房合作,针对健身人群出售低价月卡。

由于缺乏线下优质健身场馆的支持,也没有系统的教练指导,导致用户体验差,公司用户流失较快,不久"全城热炼"便因经营困难而失败。

4. 管理缺口

管理缺口是指创业者并不一定是出色的企业家,不一定具备出色的管理才能。进行创业活动主要有两种:一是创业者利用某一项新技术进行创业,他可能是技术方面的专业人才,但却不一定具备专业的管理才能,从而形成管理缺口。这种情况在运动员创业人群中非常普遍,很多运动员获得过世界冠军,在专业技术领域无人能比,但长时间的封闭训练环境导致其缺乏管理能力。二是创业者往往具有某种"奇思妙想",具有创新性的商业点子,但在战略规划上不具备出色的才能,或不擅长管理具体的事务,从而形成管理缺口。

### (二)体育创业风险的类别

体育创业风险和其他创业活动风险一样,分为系统风险和非系统风险(表 3-1)。创业的系统风险是指由于创业的外部环境不确定性引发的风险,即创业者和创业企业无法控制或无力排除的风险。创业的非系统风险是指非外部因素引发的风险,即指创业者、创业投资和创业企业有关的不确定性因素引发的风险。非系统风险可以通过创业的各方面努力,用科学的方法加以控制或消除。

▶ 表 3-1 创业风险来源

| | 创业风险来源 |
|---|---|
| 系统风险 | 政治风险 |
| | 法律风险 |
| | 宏观经济风险 |
| | 社会风险 |
| 非系统风险 | 技术风险 |

续表

| 创业风险来源 | |
|---|---|
| 非系统风险 | 生产风险 |
| | 市场风险 |
| | 金融风险 |
| | 管理风险 |
| | 人员风险 |

1. 系统风险

（1）政治风险

政治风险是指由于国家政治的非稳定性，社会政策的非连贯性等产生的风险。

以体育制造业为例，在2016年，中国出口美国的体育用品额为319.8亿元，出口到美国的体育用品主要有：运动服装、运动手套及护具用品、体操、田径等用品或户外运动器材及泳池设备、室内游乐设备、渔具设备等。但2017年特朗普政府针对中国对美的出口与投资，出台了多种贸易投资保护主义措施，提高中国进口产品的关税，例如对运动服装的征税额度在10%~20%，极大地影响了体育用品业的出口量和产值。

（2）法律风险

法律风险是指法律、法规的制订和修改，会对创业企业产生的风险。如国家重要法律法规的实行和修订情况，特别是有关公司法、环境保护法、消费者权益法、市场流通等方面的法律以及税法、能源法、价格法、金融法、信贷法等，对企业的活动都有重要的关联，形成风险外在发源地。

（3）宏观经济风险

宏观经济风险是指因国家宏观经济状况、产业政策、利率变动以及汇率的稳定性等因素所带来的损失风险。任何企业的发展都必须依托所在国家和地区的经济环境。利率、价格水平、通货膨胀率等因素的变化以及金融、资本市场的层次、规模、健全程度等都会带来很大的不确定性，使创业企业容易暴露在风险之中。

（4）社会风险

社会风险是指传统文化、社会意识以及新技术、新产品的冲击，或社会中介服务机构和基础设施不完备等引起的创业风险。例如，2015年，我国约有 3 亿体育人口，200 万所体育场馆，人均场馆面积不足 2 平方米，相比之下，美国人均体育场地面积为 16 平方米，而日本人均体育场地面积则为 19 平方米。国内也有不少体育场馆进入"老龄化"，馆内设施现代化不足，还无法与互联网进行有效对接，且用户体验也随之降低，更为创业者们带来了挑战。目前我国的人均体育消费，仅为全球平均水平 1/10，社会人群的体育消费习惯还未养成。

2. 非系统风险

（1）技术风险

技术风险是指由于技术方面的因素及其变化的不确定性而导致创业失败的可能性，这是创业初期最为突出的一种风险。无论是在国内还是国外，由于各种原因导致研发失败并造成严重损失的案例都较为常见，如 Nike 公司拥有世界上最顶尖的篮球鞋研发团队，Nike shox 球鞋研发历时 16 年、耗资巨大、攻克了无数技术难关。2000 年的悉尼奥运会，Nike shox 球鞋正式亮相，并借由当时 NBA 明星球员卡特的精彩表现名声大噪，迅速风靡全美，一时间球迷们争相购买。不过，这样超前的技术设计也埋下了隐患，在此之后，卡特频频受伤，不少分析人士将矛头直指 Nike shox，认为其不成熟的技术导致了卡特的伤病。Nike shox 篮球鞋就此销量一路走低。技术上的不成熟，使 Nike shox 篮球鞋昙花一现，Nike 公司损失惨重。

（2）生产风险

生产风险是指在创业过程中，由于生产环节的有关因素及其变化的不确定性而导致创业失败或利润受损的可能性。比如 2018 年 4 月 28 日，迪卡侬（青岛）体育用品有限公司丹山分公司（简称"迪卡侬体育"）因生产销售不符合国家以及行业标准的产品，受到被城阳区市场监管局罚款 438.9 万元、没收违法所得及不合格产品的行政处罚。

（3）市场风险

市场风险是指由于市场情况的不确定性导致创业者或创业企业损失的可能性。由于产品技术本身的前瞻性，创业者无法得到相对准确的市场预测，对市场的接受度、产品导入市场的时间、市场的需求量等都很难估测，因而，存在着较大的风险性。如澳大利亚著名的泳衣制造商"Speedo"，他们在泳衣中使用了纤维来模仿鲨鱼 V 字形的褶皱皮肤结构，数据显示，采用这一结构的泳衣可以提高运动员 3%～7.5% 的游进速度，由此 Speedo 公司生产了第一代"鲨鱼皮泳衣"。1999 年 10 月，国际泳联宣布允许运动员穿鲨鱼皮泳衣参赛。在随后的 10 年里，鲨鱼皮泳衣成为游泳运动员提高速度的"神器"。很多业内公司也投身这一产业，更多的高科技手段被应用到泳衣的制作上，为研发高科技"鲨鱼皮泳衣"投入了大量的资金、时间和人力成本，2009年7月，国际泳联正式宣布禁止在比赛中使用高科技泳衣，泳衣材料也被规定为必须选用纺织物。研发高科技"鲨鱼皮泳衣"的这些公司损失惨重。

（4）金融风险

金融风险在创业初期时更多地体现为融资风险，在创业中后期，金融风险则体现为运营过程中追加投资的风险，当企业需要扩大规模时，金融风险体现为融资风险和财务风险，企业在追加投资时若无法筹集到足够的资金，其生产和经营将经面临严峻的风险。

（5）管理风险

管理风险是指创业企业因管理不善而引发的不能够获得预期利润或是威胁其运营甚至生存的风险。例如，技术企业的创业者一般都是技术出身，创业者利用某一新技术、新发现进行创业，他可能是技术方面的专业人才，但却不一定具备专业的管理才能和意识，在战略规划上并不具备特殊的优势，或不擅长管理具体的事务，从而形成管理风险。这种风险主要体现为经营决策、战略规划、营销组合不合理以及组织制度的不科学，管理层的综合素质较低以及表现在对生产运作、企业内沟通、激励等问题上的管理不力等。

（6）人员风险

人员风险本是管理风险的一部分，在创业者初次创业的过程中，这类风险通常表现得尤为突出，对创业的危害是致命性的。在创业中，关键资源只掌握在少数关键人物手中，因此，他们的离开将会延迟项目的研发，甚至使项目"流产"，给创业带来极大的损失和打击，是很大的风险因素。

## 二、体育创业风险的识别与防范

### （一）创业风险的识别

创业风险识别是创业者依据企业活动，对创业企业面临的现实以及潜在风险运用各种方法加以判断、归类并鉴定风险性质的过程。创业者都必须具有风险识别的能力，并不断提高这种能力。

1. 树立风险识别的基本理念

作为创业者，应该正确树立识别企业风险的基本理念，具备以下意识：

（1）有备无患的意识。创业风险的出现是正常的，带来一些损失也是正常的，创业者既不能怨天尤人，也不能骄兵轻敌。关键问题是要密切监控风险，减少损失，化解不利，努力将其转化为盈利的机会。

（2）识别风险的能力。发现和识别风险，是为了防范和控制风险。如果创业者在企业未发生损失之前就能够识别风险发生的可能性，那么这个风险是可能被管理的，因此，风险识别是进行风险管理的基点。

创业风险需要创业者通过创业活动的迹象、信息归类，认知风险产生的原因和条件，不仅要识别风险所面临的性质及可能的后果，更重要的是（也是最困难的）识别创业过程中存在的各种潜在风险，为采取有效措施提供依据。

（3）持之以恒的坚持。由于创业风险伴随着整个创业过程，同时风险具有可变性和相关性的特点，所以创业者必须要有打"持久战"的准备。风险的识别工作应该是连续、系统的进行，并成为企业一项持续性、制度化的工作。

（4）实事求是的态度。虽然风险识别是一个主观过程，但是必须实事求是地遵循客观规律。风险识别是一项复杂而细致的工作，要按特定的程序、步骤、选用适当的方法逐层分析各种现象，并成为企业一项实事求是的评估内容。

2. 掌握风险识别的基本途径

创业风险的识别途径，重点从风险的来源上，即自然因素和人为因素两大方面入手。

（1）自然因素。比如地震多发区、台风多发区和炎热地区，这些地理位置与企业的选址、项目建设有着密切关系。又比如对于许多行业来说，必须注意原材料供应的矿产、能源、农产品以及交通问题等因素的影响。

（2）人为因素。创业者主要应了解一个国家或者地区的政治经济制度、法律政策、民情民俗以及企业周边的营运环境等。

3. 了解识别风险的方法和步骤

一般而言，风险识别的方法包括：信息源调查法、数据对照法、资产损失分析法、环境扫描法、风险树分析法、情景分析法、风险清单法等。

识别风险的步骤包括：

（1）信息收集。首先要通过调查、问询、现场考察等途径获得风险来源；其次，需要敏锐地观察和科学的分析，对各类数据及现象作出处理。

（2）风险识别。根据对于信息的分析结果，确定风险或潜在风险的范围。

（3）重点评估。根据量化结果，运用定量分析、定性分析、假设、模拟等方法，进行风险影响评估，预计可能发生的后果，提出方案选择。

（4）拟定计划。提出处理风险的方法和行动方案。

风险识别过程中要注意以下问题：

（1）信息收集要全面。收集信息可以通过两个途径，一是内部积累或者专人负责；二是借助外部专业机构的力量。后者可获得足够多的信息资料，有助于较全面、较好地识别潜在风险。

（2）因素罗列要全面。根据企业在运营过程中可能遇到的风险，逐步找出一级风险因素，然后再进行细化，延伸到二级风险因素，再延伸到三级风险因素。例如管理风险属于一级风险因素、管理者素质属于二级风险因素。

（3）定性定量分析要结合。对风险的识别既要进行定性分析，也要进行定量分析。

### （二）创业风险的防范

1. 系统风险的防范

系统风险是指由某种全局性的共同因素引起的，创业者或新创企业本身控制不了或无法施加影响，并难以采取有效方法消除的风险。因此，系统风险也成为"不可分散风险"。对于系统风险创业者或创业企业应设法规避，主要从以下三方面做好风险防范：

（1）谨慎分析

创业者应对其所处的创业环境应进行深入了解、谨慎分析。目前我国实施更加积极的创业政策，贯彻鼓励创业的方针，在自主创业税费减免，小额担保贷款，创业地落户以及场地、项目、技术、培训等方面为大学生创业提供了一揽子优惠和鼓励政策，创造了更为宽松的环境。创业者首先应对创业环境进行正确的认识和了解，采用"层次分析法"等方法对创业环境进行合理评估，通过层层细化、逐级分析，来熟悉创业的宏观环境、行业环境、地区环境等，以求准确深入地解释创业过程中可能遇到的系统风险。

（2）正确预测

创业风险中，有些风险是可以预测的，有些是不可预测的。创业者应尽可能运用所学知识和所掌握的资源，采用科学的方法来对那些能够预测的风险进行深入分析，通过和团队成员探讨、请教外部专家等方法来预测创业环境的可能变化以及变化对创业企业带来的影响，尽量对创业的系统风险做到心中有数，制定相应的应对策略。

（3）合理应对

由于系统风险的不可分散性，创业者只能根据以上两个步骤对系统风险的分析和预测制定合理的应对措施，巧妙规避并尽可能降低系统风险的发生对创业者自身或创业企业的不利影响。如创业者预测到市场利率上升则应尽量筹集长期资金，预测未来经济低迷则应尽可能持有较多现金等。

2. 非系统风险的防范

非系统风险是由特定创业者或创业企业自身因素引起的，只对该创业者或创业企业产生影响。因此，创业者和新创企业可以在某种程度上对其进行控制，通过一定的手段予以预防和分散。

（1）机会选择风险的防范

机会选择风险是一种潜在风险，是指创业者可能由于选择创业而失去其他发展机会所带来的最大收益风险。因此创业者在创业准备之初就应该对创业风险和收益进行全面的权衡，将创业目标和目前的职业收益进行比较，结合当下的创业环境、自己的生涯规划进行权衡分析。如果认为创业时机已经成熟，且刚好有一个绝佳的商业机会可以转化为创业项目，而且该项目又可以与自身的生涯规划相吻合，那么就要下定决心，立即着手创业。否则就不要急于创业，而是选择先就业或者继续从事目前的工作，边工作边认真观察，学习所在公司各层领导的工作方法和技巧，同时学会利用工作机会建立良好的关系网络，待时机成熟再开始创业。

（2）人力资源风险的防范

人力资源是创业活动中最重要的资源，由此产生的风险对创业企业来说往往是致命的风险，所以一定要予以充分关注。首先，创业者应不断充实自我，持续提高个人素质，使自己的知识和能力与创业活动相匹配；其次，创业领导者通过沟通、协调、激励、奖惩、评价、目标设定等多种手段管理团队，并在创业团队发展的不同阶段确定相应的管理内容，科学地对成员进行绩效评价；最后，公司应招聘具有较好职业道德和团队合作意识、拥有与岗位匹配技能的员工，通过在合同中明确权利义务关系和适当的授权以及通畅的人力资源管理系统，使关键员工的工作管理与非工作管理相结合。

（3）技术风险的防范

技术创新能够给拥有者带来丰厚的回报，但掌控不好也可能会使创业者颗粒无收。因此，创业者一定要通过强化自身建设或建立创新联盟等方法来减少技术风险发生的可行性。第一，应加强对技术创新方案的可行性论证，减少技术开发与技术选择的盲目性，并通过建立灵敏的技术信息预警系统，及时预防技术风险。第二，可通过组建技术联合开发体或建立创新联盟等方式来分散技术创新的风险。第三，提高创业企业技术系统的活力，降低技术风险发生的可能性。第四，高度重视专利申请、技术标准申请等保护性措施的采用，通过法律手段减少损失出现的可能性。

（4）管理风险防范

通过提高管理者的素质，改变管理和决策方式可以有效应对创业企业的管理风险。具体来说，可以采取以下主要措施：第一，应努力提高核心创业成员的素质，树立其诚信意识和市场经济观念，并以此为基础加强领导层的自身建设，建立能够适应企业不同发展阶段变革的组织机构；第二，实行民主决策与集权管理的统一，将企业的执行权合理分配，避免不规范的家族式管理影响创业企业的发展；第三，明确决策目标，完善决策机制，减少决策失误。

（5）财务风险防范

筹资困难和资本结构的不合理是很多创业企业明显的财务特征和主要财务风险的来源。有效规避财务风险要做到以下几点：第一，创业者要对创业所需资金进行合理估计，避免筹资不足影响创业企业的健康成长和后续发展；第二，要学会建立和经营创业者自身和创业企业的信用，提高获得资金的概率；第三，创业者或团队一定要学会在企业的长远发展和眼前利益之间进行权衡，设置合理的财务结构，从恰当的渠道获得资金；第四，管好创业企业的现金流，避免现金断流带来的财务拮据甚至破产清算的局面。

## 运动员创业人物

### 邹市明：拳击台下如何做大体育产业"蛋糕"

北京奥运会、伦敦奥运会冠军、WBO 世界拳王、轩轩皓皓的爸爸……不断跨界的邹市明如今又添加了"创业者"的身份，和妻子冉莹颖共同创办了三家体育公司，希望能够继续深耕个人 IP 开发以及为年轻拳手探索职业拳击新路，并在拳台下推广中国拳击事业。

2017 年，邹市明还受邀参加了博鳌亚洲论坛，分享了从奥运转战职业拳击的故事、中美职业拳击产业的区别等。

在 2016 年拿到 WBO 世界拳王金腰带，成就拳击生涯的"大满贯"之后，邹市明已经从挑战者变成了卫冕者的身份。

如今，他更愿意将职业拳击比赛当作一场派对，并进行了个人职业生涯的转型。

2016 年，他接连在上海成立富有家庭个性色彩的莹皓、邹轩两家体育文化公司后，加上此前其成立的贵州明冉公司，邹市明俨然成为一名逐步上道的生意人，但他自己称"现在还在学习阶段"。

在邹市明看来,尽管拿到奥运冠军并走入职业拳台,但拳击毕竟是一项相对小众的体育项目,他希望通过不同的身份来体现一位拳手的多面性。更为重要的是,他也希望能够将拳击运动进行更大范围地普及和推广。

回忆起2012年拿到伦敦奥运会冠军回国之后的场景时,他说:"各地都在组织庆功会,所有人都向我们表示了祝贺,但我自己很失落,我不知道下一步何去何从。2016年里约奥运会我不一定有这样的精力了,但是我还想去打职业比赛。"

在当时,中国拳手走职业化道路的经验完全空白,邹市明不知道如何去找推广、找经纪人。不过在经历了多年赴美比赛学习之后,他对美国整个拳击产业有了更为切身的感受,"我现在不但要自己打,而且还要去横向发展,学习如何在拳台下运作,结合西方赛事在我们国家推广落地,把中国的拳手包装、推广送到国际市场上去,这是我现在在拳台下要做的事情。"

与此同时,谈及中国体育产业2022年实现5万亿元目标的愿景,邹市明称,中国体育产业现在正在起步阶段,"像一块蛋糕,有加奶油、鸡蛋、面粉的,我们想把这个'蛋糕'越做越大且均匀有秩序地分配"。

邹市明表示,现在资本市场突飞猛进,大家都想从这块"蛋糕"中迅速获利,但他希望先把其中的基础、规则、模式更加完善,地基打牢,以后可以帮助更多年轻人走得越来越高。

## 体育创业资源

### 体育创业大赛

1. 全国大学生体育产业创新创业大赛

自2016年"全国体育院校体育产业创新创业服务平台"正式落户天津体育学院以来,在各方的大力协助下,天津体育学院以"全国体育院校体育产业创新创业服务平台"为依托,高度重视大学生创新创业工作,在为大学生创新创业提供有效途径的同时,加强"产学研"结合,积极促进体育产业健康快速的发展。

2. 全国智能体育大赛

全国智能体育大赛旨在通过政府引导,撬动市场要素广泛参与,集众人之力推动智体产业发展。大赛借以新型科技手段和社交体验,旨在打造一个全民参与的智能体育运动平台,以远程互动与场馆游戏相结合的形式增强体育锻炼的趣味性,并通过互联网社交平台进行全国排名与社交网络共享,使该项目对用户产生强大的吸引力和受众粘性,最终达到突破时间、空间限制，不受气候、场地局限，实现全民健身的目的。

### 复习思考题

1. 什么是创业机会？创业机会的四大要素是什么？
2. 有价值创业机会的特征有哪些？
3. 识别创业机会主要有哪些维度？确定创业机会的四个环节分别是什么？
4. 体育产业有哪些领域？这些领域是否存在创业机会？
5. 创业风险有哪些分类？如何识别与防范？

# 第四章

# 体育创新创业资源整合

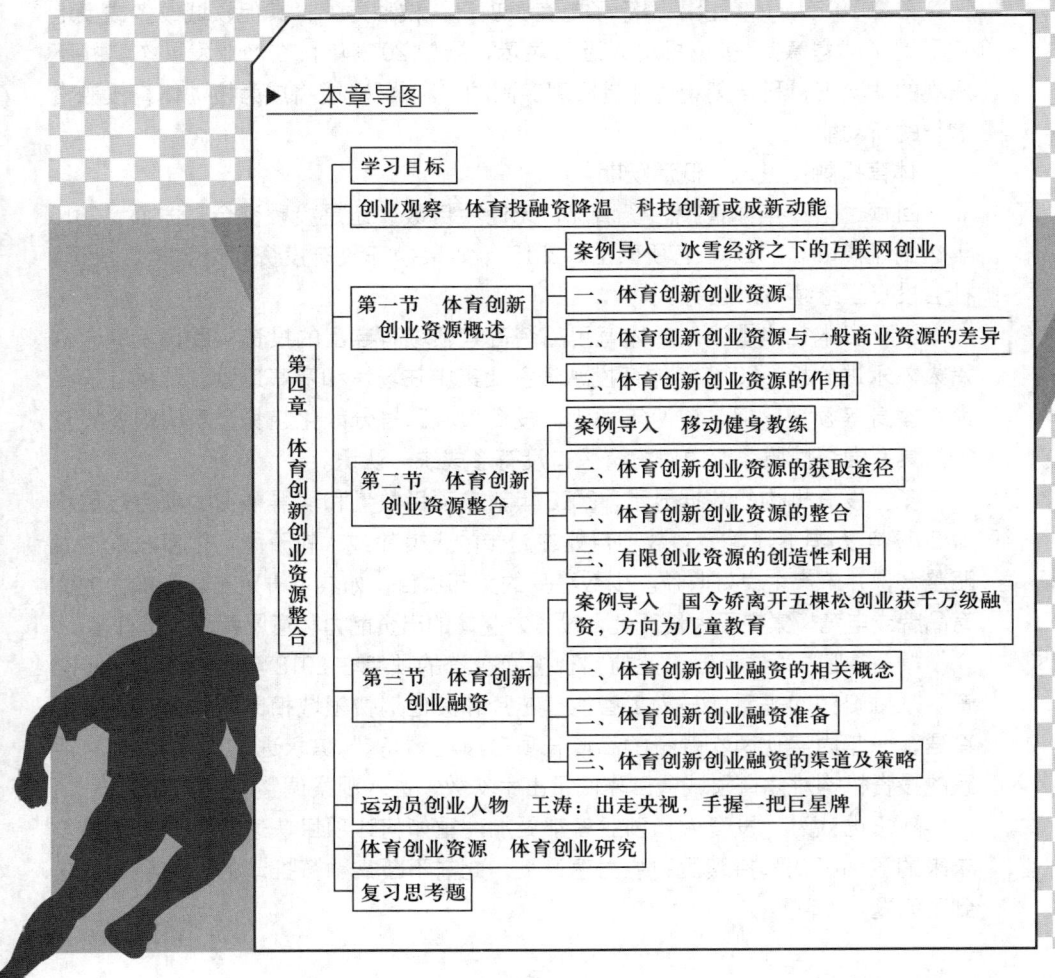

## 第四章 体育创新创业资源整合

> **学习目标**
> 
> 1. 了解创业资源的内涵和种类以及创业资源与一般商业资源的差异
> 2. 了解创业资源的作用
> 3. 了解创业资源的获取途径，阐述创业资源整合的含义和原则
> 4. 明确创业资源的充分利用和创造利用
> 5. 理解创业融资的相关概念，掌握创业启动资金的测算方法
> 6. 了解创业融资的渠道和策略

> **创业观察　体育投融资降温　科技创新或成新动能**

在 2018 年，体育投融资除了电竞类项目一枝独秀外，其他领域或多或少地感受到了"寒意"。多位投资人近日表示，展望 2019 年，在产业发展态势并不乐观的情况下，科技创新也许是实现突围的"利器"，或将成为拉动体育投融资增长的新动能。

**体育投融资进入"低活跃期"**

回顾过去三年体育投融资情况，无论项目数量还是投融资金额方面，2016 年达到了高峰，2017 年有所回落，2018 年如果抛开政府投资和电竞领域投资，社会投资呈继续下滑趋势。

沙丘资本在冰雪运动、体育用品装备等领域有丰富的投资实践，其联合创始人陈永进分析，2018 年体育投融资主要集中在场馆和赛事运营、传播社群和大众健身等领域，但与前两年相比，投资领域已呈分散化趋势，表明很多投资行为具有尝试性质，业内对投资风口没有形成统一认识。

多个投资机构的数据显示，2018 年新设项目数量和取得融资的项目数量均比 2017 年大幅下降，大多数项目处在起步的天使轮或 A 轮阶段，很多收购是战略整合，并未产生良好收益。少数稳妥的头部项目，如具备一定市场影响力的体育品牌或电竞，集中了大量资金，投资方整体的出资能力和意愿都降低了许多。

"一些业内关注度高、此前实现多次融资的项目在 2018 年并没有进一步融资。从融资频次来看，与人工智能、芯片和其他消费领域相比，体育产业遭受冷遇，一年内实现两次融资的高增长项目凤毛麟角。"陈永进说，"很多相对活跃的投资机构对体育领域项目降低了出手次数，进入观察调整阶段。"

陈永进认为，投资人和创业者都更加注重如何让项目快速产生现金流以及未来的盈利模式和持续盈利能力建设上，此前不断靠融资推动的一些项目都遇到了问题。

"B2B or B2C"，这是个问题

投资过"每步""爱动健身"等项目的彬复资本一直看好全民健身市场。公司合伙人刘冉认为，竞赛表演业更适合股权投资，而服务于运动消费人群的项目可以挖掘出广泛的用户，更适合创业投资。

是面向合作伙伴、客户、赞助商（即"B2B"），还是面向消费者（即"B2C"）？许多投资人在选择体育创投项目时秉持这样的逻辑：为C端创造出优质体验和产品，培育消费习惯挖掘消费潜力，但目前暂时由B端买单，以保证营收增长。

刘冉分析说，单纯的B2B或B2C的项目在体育领域很难有良好业绩，这对项目团队的复合能力提出了更高要求，既要有较强的维护公共关系和客户关系的能力，也要有较强的产品研发和推广能力。

在健康医疗、篮球、跑步等领域有投资布局的亚商资本体育投资负责人叶丹表示，该机构投资技术支持下的新服务，主要针对B2B领域，如智能化场景、场馆解决方案等，利用大数据技术运营挖掘粉丝价值，做精准营销。B2C的营销手段已非常细腻，2B业务营收相对稳定，在公司整体收入结构中占比越来越重，企业内部技术研发和服务升级大多围绕B端客户展开。

曾投资"懒熊体育"的熠帆资本集团目前在运动康复、体医结合领域也有布局。公司副总裁张欢表示，"运动康复项目的服务对象不只是运动爱好者本身，我们也在给相关机构公司提供服务，比如可以给青少年体育培训机构提供健康管理检测解决方案，同时把已有的客户导流给健身培训机构，实现双向合作。"

科技创新或成拉动投资新动能

据陈永进判断，体育科技创新未来在全球范围内都是投资热点，例如对用户多维度的数据采集和反馈、芯片技术等。目前已有项目在利用传感器、动作捕捉等技术，应用于培训、场馆搭建运营等领域。跑步机、高尔夫球杆、运动头盔等体育装备领域，新材料应用越来越多，科技含量越来越高。

具备较强消费能力和意愿的年轻群体愿意接受带有科技感和时尚感的产品，对运动数据有消费需求，愿意在社交平台上分享数据。很多创业项目里都出现了酷炫的健身房装修和新潮的单车等，设备迭代使得这一市场具备投资潜力。随着科技发展会不断涌现新的消费热点。

刘冉认为，虽然部分业内人士对2019年的体育投资并不乐观，但对龙头项目和头部资源的投资会出现进一步集中趋势，业内都希望找到基础好、实力强的伙伴合作发展。足球、篮球等受众广泛的领域已出现一些有潜力的项目，在攀岩、橄榄球等小众运动中，创投项目还有很多竞争空间。

刘冉说,"新技术应用会带来新商机,'互联网+体育'的产业融合已经进入下半场,依靠信息撮合提取佣金的App平台已经遇到了'天花板',依靠流量变现的项目所处的困境是流量成本越来越高,直接提供运动健身服务的团队依然在线下,这部分回报很难撬动。"

投资人士认为,新的机会不仅在健身人群的需求侧,在全民健身相关产业的供给侧也有很大潜力值得挖掘。例如马拉松比赛中,人脸识别技术可以帮助提高检录效率;新的医疗设备和手段介入可对运动体征进行实时检测,避免猝死等事故发生;数据挖掘技术可以唤醒现在沉睡的数据价值,对其进行二次、三次利用,为跑步者提供丰富多元的体验,提高赛事传播效率,更加精准地回馈赞助商等。

北京元讯投资基金管理中心投资总监丁铎认为,科技对体育产业的改造已经来到新的升级关口,例如5G技术在未来实现商用,传输带宽、运算能力大大提高,4K、VR、AR技术将找到更多应用场景,对赛事直播、场馆运营都会带来革命性变化,大幅改善观赛体验。这些上游科技不久将会在体育产业中落地生根,开花结果。

## 第一节　体育创新创业资源概述

案例导入

### 冰雪经济之下的互联网创业

2022年,北京冬奥会申办成功,催生了一批冰雪行业的创业公司,"滑呗"就是其中一员。摒弃大而全的去覆盖票务售卖、雪具租赁、教学培训等线下业务,成立于2015年的"滑呗"提供基于地理位置的影像共享服务,包括照片和视频,内容涉及雪场美景、滑雪内容、雪场美食。影像资料来源除了"滑呗"的专业摄像师和雪场提供的摄影摄像服务,内容也已经向用户端开放上传权限。对于喜欢的照片,用户还可以分享至自己的朋友圈。

"滑呗"希望成为滑雪爱好者的"朋友圈",在建立社交关系之后可以有更多的服务和商业拓展空间。之前滑雪场一般是有影像服务,但都是付费的,使用率有限,用户接受度不高。而"滑呗"App的模式在增强用户互动的同时,增加了雪场的曝光率,这可以在一定程度上为滑雪场引流。除了影像服务之外,"滑呗"的切入点还包括轨迹记录和线上赛事。

从长期来看,"滑呗"App希望依托用户数量的导流以及影像增值服务完成变现，未来想接入场地、票务等第三方服务商作为盈利点与现金流。"滑呗"的愿景是成为雪场、俱乐部、滑雪者的一个共享平台，为3亿人上冰雪的目标起到推动作用。

目前是滑雪相关App兴起的开始阶段，大部分玩家都还在打磨团队以及测试方向。未来，随着产品竞争脱离"模式之争"而进入"执行力比拼"，团队在开发和运营上的能力将决定产品本身的价值。

点评：滑雪是一个小众但有望高速成长的行业，尤其在北京·张家口取得2022年冬奥会举办权的背景下。虽然户外是个创业比较难的行业，但滑雪是个高ARPU（每用户平均收入）值的行业，商业价值潜力比较大。"互联网+滑雪"创业项目能整合各类资源，改变滑雪行业信息缺失、获取渠道缺失的状况，聚拢众多分散的滑雪产品和信息，增加滑雪行业的产品供给，创业前景大好。

## 一、体育创新创业资源

### （一）体育创业资源的内涵

体育资源主要是指在体育发展过程中参与或影响体育发展的物质和非物质形态的事物或现象，是与体育有关、为体育所用的各类资源的总和。"体育创业资源"就是体育创业者所需具备的一些创业条件，包括有形资产与无形资产，主要表现为创业人才、创业资本、创业机会、创业技术和创业管理等方面，对创业企业来说，创业者是其独特的资源，也是无法用钱买到的资源。

### （二）体育创业所需要的资源

体育领域创业方向大致可以分为以下几类：体育竞赛表演活动、体育健身休闲活动、体育场馆服务、体育中介服务、体育培训与教育、体育传媒与信息服务、体育用品及相关产品制造、销售、贸易代理与出租。不同的创业活动侧重的创业资源也不一样。

1. 体育竞赛表演活动

体育竞赛表演活动，主要包括职业体育竞赛表演活动与非职业体育竞赛表演活动。在体育竞赛中，比较具有代表性的是"昆仑决"，"昆仑决"所代表的格斗赛事，属于新兴赛事，是一个没有被巨头抢占的市场，用户基数庞大。由于国家没有具体细则管理，几乎完全依靠企业自身发展，在如此高风险的情况下进入此行业创业，应当具有最好的选手资源，否则无法带来最大的影响力,也会让产品本身的稀缺性打折扣。此外,赛事类项目严重依赖于传播。传播资源的可控性也是最核心的资源,它是直接与经济收益挂钩的,不一样的收视率和话题热度直接决定了不一样的经济效益。

### 2. 体育健身休闲活动

体育健身休闲活动,包括休闲健身活动、体育文化活动、群众体育文化活动、民族民间体育活动、其他休闲健身活动。在体育休闲活动方面,获得融资的"糖豆广场舞"比较具有代表性。"糖豆广场舞"是一个可以免费学习舞蹈、讨论交流的爱舞者聚集社区。公司主要的商业模式是:通过视频平台聚合人群,再引流到广场舞服装、理财养生产品等销售上。明星老师是"糖豆广场舞"吸引流量、维持用户黏度的重要资源,目前,平台已签约了100多位广场舞老师,每位老师都拥有忠诚、庞大的粉丝群体。

### 3. 体育场馆服务

体育场馆服务,主要是体育场馆与其他体育场地。在这个领域,体育场馆经营资源是重要资源。

### 4. 体育中介服务

体育中介服务,包括体育经纪与广告活动、体育经纪人、体育广告服务、体育活动的策划服务、其他相关体育中介服务等。体育中介服务需要的资源主要有明星资源、场地资源和媒体资源等。

### 5. 体育培训与教育

体育培训与教育,包括体育培训、体校及体育培训、其他体育培训、体育教育,主要为客户提供专业性体育教育与训练服务。在此领域创业的关键资源包括场地资源、教练资源、教学管理资源等。

以全国较大的体育培训公司 A 为例,在场地方面,A 公司首先整合了体育场馆资源,提升现有场馆利用率。积极与各大体育场馆建立合作关系,将这些分散、闲置、封闭式管理的体育场馆,统一整合到 A 公司的场馆群平台下,让其变成青少年可以参与训练的场地,成年人用户也可以参与私教训练。其次,通过直营和合资运营两种方式,加强体育场馆的开发与建设,提升国内场馆普及率。

在教练方面,A 公司积极与全国一流体育学院及师范大学建立广泛的合作关系,所有的培训老师均来自退役运动员、国内各体育院校、热爱体育的运动精英,加之丰富的培训经验,从根本上确保了培训质量。

在教学管理方面,A 公司内部有一支专业的教学研发团队,以专业化、标准化、趣味化为原则,制定了一套标准化教学课程体系与教练上课体系,并且能够迅速实现在全国各地的推广与复制。

#### 6. 体育传媒与信息服务

体育传媒与信息服务，包括体育出版物出版服务、体育影视及其他传媒服务、互联网体育服务、其他体育信息服务等。体育的发展离不开体育信息的支持，其中2016年多家体育数据公司先后获得融资，例如"魔方元"获得华人文化1亿元的B轮融资。体育传媒与信息服务侧重的创业资源有科技资源、人才资源、客户资源、互联网资源等。

#### 7. 体育用品及相关产品制造

这方面涉及的范围极其广泛，只要与体育相关用品的生产都属于该类范畴，李宁、安踏以及匹克等都是体育用品业著名的国内品牌。此类创业需要的创业资源主要有生产资源、场地资源、人力资源、品牌资源等。

#### 8. 体育用品及相关产品销售、贸易代理与出租

体育用品及相关产品销售、贸易代理与出租很多情况下与体育用品制造是一家公司完成的，比如李宁公司不仅做制造，也有线下自己的门店销售。

## 二、体育创新创业资源与一般商业资源的差异

创业资源与一般商业资源既有相同点，也有一定的差别。

从广义上看，体育创业资源与一般商业资源的基本内容大致相近，都包括人力资源、社会资源、财务资源、物质资源等，是指创业活动或商业活动中所需要的各种生产要素和支撑条件。倘若创业者想要创业或者从事某种商业活动，必须具备一定的条件，而拥有这些资源在某种程度上就是获得了许可证。在创业过程中，除自有资源外，创业者往往通过市场交易手段将一般商业资源转换为创业资源。

从狭义上看，体育创业资源与一般商业资源的差异表现为以下三点：

（1）体育创业资源与创业过程相伴而生，是一项事业、一个企业或组织从无到有、从小到大的创建过程中所依赖的各种要素和支持条件。对于创业活动而言，不确定性强是初创期的主要特征，因此创业者所拥有或者可以利用的资源无论在数量上还是规模上都表现为"少""小"。一般商业资源往往泛指事业、企业或组织所具备的生产要素和支持条件，其数量、规模都比创业资源"多""广"。

（2）体育创业资源的范围往往小于商业资源。尽管体育创业资源与商业资源的基本内容相近，但并不是所有的商业资源都是创业资源（图4-1）。

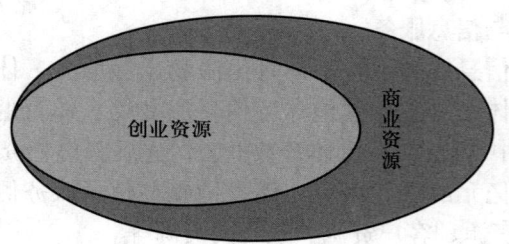

图 4-1 创业资源和商业资源

（3）只有体育创业者能够拥有或者可以获得、利用的资源才是体育创业资源。在创业的过程中，创业机会只有与相应的创业资源进行匹配，才能形成现实的创业行为。

## 三、体育创新创业资源的作用

创业者获取创业资源的最终目的是为了组织这些资源追逐并实现创业机会，提高创业绩效和获得创业的成功。无论是要素资源还是环境资源，都会对创业绩效产生积极的影响（图 4-2）。

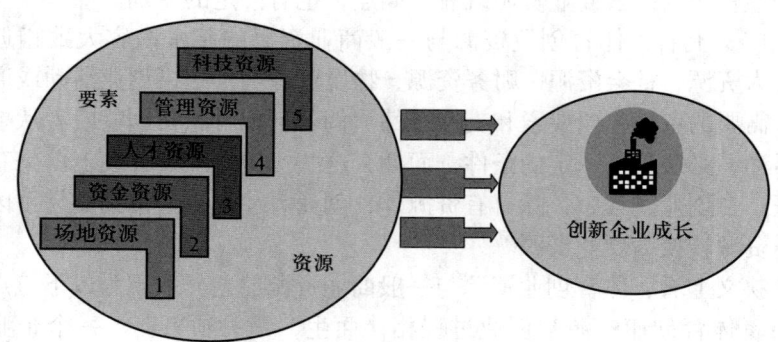

图 4-2 创业资源推动创新企业成长

### （一）要素资源可以直接促进新创企业的成长

1. 场地资源

任何企业都要有生产和经营的场所，这是企业存在的首要条件之一。对于大部分的体育运动来说，场地是最为重要的一环；没有场地，许多运动就难以开展，与之相对应的创业活动也无法进行。体育竞赛表演活动、体育健身休闲活动、体育场馆服务、体育培训与教育都需要场地资源。

2. 资金资源

充足的资金将有助于加速新创企业的发展。新创企业无论是进行产品研发还是生产销售，都需要大量的资金。而且，新创企业往往由于资产不足而缺乏资产抵押能力，很难从银行得到足够的贷款，这更使得资金资源成为企业高速发展的瓶颈。因此，如何有效地吸收资金资源是每个创业者都极为关注的问题。

3. 人才资源

人才资源对于创业企业的成长和发展已经越来越重要，事实上，当代企业管理中的人才已经由传统的"劳动力"概念转变为"人力资本"的概念。高素质人才的获取和开发，成为现代企业可持续发展的关键；对于高科技企业来说，人才资源则更为重要。

4. 管理资源

体育创业者大多是体育人出身，他们本身具备较强的专业能力，但是对于企业管理知识往往有所欠缺，很多创新企业都失败于管理不善，这意味着拥有一套完整而高效的管理制度是新创企业的宝贵资源。当然，在企业缺乏这一资源时，专业的营销策划将有助于提高新创企业的生产和运作效率。

5. 科技资源

高科技新创企业主要研发和生产科技产品，科技资源的重要性不言而喻。积极引进寻找有商业价值的科技成果，加强和高校科研院所的产学研合作，将有助于加快产品研制和成型的速度，缩短产品进入市场的时间，为企业的市场竞争提供有力支持。

（二）环境资源可以影响要素资源并间接促进新创企业的成长

1. 政策资源

从我国的创业环境看，创业企业发展需要相应的扶持政策，只有在政策允许和鼓励的条件下，新创企业才能获得更多的国内外人才、贷款和投资、具有明确产权关系的科技成果、各种服务和帮助以及场地优惠等。如国务院"46号文件"出台后，体育圈迅速迎来一波投资热。当然，政策资源是公共资源，但新创企业更应该重视政策资源。

2. 信息资源

专业机构对于信息的搜集、处理和传递，可以为创业者制定研发、采购、生产和销售的决策提供指导和参考。对于新创企业来说，由于竞争十分激烈，就更加需要丰富、及时、准确的信息，以争取到更多的要素资源。这种信息如果由创业者通过市场调研分析获得，成本可能过高。因此，常常由

3. 文化资源

文化资源是企业发展中的重要一环，对于新创企业来说，文化资源尤为珍贵。硅谷成功的一个很重要的原因是那里浓厚的文化氛围，如鼓励冒险、容忍失败等。文化，对于创业企业和创业者有着极大的精神激励作用，令新创企业以更强的动力和能力有效组合要素并创造价值。

4. 品牌资源

创业企业所置身的环境也具有一定的品牌效应。例如，优秀的孵化器能为高科技创业企业提供品牌保证，这可以提高政府、投资商和其他企业对在孵企业信誉度的估价，有助于提升新创业企业获取资金、人才、科技、管理等资源。创业者要善于利用品牌资源，扩大新创企业与品牌之间的互动，以增强社会影响力。

##  第二节　体育创新创业资源整合

**案例导入**

### 移动健身教练

2014 年，我国有 8 个省份的人均 GDP 突破 10 000 美元，伴随着物质条件的丰裕，健康问题却层出不穷，比如肥胖人群的比例急速扩大。我国目前 BMI（Body Mass Index，是评估体重与身高比例的参考指数）超过 28 的肥胖人群已经突破 1 亿人的关卡，超重人群总数超过人口的 40%，成为继美国之后的世界第二大肥胖国，而且年轻人逐渐成为"肥胖大军"的主要人群。

肥胖和健身在逻辑上有必然的联系，随着肥胖人群数量的逐年攀升，人们对健身话题的关注度和投入度不断增加。从 2006—2014 年，"健身、瑜伽"等相关词在移动端的搜索翻倍增长，这种现象固然和手机的本身发展有关系，但更重要的是显示出绝大多数人对健身话题的茫然。站在健身房或者瑜伽垫前不知道如何开始，甚至很多人根本不清楚体脂率的重要性——体重秤的线上销售数据显示，体脂秤的销量只有单纯体重秤的 1/4 甚至更低。

"Keep"是一款具有社交属性的健身工具类产品，在产品的定位上，锁定的就是广大的 0～70 分人群。用户可利用碎片化的时间，随时随地选择适合自己的视频健身课程,进行真人同步训练。完成后还可以"打卡"晒成就。"Keep"的产品运营方式:根据用户场景、健身目的、有无器械编排各种训练计划,4分钟即可完成一次健身训练;所有动作均配有视频,标准的动作演示和精确的语言描述带你快速入门;权威健身专家把控内容,为每个人制定科学的健身计划。

早期,"Keep"创始人王宁和他的团队通过社交媒体找到了约4 000人的内测团队,王宁自己还"潜伏"进不少健身主题的QQ群。与网友熟络之后,他小心翼翼地扔出产品下载链接,推荐群友体验,"一个千人群,发一次链接平均下来可以带来50多次下载"。这4 000人成为"Keep"最早的忠实用户,在他们的热情帮助下"Keep"完成了功能完善后的上线版本。随后的3个月内,4 000这个健身人数迅速变成了200万。即便如此,王宁并不认为"Keep"可以称得上是一款"爆红"的产品。因为除了在App Store将"Keep"放在首页做了精品推荐的那一段时间以外,"Keep"的用户增长一直保持平稳的状态,并没有爆发式的明显高峰。而对于这种增长状态,王宁坚持新媒体的低成本投入。

从上线初期开始,"Keep"的运营团队就以代号为"埋雷计划"的行动锁定了近百个垂直社区,包括那些流量巨大的百度和豆瓣群组,长期连载品质较高的以健身经验为内容的帖子,这些帖子培养出固定读者,并在SEO方面得到了很高的曝光位置。而当产品App正式上线时,"Keep"将这些帖子同时引爆,几乎是在一夜之间,通过作者的话语权告知读者这些饱含价值的经验都是通过一款名为"Keep"的移动工具来维持的。"那段时间,好像几乎整个健身主题的中文BBS都在议论我们,Keep在的日下载量也达到4万次以上。"

"Keep"目前超过半数以上的使用者都是"90后",一方面是年轻人群对形象更加重视的态度,另一方面是这个群体旺盛的好奇心、对于新鲜事物的接受程度会形成连锁反应,对那些身居前沿的创业项目而言是极大的利好。"我们常常看到,一个大学宿舍里有一个人开始用'Keep'练习,分享各种数据图谱和健身照片之后,很快就打动整个屋子里的人都开始用",王宁对"Keep"的前景表示谨慎乐观,他一直强调"Keep"的"无公害"属性,相比商业气息比较浓厚的其他类型产品,"Keep"的推广之路有着得天独厚的俯冲优势。

实际上这种思路和目前网络上健身行业的整体传播趋势吻合,因为"小白用户"占据主流,所以有价值有内容的经验和直播贴都容易带来极高的关注度。而王宁选择的传播素材多数都是精挑细选的原创内容,比起其他反复转载的信息源对用户来说更有价值，在这种内容中附带"Keep"的信息不仅可以收获用户更可以收获信任。这种信任正好是王宁希望"Keep"品牌能够慢慢累积的资产。

点评：体育健身是消费升级中市场潜力巨大的行业，"Keep"从健身内容服务切入广大年轻健身人群，通过"埋雷计划"利用百度和豆瓣群组等平台资源，分享健身帖子吸引用户，最终形成了领先的用户规模及口碑。

## 一、体育创新创业资源的获取途径

体育创业所需的资源主要有两个来源，一是自有资源，二是外部资源。自有资源是创业者自身所拥有的可用于创业的资源，如创业者自身拥有的可用于创业的自有资金，自己拥有的技术，自己所获得的创业机会信息，体育人自身的影响力，控制的物质资源或管理才能等。

外部资源可以包括朋友、亲戚、商务伙伴或其他投资者、投资人的资金，或者包括借到的人、场馆资源、设备或其他原材料（有时是由客户或供应商免费或廉价提供的），或通过提供未来服务、机会等换到的。

对创业者来说，利用内外部资源，是非常重要的方法和能力，在企业的创立和早期阶段尤其如此，创业者可通过以下途径获取创业资源（表4-1）。

▶ 表4-1 创业资源获取途径

| | |
|---|---|
| 获取创业计划的途径 | 1. 吸引他人以商业计划作为知识产权资本，加入自己的创业团队，成为一个未来新创企业的股东<br>2. 购买他人已有的创业计划，但应注意要进行理性甄别，并借助专家力量对该计划进行完善<br>3. 构思自己的创意，委托专业机构研究、编制创业计划 |
| 获取资金资源的途径 | 1. 依靠亲朋好友筹集资金，双方形成债权债务关系<br>2. 抵押、银行贷款或企业贷款<br>3. 争取政府某个计划的资金支持<br>4. 所有权融资，包括吸引新的拥有资金的创业同盟者加入创业团队，吸引现有企业以股东身份向新企业投资、参与创业活动以及吸引企业孵化器或创业投资者的股权资金投入等 |

续表

| | |
|---|---|
| 获取项目起步所依赖技术或人才的途径 | 1. 吸引技术持有者加入创业团队<br>2. 购买他人的成熟技术，并进行技术市场寿命分析等<br>3. 购买他人的前景型技术，再通过后续的完善开发，使之达到商业化要求 |
| 获取技术、市场与政策信息的途径 | 政府机构、同行创业者或同行企业、专业信息机构、图书馆、大学研究机构、新闻媒体、会议及互联网等 |

## 二、体育创新创业资源的整合

### （一）体育创业资源整合的含义

体育创业资源整合是指寻找并有效利用各种体育创业资源的过程。这一过程应当具备两个基本特点：一是尽量多地发现有利的体育创业资源；二是以效率最高的方式来配置、开发和使用这些体育创业资源。体育创业资源整合以内部资源的挖掘和培养为基础，以外部资源的有效获取和使用为重点，保证体育创业资源满足创业活动的需要，使创业目标得以实现。

体育创业资源的整合贯穿创业活动的全过程，从最初的创业机会的识别开始，创业者就对内部资源进行开发和培养，然后通过组建创业团队、整合外部人力资源，同时还需要进行资金、技术、政策、信息等多方面的资源调配，并不断进行资源更新，以保证创业资源的有效性，促进创业成功。

善用资源整合技巧

### （二）体育创业资源整合的基本原则

创业资源整合的基本原则有：比选原则、信用原则、提前原则、所有权原则（图4-3）。

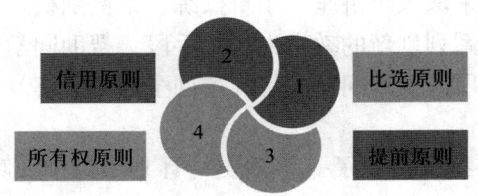

图4-3　创业资源整合的基本原则

**1. 比选原则**

由于外部资源的多样性，有助于创业活动的外部资源可能会有多个，使用每个外部资源具有不同的收益、成本和不确定性，创业者要根据创业活动发展的需要、自身的实力以及资源的特点，选择最适合的外部资源。

2. 信用原则

创业者与外部创业资源打交道，实际上就是在与人打交道，信用和信誉将是决定能否长期利用这些资源的关键因素。

3. 提前原则

由于外部资源的发现需要一定的过程，整合的难度也较大，所以创业者对外部资源的需求要有预见性，适当提前开始某些外部资源的整合。

4. 所有权原则

在资源整合的过程中，创业者需要建立与资源方的权益分配机制，但是创业者必须保持对创业项目的所有权。

拓展资源：善用资源整合技巧

## 三、有限创业资源的创造性利用

### （一）充分利用已经拥有的创业资源

高校大学生创业存在甚至是严重存在信息不对称的问题。有不少身边的创业资源，还没有被大学生知晓、了解，更谈不上加以运用。目前全国各高校聚集了大量的可以帮助大学生创业的资源。有创业意愿的大学生应该留意这些在身边的资源，加以充分利用，不但能更好地提高自身创业判断分析和把握机遇的能力，而且也可能孕育好的机会。

1. 高校创业教育与创业指导

各高校几乎均开设有创业课程、创业者协会、科技和发明协会以及讨论或者实践创业的学生社团、沙龙、论坛和讲座等。在这些团队中有规章，有固定的活动时间，学生们可以与志同道合的朋友交谈，甚至有时候可以有向成功企业家请教的机会，创业创新课题不仅由学校的老师来讲，也会邀请校外企业家授课，采取大班讲座、小班操练、案例剖析、创业比赛、专家辅导、实战模拟等一系列创新的教育方法和手段，帮助同学们对创业要素、创业过程以及创业者所涉及的问题有更为透彻全面的了解。

2. 创业基金

为鼓励创业，我国出台了一系列支持计划，其中一项与大学生创业有密切联系的是《中国青年创业国际计划（YBC）》。各地也先后出台了多项有关创业计划或者设置创业基金，比如上海市还出台了《上海市高校学生科技创业基金》（即天使基金），其政策措施是以计划、基金切实地帮助一部分青年大学生创业。

另外，中央广播电视总台《赢在中国》节目以及各地电视台举办的类似节目也设置有创业基金；一些企业或者企业家到高校或者学团组织系统也设置了大学生创业基金。

### （二）有限资源的创造性利用

1. 资源的利用效率

经营活动的效率，就是对各种资源的利用效率，但是资源的利用效率总是达不到100%，即企业内部总是存在未利用的资源，资源利用效率是指投入资源的产出与收益之比。资源的利用效率最终是体现在财务的收入上。诸多财务指标可以用于衡量资源的利用效率。比如：单位总资产与净资产的销售收入和销售利润、劳动生产率（人均收入或人均利润）、存货周转率与应收账款周转率等。

2. 资源重复利用

资源重复利用包括技术资源、品牌资源、制造资源、营销网络资源、管理资源的重复利用。

（1）技术资源

特定技能或技术的使用次数越多，就表示资源杠杆运用越充分，资源的利用效率越高。比如：夏普公司将本身开发成功的液晶显像技术，陆续应用于计算机、电子记事簿、迷你电视、大荧幕投射电视及膝上型电脑。本田公司则将引擎相关的创新开发成果先后用于摩托车、汽车、船用马达、发电机、割草机等产品。

（2）品牌资源

再生利用并不限于科技基础的竞争力。品牌可以再生利用，利用高知名度的"企业名称"推出全新的产品，至少可以让顾客"考虑购买"大牌制造商制造的产品，与其他默默无闻的同期新产品比较起来，高知名度占有一定的竞争优势。

（3）制造资源

保持制造资源的充分弹性，即迅速调整生产线改而制造另一种产品的能力是制造资源重复利用的前提条件。在互联网经济下通过把高度分散的制造能力组合成必要的制造资源以响应市场机遇的协作式伙伴关系将迅速发展。当市场机遇消失时，这些资源将同样迅速地解散。中小企业将在全球制造中扮演重要的角色，保持资源的弹性，保持资源的重复利用非常重要。

（4）营销网络资源

对多系列产品的中小企业共用一个销售网络，可以降低影响成本，充分利用营销网络资源;但当产品差异化比较大时,特别在售后服务环节存在巨大差异,存在不同产品对营销网络资源有差异化的要求时,实现营销网络资源的重复利用有一定障碍。

(5)管理资源

把某工厂的作业改善经验推广应用于其他工厂;同一系统应用于同一产品系列;迅速采纳吸收一线员工的良好构想,以改善对顾客的服务以及暂调有经验的主管赴供应商处驻厂指导等;均是管理资源的重复利用。

3. 资源的快速回收

加快资源回收是资源杠杆运用的重要领域,公司越快赚到钱,回收的资源就越快,就越能快速加以利用。如果投入的资源相同,甲公司回收资源的时间比乙公司快一倍,则表示甲公司享有两倍于乙公司的杠杆运用优势。

4. 资源的融合

通过融合不同种类的资源,各种资源的价值将随之提升。抢先进入个别科技领域,并成为行业领先地位固然重要;但公司如果过于局限在这些科技领域,使既有科技能力不能持续扩充,就是没有进行资源杠杆的运用。因此,就算公司在许多单项科技领域领先,也无多大实质意义。有效整合不同技能、科技与功能,公司才能建立真正的竞争优势。

## 第三节　体育创新创业融资

案例导入

### 国今娇离开五棵松创业获千万级融资,方向为儿童教育

关注3~7岁孩子的全新美式体验教育平台——UPRO,已完成千万元级的种子轮融资,由动域资本领投、九宜城跟投。

UPRO的创始人国今娇,曾打造了2008年北京奥运会篮球竞赛场馆五棵松(现更名为:凯迪拉克中心),并在随后的十年中实现了商业化运营并盈利,一度占据北京室内文体活动80%的市场份额,成为后奥运会时代场馆运营的标杆之一。

放下过往的成功,跨界创办UPRO,国今娇对"懒熊体育"表示自己有两方面的考虑,"首先从自己的内心来说,希望创新,不要拘泥于原有的框架;其次,从体育产业来看,进入这个行业多年,我感觉缺乏基础教育。"

国今娇认为中国传统的体育消费,局限在球衣、球鞋等装备上,在软

性的、文化层面与欧美差距很大，这与一代人受的教育有关系。从某种意义上来说，创办UPRO，关注3~7岁的儿童体育教育，正是从基础入手，为培养下一代体育消费主力人群奠定基础。

与体育培训机构不同，UPRO的内核是快乐成长和亲子关系的重构。将棒球、冰球、美式橄榄球的基础技能和常识，融入自主版权的体育游戏里，让他们懂得规则，从身体素质、体育素养等多方面打好基础。

UPRO与美国加利福尼亚州林菲尔德基督学校达成长期合作，提供美国SPARK（Sport, Play and Active Recreation for Kids）幼儿体育教育课程，开展以儿童运动、游戏和娱乐活动为主要内容、以快乐体能和系统体育知识为核心的美式幼儿体育先进教育培训。

九宜城投资部执行总经理张永军则表示，九宜城坚持"深耕消费升级领域、助力新兴潜力品牌"，此次投资UPRO，正是其在新型"教育＋场馆运营"领域的一项重要布局。凭借九宜城在商业空间运营的优势，将帮助UPRO项目落地，打造差异化商业业态，在未来协助UPRO向体育游学、特色幼儿园等方向发展，向中国孩子传递美式快乐体育教育。

2019年，UPRO会以北京为中心，做好课程与管理团队的磨合，塑造品牌，首家旗舰店会在北湖玖号高尔夫练习场区域开业；2020年，公司模式还会复制到上海、苏州、青岛以及成都等在前期市场调查中发现市场需求旺盛的城市。

## 一、体育创新创业融资的相关概念

### （一）创业融资的含义

融资是指通过一定的渠道、采用一定的方法、以一定的经济利益付出为代价，从资金持有者手中筹集资金，满足资金使用者在经济活动中对资金需求的一种经济行为。

体育创业融资是为了满足创业活动需要而开展的融资，是一种资金、管理与创意相结合的融资，创业者拥有创意和技术，而资金基本上由投资者和债权人提供。对于创业企业来说，创业起步时，需要进行初期投资，没有盈利能力，无法采用内源融资，也将无法从股票市场、债券市场融资。

拓展资源：2018中国体育产业投资数据

### （二）体育创业融资的步骤

以某健身房创业为例，创业融资步骤按照时间前后阶段可划分为测算所需创业启动资金、制定融资计划、资料和人员准备、接触潜在的投资者、谈判确定投资方案（图4-4）。

1. 测算所需创业启动资金

只有对创业所需创业启动资金进行详细的测算，才能有针对性、有目标地开展创业融资工作。

启动资金的测算主要包括固定资产、流动资金和开办费用等的测算。固定资产包括必要的场地、设施、设备等，如运动器材、泳池循环水处理设备、清洁设备、消毒设备、恒温设备、办公设备等都是固定资产。流动资金即营业周转资金，主要包括市场营销、人员工资、租金、保险、日常工作支出等费用以及其他不可预见的费用。如健身馆场地租金，销售、私教、运营等工作人员工资，运动器材、泳池设备日常维护等费用都属于流动资金。开办费用，主要包括开办企业所需要的注册资金以及相关调研咨询、登记注册、培训等方面的费用。

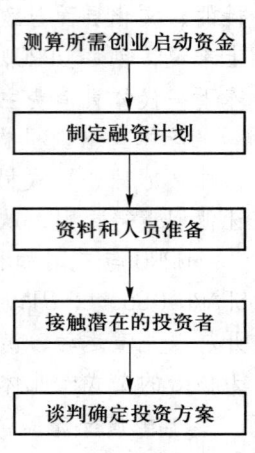

图4-4 创业融资步骤

2. 制定融资计划

通过测算，此健身房所需的创业启动资金为600万元，融资计划主要用于核心团队的组建、设备的采购改造、店铺的租赁建设及设备的铺设、市场的运营推广等。

3. 资料和人员准备

制定出融资计划后，需要将创业项目情况及融资计划撰写成文字材料，使投资者通过文字材料对创业项目、资金需求以及回报方式有清楚的了解，并选择合适的人员作为谈判代表与投资者进行洽谈。

4. 接触潜在的投资者

联系并接触潜在的投资者，主要是向投资者介绍项目情况，洽谈合作意向。创业者与投资者之间是一种长期的合作关系，双方要充分了解和信任。

5. 谈判确定投资方案

达成合作意向后，创业者需要与投资者就投资、回报方案以及双方的权利、义务进行详细的协商，并最终形成合同文本。

## 二、体育创新创业融资准备

企业在创业阶段风险较大，融资相对较难，如果不认真做好准备工作，成功的希望非常渺茫。在创业者缺乏相关经验的情况下，即使意外成功，交易结构和投资条款也对企业很不利，为今后的发展埋下隐患。所以，要成功实现创业企业融资必须预先做好融资准备工作。

**（一）融资准备**

所谓"知己知彼，百战不殆"，融资准备工作也必须从"内外"两大因素入手：做好内部建设，对企业现状和发展前景有清晰的认识；同时逐步了解外部的融资环境，可以通过聘请专业融资顾问获得帮助，为成功融资创造条件。融资准备具体包括以下几项：

1. 企业自身建设

涉及盈利模式、管理团队、市场客户和产品技术等几大要素。其中管理团队具有管理能力、凝聚力和进取心，是创业成功的重要保证。

2. 制定融资战略

制定融资战略需要考虑的问题有：融资的时机、所需资金的数量、融资采取的方式等。企业还应当根据不同的发展阶段来考虑融资数量和资金投入的时机。融资方式的选择需要结合自身条件和各种融资渠道的风险、成本综合考虑。

3. 资料和人员的准备

将企业的情况和融资计划表达成简明、有说服力的书面文档，凸显企业价值，使投资者通过相关材料对企业有清楚的认识。需要注意的是，随着融资各项工作的推进与准备，内部操作人员专业素质的缺乏也可能导致融资谈判失败，所以适时地组织内部人员参加专业培训十分必要。

4. 聘请外部专家

由于创业者往往缺乏融资经验与时间精力，聘请专业融资顾问应该是最好的选择，他们将为融资的各个步骤提供专业意见，并利用积累的融资渠道为企业引荐合适的投资者。

5. 接触潜在投资者

创业者和投资者之间是一种长期合作关系，需要达成充分的相互了解与信任。企业应在广泛调研的基础上，根据自身的发展模式和价值取向进行选择与接触。事实上在与投资者的交流中，创业者往往能够获得很多有利于企业发展的宝贵建议。

**（二）融资资料的准备和策划**

融资资料是资金方要求企业提供的各种形式的文字、数据、图片的总称,其核心是计划书。计划书是把资金方关注的主要问题以一定格式描述出来的重要信息载体。其主要内容包括企业概况、优势、资金的用途、项目的风险和效益测算、融资工具、还款来源或投资退出方式等。融资资料准备与策划就是按照特定的融资工具、融资渠道的要求,为资金方安全保障考虑,对融资有关的信息进行收集、挖掘、加工处理,并按一定格式加以表述的过程。

### 三、体育创新创业融资的渠道及策略

体育创业融资渠道包括债务融资、股权融资和其他融资渠道,如战略投资、政府基金、典当融资和融资租赁(图4-5)。

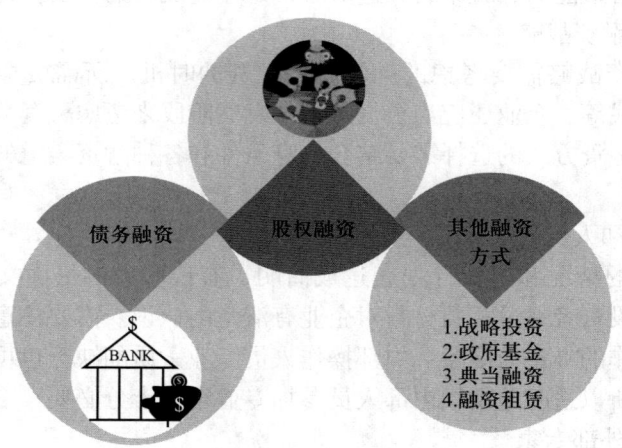

图4-5 创业融资渠道

#### (一)债务融资

债务融资是指利用涉及利息偿付的金融工具来筹措资金的融资方式。债务融资可以是向亲朋好友的借款,也可以是向金融机构的贷款。借款的利率是借款人和债务人协商决定的,融资成本低,但由于创业活动的风险大,借款的难度会因人而异,受人际关系、信任程度等多方面因素的影响。金融机构贷款的利率一般由金融机构根据现行规定确定,贷款人处于被动的地位。由于创业风险较大,一般利率较高,融资成本高,如果无法偿还贷款,金融机构会迫使公司破产以收回贷款,对创业活动产生致命性影响。但对于大学生创业,国家出台了贷款的优惠政策,是大学生创业融资比较好的

选择。

**（二）股权融资**

股权融资是通过赋予投资者在企业中某种形式的股东地位进行融资的方式。股权融资主要通过创业资本家或其他出资人和机构的"风险投"实现，近年来又出现了"天使融资"。投资者具体占股是最终双方谈下来的，但是一般而言，创业公司一般会经历从天使到IPO的5个阶段，每一步都会稀释股权。根据大量的实践案例证明，种子、天使轮的投资占比，一般在10%～15%，最好不要超过20%。

**（三）其他融资方式**

1. 战略投资

对于战略投资人来说，他们对于创业企业的投资，除要求资金回报之外，通常还有其他特殊的要求，比如未来产品或技术的使用权、产品市场分享权、产品经销权、未来对产品和技术的使用权，甚至保留最终买下企业的权利。

2. 政府基金

近年来，政府充分意识到中小型企业在国民经济中的重要地位，各级政府为了促进地方经济的发展，不断采取各种方式扶持企业的发展，如科技部中小企业科技创新基金等。另外，为了鼓励大学生创业，教育部专门设立了大学生创业实践项目，进行创业资金的支持，很多地方政府也设立了大学生创业基金。

## 运动员创业人物

### 王涛：出走央视，手握一把巨星牌

1. 离开央视，因为想做事

王涛自幼就喜欢相声和足球，18岁考入中国传媒大学学习播音主持，毕业后如愿进入中央广播电视总台体育频道。

在中央广播电视总台供职期间，他主要负责《天下足球》栏目以及足球大赛转播的幕后配音工作，也是《演员的自我修养》《疯狂的足球》《蓝色狂想》等节目的制作者。此外，王涛还业余承担了《实况足球》的中文解说，广受游戏用户喜欢。

2014年，王涛从中央广播电视总台离职，创立"北半球传媒"，专注体育内容的研发。

2014年，梅西随阿根廷国家队到鸟巢参加南美超级杯时，把"独家采访权"给了"北半球传媒"，还参加了该公司的《巨星三缺一》节目，并签名留下一件阿根廷队10号球衣。

此外，在体育资源方面，"北半球传媒"和董路、郝海东等国内足球名人，罗纳尔多以及托马斯·穆勒等国外顶级球星的中文微博都有合作。

2015年6月，"北半球传媒"获得"浅石创投"和"经纬中国"共计2 500万元Pre-A轮融资。

2. 流量上去了，但用户没聚集起来

创立"北半球传媒"两年，王涛团队推出了《足球各种嘿》《翻转巴西》《郝大炮》等原创视频节目，部分节目全网点击量破亿。此外，公司还与浙江卫视联合打造足球综艺《绿茵继承者》。

然而，王涛慢慢发现，虽然内容很受用户欢迎，但不同领域的体育内容，没有太多的聚合效应，用户之间的连带性比较差，没有真正聚合起用户。

3. 做短视频，培养"'90后'意见领袖"

放弃了平台之路，王涛希望通过运营内容把用户聚集起来，于是从2016年4月，"北半球传媒"转战各大自媒体平台，主营内容账号"骚客"。与此同时，他保留了原本的网络综艺和专题片团队，继续出产专业化内容。

但是，靠内容如何来聚拢用户？王涛想出三个办法：

第一，降低内容收看门槛，让更多的人能看懂足球；把广泛的用户培养起来，再推荐用户收看长视频节目。

第二，主打短视频，占据用户的碎片化时间。

第三，聚拢并培养"90后"体育"意见领袖"。

4. 商业模式：自制广告+内容收费

电视行业出身的王涛深刻意识到，商户的广告投放渠道正在发生变化，原本卫视渠道的用户到达率正逐渐减少，短视频的变现能力迅速变大。

在商业模式上，"北半球传媒"采取自制广告内容形式，即把B端品牌或产品广告投放到相应的视频内容中，团队全程负责策划制作和推广。

此外，王涛也计划通过精致的内容直接面向用户收费，他认为，视频比文字的参与门槛低，更符合普通大众休闲娱乐的需求。

5. 成功的商业模式依靠的是人和产品

关于此次转型短视频模式的可能性，王涛讲述了自己职业生涯感悟到的三个大趋势：

第一，在媒介形式上，短视频将对文字形成一定的打击，尤其在娱乐、体育等领域，文字信息不够有张力。

第二，重要赛事的版权越来越往短视频领域倾斜。2016年，中央广播电视总台（原央视）并没有对外发售欧洲杯的版权，收视效果差强人意，但是奥运会的版权发售给腾讯、优酷、秒拍等平台之后，获得了巨大的流量效果，通过社交网络，捧红了一众体育明星。

第三，成功的商业模式，靠的是人和产品。黄健翔、段暄等名人IP和《天下足球》《足球之夜》等栏目的品牌影响力在业界奠定了良好的口碑。

"西甲是西班牙的，英超是英格兰的，自主权在他人手中，但人和自制产品的IP是有价值的。"而王涛正不断为自己的项目加入新鲜的元素，通过自媒体、短视频、意见领袖等生产出越来越多高质量的内容及节目，创造更多的价值。

## 体育创业资源

### 体育创业研究

1.《我国体育企业资本扩张模式研究》

本文通过规范研究和实证研究相结合的方法，运用企业生命周期理论、资本扩张理论、融资成长周期理论和战略管理等相关理论知识，分析体育企业资本扩张的机理，总结归纳我国体育企业资本扩张的发展现状与特征，进而构建我国体育企业资本扩张的目标函数，分析我国体育企业不同发展阶段资本扩张的模式，提出我国体育企业未来资本扩张的路径和走向这一路径的策略，文章最后选取了典型体育行业的体育企业对其资本扩张的模式和实现路径进行了探讨。

2.《体育产业的经济学分析：国际经验及中国案例》

本书运用经济学的研究方法，从经济学视角研究体育产业问题，包括产业发展理论、产业组织理论、服务经济理论、网络经济理论等，希望能将体育产业问题纳入经济学研究的主流渠道，并从这个角度探究其发展潜力和发展模式。同时，由于体育产业是高度全球化的产业，许多行业始终要面对全球化的机遇和压力，必须将其置于开放背景下分析判断，本书将国际经验与中国的情况相结合，对中国体育产业的现状、特点、存在的问题以及新时代中国体育产业发展的前景进行了深入分析，书中提出的改革建议对中国未来体育产业的发展，极具指导和参考意义。

**复习思考题**

1. 创业资源有哪些分类？创业资源有什么作用？
2. 简述常见的体育创业资源。
3. 资源整合有哪些方法策略？概述资源整合的技巧。
4. 融资渠道有哪些？如何做创业融资的准备？
5. 如何测算创业所需资金？

# 第五章

# 体育创新创业计划的制订

▶ 本章导图

第五章 体育创新创业计划的制订
- 学习目标
- 创业观察　滑水、马术、体育短视频、跑步等项目的体育路演
- 第一节　体育创新创业计划制订
  - 案例导入　克服创业挑战，行动胜于计划
  - 一、认识创新创业计划
  - 二、体育创新创业计划制订前的准备
  - 三、体育创新创业计划制订的方法
  - 四、体育创新创业计划的论证
- 第二节　体育创新创业计划书撰写
  - 案例导入　兴趣在哪，成功就在哪
  - 一、体育创新创业计划书的基本构成
  - 二、创新创业计划书的写作要点
  - 三、体育创新创业计划书的评判标准
- 第三节　体育创新创业计划路演
  - 案例导入　悦动圈：互联网+体育运动 | 优秀体育项目路演案例精选
  - 一、创新创业计划的路演
  - 二、创新创业计划路演技巧
- 运动员创业人物　孙继海：39岁退役创业　投身"互联网足球"
- 体育创业资源　体育创业有关政策
- 复习思考题

> ▶ 学习目标
>
> 1. 了解创业计划的作用、内容和基本结构
> 2. 了解创业计划信息收集的渠道与方法
> 3. 明确市场调查的内容与具体方法
> 4. 熟悉创业构想的相关概念，理解创业过程中可能遇到的问题和对策
> 5. 了解执行概要的相关概念和作用
> 6. 理解创业计划书的撰写原则和技巧
> 7. 了解创业计划展示前的准备工作，熟悉创业计划需要展示的内容

▶ **创业观察　滑水、马术、体育短视频、体育娱乐、跑步等项目的体育路演**

本次路演的项目涵盖马术互动平台、滑水基地运营、体育娱乐、粉丝内容生产和创意路跑，项目处于发展的初期，成长趋势良好。优质的项目吸引了众多投资者的参与，包括中国文化产业投资基金、探路者和同资本、达晨创投、北京体育文化产业集团、上海东源汇信股份投资基金管理有限公司、金鼎投资、中植投资管理有限公司、上海荣正投资咨询有限公司等多家机构投资人到场。本次路演还特别邀请了达晨创投高级投资经理范昊龙、探路者和同资本高级投资经理董紫晴担任点评嘉宾。

路演项目一：上海和马乐科技有限公司

行业：马术的互动共享

项目简介：和马乐科技有限公司是创建、运营以和马乐品牌为核心的马业细分领域的互动共享平台，通过整合线下线上资源，构建"互联网+马业"的新型产业链和生态系统。公司团队由IT互联网精英、FEI认证教练、马具经营商联合创立，核心人员均从业15年以上。

本次融资的主要用途为增加研发和市场推广的投入、提高云服务器资源的能力以及前期视频设备的投入。

探路者和同资本高级投资经理董紫晴：驭马是一个非常赚钱的板块，围绕马术可进行马术博彩、马术赛事等盈利快的项目，而此项目出其不意，从马主的角度切入马术领域，那么比较关注的一个问题就是该项目在过去是否实现了收入？因为马术App普遍前期的投入比较长。

和马乐CEO何民：和马乐现在还处于研发阶段，人力开发和摄像头安装是主要开发成本；由于尚未完全推向市场，所以暂时未实现收入。不过在未来等App推向市场并辅以马场摄像头后，将有效解决马主无法实时观看马匹的"痛

点",让马主可以更充分地享受到养马的乐趣,也可以实现收入的快速增长。希望能够通过整合马术产业链,让大家认可这个平台。

路演项目二:滑水产业基地

行业:户外运动基地运营

项目简介:该公司位于海南省三亚市亚龙湾大龙塘湖,是目前国内第一个设施最先进的索道滑水公园,同时也是中国国家滑水队常年集训的冬训基地。

达晨创投高级投资经理范昊龙:从项目角度来说,索道滑水在中国肯定是一个小众项目,而这种极限小众运动的发展需要与多种运动拼凑在一起才能获得很快的发展,也更容易打造出市值百亿的大公司。从场馆运营的角度来说,随着各地政府相继建立产业投资基金,场馆建设首当其冲;在这种情况下,场馆运营的需求就会很大,未来谁运营的场馆越多,谁就拥有更大的市场话语权。

路演项目三:唯喔 fan TV

行业:体育粉丝内容生产

项目简介:唯喔 fan TV 成立于 2015 年 8 月,拥有北京、伦敦、特拉维夫三地团队,依托雄厚的海外资源及以色列科技背景,打造了一个"IP+"的全球体育粉丝内容生产机制。fan TV 是"唯喔"公司的核心业务,以色列财团帮助公司在不到一年的时间,签约了包括 Fermantle Media 在内的海外体育内容巨头,借鉴海外成熟的 MCN 模式,组建起超过 200 人的 fan TV PGC 达人队伍,打造了欧洲最顶尖 15 支豪门球队和 3 支中超球会的 fan TV 球迷频道。

唯喔 fan TV 联合创始人方晔顿:这个项目的应用前景很广泛,不仅可以用在体育赛事领域,也可以服务演唱会,技术平台的实现有可能开拓很大的市场。

路演项目四:大胜体育

行业:体育娱乐

项目简介:大胜体育是一家体育娱乐公司,成立于 2016 年,注册资本 1 000 万元。核心团队均来自娱乐行业(电影、娱乐、唱片业),同时团队成员也是狂热的体育爱好者。创始人贾楠,曾任职于 DMG 国际传媒娱乐公司、橙天嘉禾影业、艾回唱片及智美体育集团。

公司主要业务是开辟及建立体育行业的网红娱乐生态以及以娱乐赛事为核心,开展健身网红,运营互动节目、衍生品销售等业务。旗下原创 IP《超级赛亚人》是根据体能、颜值、互动性来设计的游戏赛事,旨在借赛事到达的传播力,发掘中国体能娱乐人才,将体育与"娱乐 + 网红"的运营模式开展起来,以线上线下的赛制打造体育娱乐赛事新模式。

大胜体育创始人、CEO 贾楠:我们前期做了大量的市场调研工作,发现中国现有的 2 亿多健身人群中估计有 1 亿的用户是电子竞技爱好者和参与者;那么将游戏转化为线下，用游戏的心态去举办健身赛事，我坚信有很大的市场。

路演项目五：星座跑运动营销商业系统

行业：创意路跑

项目简介：星座跑运动营销商业系统发起于2014年10月，与当前所有跑步项目不同的是，星座跑运动营销商业系统是一个跨界于"营销、体育、科技"的系统性项目。

探路者和同资本高级投资经理董紫晴：体育赛事IP打造的链条不同于体育娱乐业那么容易变现，需要耐得住寂寞，现在大部分的跑步类项目还处于尚未盈利的状态。我觉得这个项目可以先试着往前推进，在未来可能实现很大的价值。

##  第一节　体育创新创业计划制订

### 案例导入

#### 克服创业挑战，行动胜于计划

余某，男，某体育大学2015届体育教育专业本科毕业生。2014年11月，他创办北京北五环体育科技服务有限责任公司，任公司法人兼CEO，动宝网联合创始人。余某的创业团队由2014年10月份开始组建，在此之前余某便一直有一个想法，就是如何把武术这项运动发扬光大。于是他便想到了"武术进社区"这样一个概念，但武术不是他的专长而且门类派别较多，很难像跆拳道一样有一个统一简洁的推广模式，所以在2014年10月，他决定组建团队。余某的创业团队以社区为切入点进行扩散布局。

2014年11月14日他成立公司时，刚好有一个路演的机会，可以入驻创业孵化器，这是公司成立后的第一场"战役"，于是，他们花了很多心思在写商业计划书和设计商业模式。终于在2015年1月通过路演入驻海淀留创园孵化。

每个大学生创业团队都会面临一个问题，学业与创业如何兼得。余某的创业团队从第一场"战役"结束之后，他们的项目进展变得非常缓慢，因为大家的创业决心在面对学业时产生了动摇。半兼职创业一边写论文，一边进行课程研发，他们只能在紧张的学习之余，坚持着自己的理想。他们开发的产品"跟我玩课程""'跟我玩'微信平台"通过社区调研，对接了一些天使投资等。在这段紧张的时间里，他们仍在社区开展了实验课，在上地街道为老年人讲解健身方法、健身器材的使用等，随后还开展了老年人体育课程。2015年7月毕业时，这份对理想的坚持，让他们不仅收获了学业，还成功在阳光丽景小区设立了体育健康管理中心，目前中心运行良好。旗下"体育人才库"专注体育招聘，不断产生影响力。

回望创业路，余某感悟良多。创业者的很多灵感都建立在想法中。很多团队花大量的时间开会和讨论，但完全可以更高效地完成很多事情。他认为，创业需要快速的立项，一致通过后就立马执行。创业的三个层面，战略、战术、执行，很多创业者始终沉浸在自己"觉得了不起的"战略中，却没有往下推进。

## 一、创新创业计划

创新创业计划，又称"商业计划"（Business Plan，简称BP），是创业者实施创业活动的系统设想及行动方案。

体育创业计划书案例

通过制订和不断完善创业计划，使创业者进一步明确创业的可行性和创业战略，并成为促使创业团队成员更加团结、配合更加默契、增强创业信心的方式或手段。此外，创业计划可以作为推销性文本，向投资者、重要的客户和供应商以及员工介绍拟创业企业，并成为获取人力资源和资本的有效沟通工具。因此，创业者应高度重视创业计划的作用和创业计划书的撰写。

创业计划按计划目的和周期可分为半年或1年的短期操作计划和1~5年的长期战略计划。尽管不同的计划服务于不同的职能，但所有的计划都有一个重要目的，即在快速变化的市场环境下，为创业者提供指导准则和管理架构。

## 二、体育创新创业计划制订前的准备

### （一）收集信息

创新创业计划中的信息搜集是以企业发展目标为目的，通过相关的信息媒介和渠道，采取相应的方法，有计划、有目的地获取市场信息的过程。

信息搜集渠道即信息的来源。创新创业计划中涉及的市场、客户、竞争对手、融资方式、创业资源等方面的信息可以通过互联网、公开出版物、竞争对手企业、关联方、会议展览、行业协会或中心等渠道获得。

做好信息搜集工作，需要创业者有充分的准备以及清晰的思路。以广场舞内容服务为切入点的中老年社区"糖豆"为例，说明信息搜集的4个步骤（图5-1）。

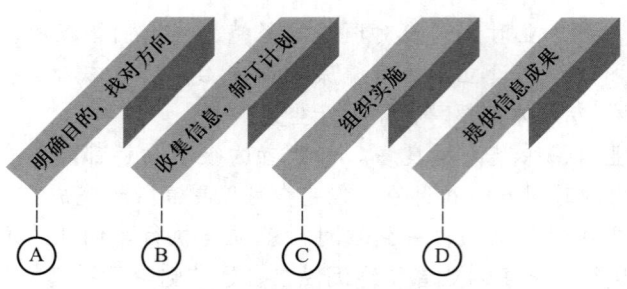

图 5-1　信息搜集步骤

1. 明确目的，找对方向

市场信息的庞杂和市场经济的实效原则使得创业者必须要首先理清自己的实际需要。"糖豆"创始人范兆尹早期想做一个中老年人的线上社区，通过调查发现，"中老年广场舞"的百度指数和搜索量增长非常迅速，在广场舞出现之前，中老年人尤其女性好像还没有特别统一的兴趣爱好，不管是合唱、书法、摄影等都无法涵盖大部分人群，并且随着智能手机在老年人中的普及，范兆尹决定将产品做成以广场舞为主要内容的 BBS 中老年社区，并在短时间内收获了 20 多万名会员。

2. 收集信息，制订计划

有无计划以及计划的周密与否关系到整个信息收集工作能否正常、有效开展的关键。制订信息收集计划包括明确收集的内容、选择的信息媒介、通过的渠道、运用的方法，制订计划要以切合实际为原则。如果以竞争对手为搜集对象，就要依据不同竞争对手以及相同竞争对手的位置及环境、产品生产、销售策略、售后服务等方面制订不同方面的计划。不过当时市场上并没有与"糖豆"类似的竞争对手，所以"糖豆"创业团队就以市场需求为考察方向，主要从消费趋势和走向两方面制订信息收集计划，内容上包括跳广场舞的人群数量、地域分布、消费需求等，信息收集渠道采用线上、线下相结合，运用的方法有问卷调查、网络搜集、实地观察等。

3. 组织实施

在具体的信息搜集工作中，创业团队要按照计划，组织实施。一要讲原则。要在广泛性的基础上有所深入，这就要增加收集方法的灵活性。二要具备敏感度。做到对同一问题多方位思考、多角度收集。三要学会筛选。信息并非多多益善，要使其由杂乱到有序，从粗糙到精辟，就得分清主次，学会甄别，以节省时间，抢占制胜时机。

### 4. 提供信息成果

信息成果的表现形式是调查报告、资料汇编、数据图表等。这是在感性信息的基础上经过整理分析得出的理性结果。根据结果，创业者可以决定能否创业。

通过收集信息，"糖豆"创业团队发现中国的老年产业发展非常不均衡，旅游占到绝对比例，但在日本，文化娱乐、旅游休闲、服装美容等各个产业分布均衡。"糖豆"创业团队认为中国老年消费市场的第一大机会来自线上线下的文化娱乐。第二大机会来自于老年电商，现在老年人的购物习惯逐渐开始从电视端转移到线上电商平台，老年电商正在迎来一个新的平台红利机会。"糖豆"团队旨在先服务于老年人线上线下的文化娱乐生活，建立平台信任感之后，再去建立自己的渠道品牌。

### （二）研讨创新创业构想

创新创业构想是创业者在创业想法形成及实施过程中，对创业活动的思考、论证和分析。创新创业是一个系统工程，在开始之前，创业者需要开展许多准备工作，包括对创新创业构想进行研讨，以形成一个完整的创新创业计划。创新创业构想涵盖了创新创业计划的方方面面，创业者至少要从下面几个方面进行深入思考（图5-2）。

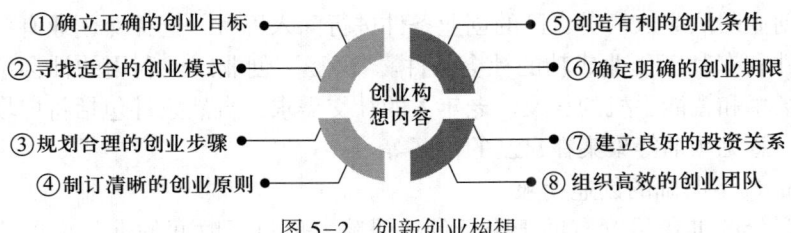

图 5-2　创新创业构想

#### 1. 确立正确的创业目标

创业者一定要首先明确创业的目的是什么，创业要做什么、如何做等问题。"糖豆"的创业目标是要以广场舞为切入口，服务老年人的文化娱乐社区。

#### 2. 寻找适合的创业模式

创业模式是创业者为保障自己的创业理想与权益，对各种创业要素的合理整合。对一个创业者来说，一个真正好的模式，应该是适合自己，即有能力操作而且能把现有资源有效整合进入的。"糖豆"的创业模式是早期搭建一个网站做互联网引流，以 BBS 的形式做一年的中老年社区，把原来散布在各个平台的原创广场舞达人，通过签约的方式聚集到"就爱广场舞"的平台上，形成版权，在 App 上以视频的方式输送内容，通过内容去聚集粉丝。然后开始建立线下的俱乐部，通过设置领队组织线下俱乐部的活动，实现用户之间的线下社交，增强用户黏度，最后开始尝试电商和旅游的业务拓展，实现流量变现。

3. 规划合理的创业步骤

规划创业步骤是一个循环的过程。首先要分析创意从哪里来？为何会有这个创意？怎么组建团队？如何融资？产品的市场营销怎么开展？对这些问题的考虑是一个周而复始的修改、完善和论证过程。

4. 制订清晰的创业原则

在研讨创业构想时，创业团队一定要针对自己的特定情况，制定适合团队和项目的创业原则。一般来说，在创立公司时，创业团队不应该一直想着盈利，面对非常艰苦的创业工作，清晰、简洁、能够得到团队成员认可的创业原则，有助于形成团队的凝聚力，帮助创业团队有勇气、有办法应对可能遇到的任何情况。

5. 创造有利的创业条件

创业不一定需要有重大的发明或全新的创意，只要能够有一定的市场需求，对现有资源进行有效整合和再利用便可以创业成功。在研讨创业构想时，创业团队应认真对自己的创业条件进行深入思考，选择对创业有利的自然条件和有利于创业成功的社会条件。"糖豆"创业团队利用的社会条件包括广场舞和智能手机的普及、老年人的社交需求，自然条件包括将广场舞的领舞、意见领袖等聚集在自己的社区等。

6. 确定明确的创业期限

充分的准备尽管有助于降低创业风险，但过长时间的准备也可能会消磨创业者的意志，降低创业激情。

2011 年，"糖豆"创始人在公司内做了一些项目的尝试，包括做美妆的"品善网"和做广场舞的"糖豆"。当他发现百度的广场舞指数急速上升后迅速放弃并调整了其他项目，只留下"糖豆"，争取缩短创业活动的时间、将产品和服务推向市场的时间、实现盈亏平衡点时间等。

7. 建立良好的投资关系

创业团队要确定好团队内部和外部投资者各自的股份比例，要选择能够与自己同甘共苦的投资者，要寻找具有较大影响力的投资者，这样一方面可以筹集到所需要的创业资金，另一方面可以借助投资者的经验和力量。

2019年4月,"糖豆"完成了C轮融资,其中顺为资本和IDG资本都是老股东,两家资本给"糖豆"提供了丰富的互联网资源,和"糖豆"共担风险、携手奋进。

8. 组织高效的创业团队

高效的创业团队中不一定都是最优秀的人才,只要能遵循创业团队的组建原则,做好团队的管理,团队成员能够做到优势互补、精诚合作,凝聚在核心创业者的周围,为共同的创业目标而奋斗,就算创业团队比较简单和朴素,仍然可以算得上一支优秀的团队。创业构想研讨阶段,创业者应该了解高效团队的特征,避免日后组建团队过程中的盲目和不切实际。

### (三)分析问题和困难

创业层面的问题和困难表现为企业在日后经营过程中可能面临的不同风险,如项目和市场风险、技术风险、团队风险、管理风险、资源风险等。比如作为广场舞市场的早期开拓者,"糖豆"在2016年陆续完成了1 500万美元的B轮融资和500万美元的B+轮融资。但在2017年,广场舞市场进入洗牌期,最早一批进入市场的公司或宣布彻底转型,或业务大规模调整,或融资无法进行、运营停摆。

这些公司失败的一方面原因在于他们通常会邀请平台签约的高知名度老师作为领队,将消息通过微信群、官网微信、App等传播到平台用户,进行短期景点游玩等活动,但很快发现愿意为相关旅游进行二次消费的人群比例并不高。另一个原因在于活动形式逐步陷入同质化,旅游市场本质上还是被牢牢掌握在旅行社、互联网旅游等平台手里。即便在广场舞公司主要收入来源的电商领域,同样无法建立起强有力的竞争壁垒。

## 三、体育创新创业计划制订的方法

制订创新创业计划主要从以下7个方面着手,本节以体育可穿戴智能设备的创新创业计划为例。

### (一)所在行业分析

行业分析应包括对该行业的展望,即该行业的历史成就和将来的发展趋势。

体育可穿戴智能设备自1975年Hamilton Watch推出Pulsar计算器手表开始至今,经历了互联网时代、移动互联网时代、物联网时代的发展。在互联网时代比较有代表性的产品包括耐克和苹果联合推出的 Nike+iPod，移动互联网时代诞生了蓝牙耳机、防水智能腕带等，还有物联网时代的智能手环等。

2020年，我国主要的智能可穿戴计算系统平台及大数据服务平台将会搭建完毕，设备厂商将面临重新洗牌，基于健康大数据的服务类产品逐步成熟，产品差异化逐渐加大。

做行业分析时，创业者值得考虑的关键问题有：

A. 在过去的五年中，该行业的销售总额是多少？
B. 该行业预计的增长率如何？
C. 在过去的三年中，该行业有多少新进入的公司？
D. 该行业最近有什么新产品上市？
E. 该行业与本公司最接近的竞争者是谁？
F. 你的企业如何经营才能超过该竞争者？
G. 行业内每个主要竞争者的优势和劣势是什么？
H. 行业内每个主要竞争者的销售额是在增长、减少还是保持稳定？
I. 你的客户群体的特点是什么？
J. 你的客户与你的竞争者的客户有什么区别？

### （二）新创企业的描述

新创企业的描述主要是明确企业经营的范围和规模。关键要素应包括产品和服务、企业的地点和规模、所需人员和办公设备、创业者的背景以及该企业的历史等。

### （三）生产计划

可穿戴智能设备属于高科技制造业，产品的市场投放需要制订一个科研生产计划，这项计划应该描述完整的生产过程。如果新创企业准备将某些甚至所有制造工序外包给其他企业，则应在生产计划中对分包商加以说明。对于创业者自己将要实施的全部或部分制造工序，也需要描述厂房的布局、制造运营过程中所需要的机器设备、所需原材料及供应商的姓名、地址、供货条件、制造成本以及任何资本设备将来的需求等。

科研生产部分创新创业计划的关键问题有：

A. 本公司将负责全部还是部分制造工序？
B. 如果某些制造工序被分包，谁将成为分包者？（列出分包商的姓名和地址）

C. 为什么选择这些分包者？
D. 分包制造的成本金额是多少？（包括几份书面合同）
E. 生产过程的布局怎样？（如果可能，应列出步骤）
F. 产品的制造需要什么设备？
G. 产品的制造需要什么原材料？
H. 原材料的供应商是谁？相应的成本怎么计算？
I. 产品制造的成本是多少？
J. 新企业将来的资本设备需求如何？
K. 如果是零售或服务型企业，货物将从谁那里购买？
L. 存储控制系统如何运营？
M. 存货需求怎样？存货如何被促销？

### （四）市场营销计划

市场营销计划是创新创业计划中的一个重要组成部分，它主要描述产品或服务将如何被分销、定价以及促销。

可穿戴智能设备的市场营销主要通过在线模式（电商、众筹等平台）销售，线下模式为设备体验中心让用户体验智能可穿戴设备。

营销计划是新企业成功的关键。因此，创业者应该尽一切努力把该计划准备得尽可能全面而具体，以便投资者明确新企业的目标以及为有效实现目标应制定的战略。营销计划包括的内容有：

A. 市场机构和营销渠道的选择；
B. 营销队伍和管理；
C. 促销计划和广告策略；
D. 价格决策。

### （五）组织计划

组织计划主要描述新企业的所有制形式，即新创企业的所有制是独资形式、合伙制还是公司制的。除此以外，还应提供组织结构图，用以表明组织内成员的授权及责任关系。

这部分计划需要创业者回答的关键问题有：

A. 组织的所有制形式是什么？
B. 如果是合伙制企业，谁是合伙者以及合伙协议的条款是什么？
C. 如果是股份公司，谁是主要的股票持有者以及他们各拥有多少股票？
D. 发行什么类型的股票以及发行了多少有表决权股和非表决权股？

E. 谁是董事会成员？（给出姓名、地址和简历）
F. 谁有支票签字权和控制权？
G. 谁是管理小组的成员？背景怎样？
H. 管理小组每个成员的角色和责任是什么？
I. 管理小组每位成员的薪水、红利或其他形式的工资如何构成？

### （六）风险估计

创业者有必要进行风险估计以便制订有效的战略来对付这些威胁。新企业主要的风险可能来自于竞争者的反应，来自于自身在市场营销、生产或管理方面的弱势，来自于技术进步带来的旧产品的过时。创业者也有必要提供备选战略以应对上述风险因素的发生。

### （七）财务计划

财务计划是创新创业计划的重要组成部分，它表明新企业所需要的潜在投资承诺，证明创业计划在经济上是可行的。

财务计划通常要包括三个项目：

A. 新创企业前三年中的预计销售额及相应的支出，其中第一年的有关预测还应按月提供。
B. 预测企业前三年的现金流量，其中第一年的预测也要按月提供。
C. 预测公司的资产负债表。

## 四、体育创新创业计划的论证

### （一）通过创新创业大赛进行论证

1. 系统学习创新创业知识

参赛者在创作创新创业计划的过程中，一般可以通过大赛提供的系统培训以及学习、交流，全面地接受创业者所应具备的知识和技能训练。

参赛者通过参加竞赛，可以获得对产品或服务从构想变为现实的全局把握。在完成商业计划的过程中，培养沟通能力、说服能力、组织能力。在接受挑战的过程中，增强创业的勇气、信心和能力。参加项目大赛的经历本身也是一种财富。

由教育部与有关部委联合举办的"互联网+"大学生创新创业大赛（图5-3）共分为各高校校级初赛、省级复赛以及全国总决赛，大赛历届参赛人数众多，深受广大高校重视。

图 5-3 "互联网+"大学生创新创业大赛

2. 磨练创业团队

参赛者通过比赛，可以结识未来创业的合作伙伴，参赛小组的成员将最有可能形成创业合作关系，开创成功事业。在此过程中，创业团队可以得到磨合，形成创业凝聚力。

通过比赛，参赛者将体验到前进中相互激励的力量和交流中灵感火花的跳跃以及成功时分享的喜悦。在这一过程中，参赛者会感受团队精神的力量，培养积极的创业精神。

3. 积累商业资源网络

参赛者通过比赛，可以结识风险投资家并向其充分展现自己的产品或服务的巨大市场前景，为进一步创业赢得资金。参赛者还将结识商界和法律界人士，为将来创业建立良好的商业关系网络。同时，很多新闻媒体对全国大赛也十分关注，可以借助媒体向社会推荐自己和产品的整体形象，为未来创业建立良好的媒体资源。

4. 验证完善创业计划

参加创业比赛的过程，就是设计、论证、实施、优化完善创业项目实施方案的系统过程。参赛过程中，有创业团队的精心参与，有指导老师的专业指导，有大赛评委的精彩点评，有各参赛团队和参赛项目的交流，这些都是其他形式所不具备的创业论证优势。

## （二）通过创新创业模拟进行论证

对于大学生创业，仅仅从教科书或是传统的课堂上学习一些经营管理的相关理论是远远不够的。通过模拟经营或虚拟经营的方式，演练创新创业项目和实施方案，是保障创新创业成功的重要途径。

### 1. 通过软件模拟经营

企业运营模拟实战训练系统是一种全新的实验实训课程，通过系统运用计算机软件与网络技术，结合严密的系统和精心设计的商业模拟管理模型及企业决策博弈理论，全面模拟真实企业的商业运营环境，使学生在虚拟的商业社会中完成企业运营中的各项管理决策。

创业者通过在模拟商业环境中对虚拟企业运营的管理，参与企业运营管理的团队分工、战略规划、市场研究、生产计划、研发投入、销售管理、市场拓展、报表分析等决策，掌握在真实企业运营中会遇到的各种决策情况，并对出现的问题和运营结果进行有效分析与评估，从而对企业管理中的各种知识技能有更深切的体会与感受，有效地将所学知识转化为实际动手的能力，提升实际分析问题与解决问题的能力，全面提升创新创业能力素质。

### 2. 组建商务模拟公司

要学习真正的经营之道，仅仅停留在书本层面或是通过软件模拟经营仍是"纸上得来终觉浅"，组建"商务模拟公司"是一个不错的做法。

"商务模拟公司"的实施方法可参考以下步骤（图5-4）：

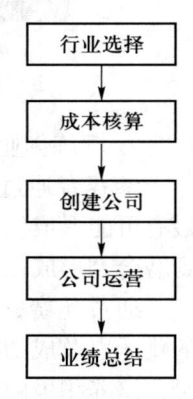

图5-4 商务模拟公司步骤

（1）行业选择

在体育行业中，寻找适合自己的创新创业机会，从而为成立公司创造良好的开端。这一过程可在一周内完成，通过设计和展示自己的想法和梦想，在活动一开始就达到一个仿真的环境和状态。

（2）成本核算

选择行业之后，创业者需自行组建团队，并在一周内完成拟设公司的成本核算过程。这一阶段的工作，可通过上网查询、市场调查，最后提交创业所需的资金，包括设备、原材料、人工、注册费用等相关费用清单，以避免盲目行动。这些均是创业必须熟悉的环节，由此，创业者也需要知道项目有风险，投资需谨慎。

（3）创建公司

在前两个步骤，活动参与者基本上能找到自己的专长。在召开第一次股东大会后，选出董事会、监事会的所有会员，并由董事会组建公司的管理机构：采购部、生产部、财务部、营销部、人事部等，竞争（聘）上岗，合理分工。之后完成公司名称及标识的设计、文化宣传、创业计划书的编写、公司章程的拟订、公司组织结构示意图、公司管理制度的制订等流程。同时，按照有限责任公司注册的整体流程，在一周内完成公司登记工作。

在此过程中，由参与者扮演工商、税务、银行、会计师事务所等角色，全面模拟公司工商注册的过程，一方面可以使学生对经济法和管理学原理有更深刻的体会，另一方面又使学生熟悉职业岗位所需的各方面理论、知识及法律法规和政策，极大地激发了学生学习的主动性和积极性，从而实现从感性到理性的提升。

（4）公司运营

在公司成立的基础上，活动参与者需进行为期三周的模拟公司经营，主要训练公关礼仪、商业谈判、签订合同、布置展区、财务管理、仲裁诉讼等方面的能力。公司运营模拟的主要内容如表 5-1 所示。

▶ 表 5-1 公司运营模拟

| | |
|---|---|
| 采购原材料 | 根据营销计划采购商品入库；存货管理；谈判、签订合同；寄发订单 |
| 组织生产 | 根据生产计划组织产品的生产工作；废旧物资的利用，节约成本，增加收入 |
| 开展营销 | 涉及产品定价、广告设计、展销会的布展、上门推销等内容；开展销售具体商品、签订和提供服务、解决客户异议、处理客户投诉等活动 |
| 财务核算 | 为保证商流、物流、资金流的合理清晰，做好大量的票据传递和财务管理，做到每日的进销存日报表与现金日记账核对无误 |
| 税务申报 | 税务申报是保障公司正常运转必不可少的部分，模拟进行增值税、营业税、企业所得税等申报工作 |

（5）业绩总结

为了激发创业热情，公平公正地评价每一位活动参与者的表现，可采取以下几种评价方式：①经营业绩评比。"模拟公司"运营周期结束后，提交公司的资产负债表、损益表及现金流量表，总结经营业绩。② 岗位技能评比。对参加活动的成员进行岗位技能评比，如评出优秀经理人、优秀策划人、优秀财务总监、优秀营销总监等。③ 创业计划书方案评比。对所有公司创业时的创业计划书和经营过程中的具体方案进行评比，评出优秀的创业计划书和方案。

### （三）创业计划论证的一般方法

无论采用什么方法论证创业计划，都要论证以下内容：① 是否具有可支持性（创业的动机与理念）；② 是否具有可操作性；③ 是否具有赢利性；④ 是否具有可持续性。同时，要验证创业计划以下几个方面的效度，如表5-2所示。

▶ 表5-2 验证创业计划效度

| | |
|---|---|
| 创业项目的真实效度 | 是否有详细的、准确真实的市场数据和信息 |
| 创业项目的盈利效度 | 是否能获得足够的投资收益 |
| 创业项目的可控效度 | 项目的风险是否可控 |
| 创业项目的行为效度 | 创业项目的运作行为（企业运营与管理、市场开拓、产品服务开发与提供和产品技术工艺等）是否规范 |
| 创业项目的成长效度 | 项目在短期市场扩张和长期战略发展规划是否具有足够的成长空间 |
| 创业项目的人才效度 | 在对项目进行论证时，除了要论证项目主导人的人品、性格、经历、知识结构、拥有的企业资源和社会资源外，还要着重论证项目方的团队，包括成员的素质、从业经历、从业经验、既往业绩、圈内口碑；在性格和专业上的互补性；团队的稳定性等 |
| 创业项目的资源效度 | 论证项目所需的各种内外部资源是否有足够保证，论证创业资源是为了降低创业风险、提高创业效率和成功率，创业者要有足够的耐心对创业计划进行细致、严谨和深入的推演和实践验证 |

## 第二节  体育创新创业计划书撰写

**案例导入**

**兴趣在哪，成功就在哪**

很多人都有创业梦，有的人创业是因为不甘于平凡，有的人创业是因为想让家人过上更好的生活，有的人创业则是纯粹源于兴趣或梦想。

一头干练的短发，一件简单的毛衣搭配牛仔裤，才刚刚20岁出头的刘同学，便成为台球连锁店的老板，平易近人却又自信满满。

"我从中学时代便很喜欢玩台球了，那时候放学后第一时间并不是回家，而是与几个同学跑去学校附近的台球室，有时候一玩就是几个小时，当然也因为这些事，没少挨父母揍，但却一直没有放弃台球。"刘同学说。

大学毕业后他也找过其他工作，但是对台球始终抱有最初的热情，所以毅然投身台球这个行业，从台球室的"摆球员"做起，观察老板如何经营一间台球室。由于兴趣浓厚，刘同学对于台球行业的发展特别关注，每天都会去阅读一些关于台球行业的资讯。随着丁俊晖、梁文博等国内球手的成功，国内台球业逐渐兴旺，刘同学瞄准时机，在上海经营了一家完全属于自己的台球室。为了更好地创业，刘同学写了一份创业计划书。

×××台球俱乐部创业计划书
目录

一、台球介绍

二、项目简介

三、市场调查和分析

四、营销策略

五、人员配置

六、风险预估及规避

七、财务预算分析

一、台球介绍

随着近年来各种世界级台球赛事在中国举行，丁俊晖等球手在世界台球界为国人争得无数荣誉，国内的台球爱好者们再次掀起热潮，也让台球逐渐成为最受人欢迎的体育项目之一。

台球源于英国，是一项在国际上广泛流行的高雅室内体育运动，是一种用球杆在台上击球、依靠计算得分确定比赛胜负的室内娱乐体育项目。台球流行于世界各国，从不同的角度有不同的分类方法，可以从国度、台球的数量以及台球的击球技巧进行分类。

（1）按有无袋口分：落袋台球、开伦台球。

（2）按国度分：法式台球、英式台球、美式台球、中式斯诺克台球。

（3）按规则及打法分：斯诺克台球、8球、9球、14.1、15球积分、3球开伦、4球开伦。

二、项目简介

台球项目管理简单，维护保养费用低，××台球俱乐部选择的上海市闵行区商业中心地段，附近学生、白领及居民消费层次极高。且该地段环境优美，周边无同行竞争者，能保证稳定的客源人流量，同时也可丰富群众的业余生活。

台球项目十分适合生活、工作紧张的都市人群以及追求个性化潮流化的青年学生。×××台球俱乐部预计营业面积200平方米，球房的设计和装修也将以中高端为主，适合不同经济收入水平的消费者。俱乐部后期将会逐渐打造成为一个集运动、休闲、娱乐、餐饮为一体的消费场所，目前的成本基本预算在28万元，本人自有资金××万元，合伙人自有资金××万元，缺口××万元需要贷款。

三、市场调查和分析

台球作为一项时尚运动，不仅能锻炼身体、还能培养意志、陶冶情操，也称为绅士运动。

台球运动简单易学，虽然起源非常早，但也是近几年才为大多数人所青睐，成为时下年轻人追求时尚生活、个性潮流及舒缓压力的一种时尚的运动方式。

本俱乐部通过饮品及酒水供应为顾客提供人性化的服务和舒适的运动环境，俱乐部还将在店内放一些舒缓的音乐，营造更好的气氛，为顾客提供一个展示自我的平台。

本俱乐部将划分一部分区域进行书吧、上网、桌游等多种服务，在这部分区域进行最低消费设置，并开展一些著名品牌球具的代理经营，以保证成本的回收。通过定期举办会员比赛及其他丰富多彩的活动，为台球俱乐部带来更多人气。

四、营销策略

（1）价格定位，采用分时段的收费方式，分为早时段与晚时段

早时段为10：00—18：00

晚时段为18：00—次日凌晨1：00

早时段收费定为12元/小时

晚时段定为15元/小时

节假日无休，节假日早晚时段皆以20元/小时计费。

（2）开业期间活动策划

开业期间以折扣促销等方式进行酬宾，赠送纯净水饮料等。在附近区域内发印有本球室广告的台球知识手册进行宣传，及时在大众点评等网站上发布广告宣传。

五、人员配置

店长：2人，财务由2名股东兼任轮班

服务员：2名（早时段及晚时段轮班制）

台球桌维护人员：2名（早时段及晚时段轮班制）。

六、风险预估及规避

（1）节假日多数年轻人外出旅游不在本市而导致生意难以火爆；

（2）同性质娱乐场所在附近开业，导致本店客流下降；

（3）因卫生服务问题引发的信誉危机。

本俱乐部针对风险及时做出相应对策，实时进行资费调整，实行各种优惠政策，以留住稳定客户来源。俱乐部将提供优质的服务给客户，让客户宾至如归。

七、财务预算分析

1. 预算

营业面积为200平方米，房租72 000元，付三押一；

装修费用约4万元（墙面、地板、吊灯、门面、办公室等）；

设备的购买费用预估10万元（台球桌、美式落袋、斯诺克、桌游桌、沙发、吧台等）；

台球计费系统成本3 800元左右；

营业执照、消防、税务证明等约5 000元；

原材料费用约5 000元（酒水饮料等）；

人员工资16 000万元（一个月4人）；

推广预计费用3 000元（大众点评、微博营销、传单、会员卡等）；

转让费3万元；

流动资金1万元；

共计启动资金需要28万元。

2. 成本及利润预估

每月收入估计：

早时段为10：00—18：00，按有效时间5小时来计算，

预计10张台球桌台费为：$12\times10\times5=600$元；

晚时段为18：00—次日凌晨1：00，按有效时间5小时来计算，

预计10张台球桌台费为：$15\times10\times5=750$元；

节假日早晚时段皆以20元/小时计费，按有效时间10小时来算，

预计10张台球桌台费为：$20\times10\times10=2\,000$元；

饮料酒水、会员卡办理、书吧及桌游休息区预计800元，

预计月收入为：$(600+750)\times22+(2\,000\times8)+(800\times30)=69\,700$元。

每月所需支出费用估计：

房租18 000元

水电2 000元

工资16 000元（4人）

推广500元

折旧700元

原料5 000元

耗材800元

不可预计费用2 000元

每月所需支出费用预估为：4.5万元

年利润预估：$(72\,500-45\,000)\times12=33$万元

开业一年后可收回投资28万元，并盈利5万元，项目比较可行。

通过制订创业计划书，刘同学对台球创业有了更深入的认识，现在刘同学的台球城面积大概有八九百平方米。此外，在台球城开业后，还有媒体主动帮其宣传，不仅免费在公众号上发布开业信息，还在附近天桥上免费挂上宣传广告，更在开业期间为其专门办了一场台球比赛。

点评：商业计划描述了新企业的目标以及如何实现这些目标制定的策略。商业计划是一份用于企业内外宣传的两用文件。对企业内部而言，商业计划能帮助企业设计出实施其战略和计划的"路线图"；对于企业外部来说，商业计划向潜在投资者及其他利益相关者汇报企业试图追求的商业计划以及如何把握机会的行动计划。

## 一、体育创新创业计划书的基本构成

体育创新创业计划书和其他创新创业计划书一样,有多种分类和形式:从内容详略程度来看,创新创业计划书可分为简版和完整版两大类;从内容载体的表现形式可分为电子版和文印版;从不同读者对象可分为股东版、内部员工版和融资版等。

一份详细而正式的文印版创新创业计划书通常由封面、保密要求、目录、摘要、正文(综述)和附录等几个部分构成。

### (一)封面

创业者可自行选择创新创业计划书的封面设计风格和表现形式,通常设计为醒目的彩色版面。创新创业计划书封面设计一般会考虑融合项目特点及其CI、VI设计,以吸引眼球,让投资者感受到创业者及其团队的专业素养与用心程度。除了设计,创新创业计划书的封面通常需要包含项目名称(企业名称)及价值特色、创业愿景与定位(slogan)、LOGO、核心团队成员和日期等必要信息。

如果尚未注册企业,建议封面不要写拟创企业的名称,而写创业项目的名称。否则,容易让投资者产生歧义,误以为企业已经创立,对创业计划阅读重点会产生误导。

### (二)保密要求

如果创新创业计划书涉及核心商业机密,创业者认为有必要规避传播风险,可写一份简略的保密要求,声明未经许可或同意,不得转发、复印和公开计划书涉及的相关内容。一般来说,该内容不是必选项,因为能拷贝创业者创意并能将其付诸执行的人甚少。如果能轻易被他人复制的项目,其竞争力和执行性本身就存在问题。

### (三)目录

详细的创新创业计划书篇幅一般都比较长,目录有助于引导投资者阅读并让读者快速了解整个创新创业计划的主要内容(图5-5)。制订目录时,需要标明各部分内容标题及页码,要注意确认目录页码与内容的一致性。

### (四)摘要

摘要是指创新创业计划的概要。创业者无论拟定详细还是简略的创新

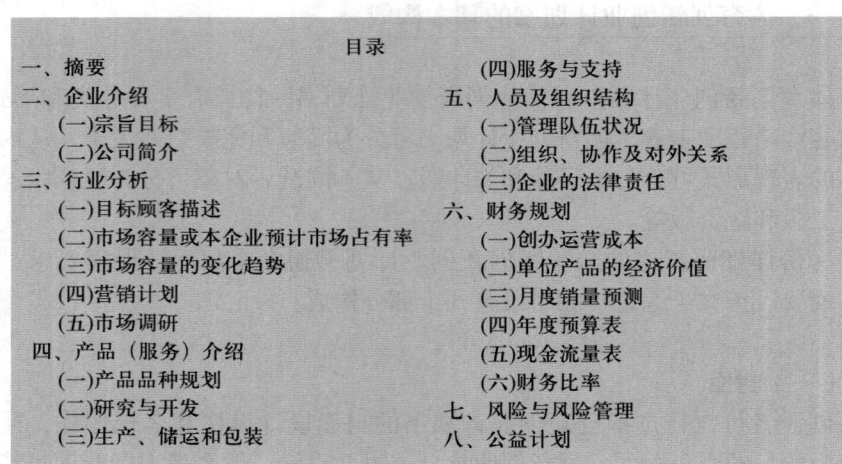

图 5-5 目录示例

创业计划,概要都是必需的内容。凝练计划概要的主要目的是框定创业思路,因此,它的措辞应尽可能简洁、严谨而条理清晰,同时富有激情;要尽量避免使用专业词汇和术语,以浅显的语言介绍创新创业计划的核心逻辑和内容。

尽管从形式上看,执行概要先于创新创业计划,但它的撰写却应在完成创新创业计划之后,因为只有这样,才能形成对创新创业计划的准确概括。需要注意的是,计划概要并非是创新创业计划的引言或前言或背景,它是对整个创新创业计划高度精炼的概括,是整个创新创业计划的精华和亮点,也是创新创业计划的灵魂。因此,计划概要应包括创新创业计划的所有关键内容,是对所有内容的精确提炼。

摘要是创新创业计划书最重要的部分,必须概括出整个创新创业计划的关键信息,它是投资者首先要看且会重点阅读的内容,因此,摘要必须简洁而生动。

(五)正文

正文是创新创业计划书的主体部分,是创新创业计划全面而细致的阐述。一般来说,创新创业计划书要分别从创业项目(公司)基本情况、核心团队、产品/服务、技术研发、行业市场分析与预测、市场营销策略、竞争策略、生产计划、经营管理与组织计划、融资计划、财务状况与分析预测、项目进展状况与发展战略和风险控制等方面对投资者关心的问题进行系统而详细的介绍。创新创业计划书的正文要求内容全面、数据详实、重点突出和实事求是,让投资者想要了解的信息都能找到对应、具体、使人信服的内容。

### (六)附录

附录是对创新创业计划书正文中涉及的相关数据、内容与信息的具体补充,具有补充和备查的作用。附录的内容一般包括已取得的各种资质、专利技术、经营数据、媒体报道、权威评价、客户反馈、专业用语解释、各种合作协议、财务报表、原始数据和市场调查报告等。需要注意的是,附录并不是创新创业计划书必备的部分,附录内容也不是越多越好,只有对正文的某些内容起到必要的支撑、说明或帮助作用,即更有利于创新创业计划的完整阐释和说服力时才需附上相关内容。

## 二、创新创业计划书的写作要点

创新创业计划书的内容与写作要点如下:

### (一)摘要

摘要是为了吸引战略合伙人与风险投资人的注意而将创新创业计划书的核心提炼出来,它是整个创新创业计划书的精华,涵盖计划书的要点。一般要等后面所有内容编制完毕后,再把主要结论性内容摘录于此,以求一目了然,在短时间内给使用者留下深刻的印象。

摘要如同推销产品的广告,编制人要反复推敲,力求精益求精,形式完美,语句清晰流畅而富有感染力,以引起投资人阅读创新创业计划书全文的兴趣。特别要详细说明自身企业的不同之处以及企业获取成功的市场因素。

### (二)企业介绍

这一部分是向战略合伙人或者风险投资人介绍融资企业或项目的基本情况。具体而言,如果企业处于种子期或创建期,现在只拥有商业创意,那么,应重点介绍创业者的成长经历、求学过程,并突出其性格、兴趣爱好与特长,创业者的追求,独立创业的原因以及创意如何产生等内容。

如果企业处于成长期,应简明扼要介绍公司过去的发展历史、经营状况以及未来的规划。具体而言,内容应包括:公司概述、公司名称、地址、联系方法；公司的业务状况；公司的发展经历；对公司未来发展的详尽规划；本公司与众不同的竞争优势；公司的法律地位；公司的公共关系；公司的知识产权；公司的财务管理；公司的纳税情况；公司的涉诉情况等。在描述公司发展历史时，成功与失败的经验都要写，特别是对以往的失误不要回避，要对失误进行客观的描述、中肯的分析，从而赢得投资者的信任。

### （三）管理团队介绍

管理团队是投资者非常看重的，这部分主要是向投资者展现企业管理团队的结构、管理水平和能力，职业道德与素质，使投资者了解管理团队的能力，增强投资信心。

这部分主要介绍管理团队、技术团队、营销团队的工作简历、取得的业绩，尤其是与目前从事工作有关的经历。另外，可以着重介绍企业目前的管理模式，如果无特色，也可以不介绍，或写入劣势部分。

在编写过程中，首先，必须对公司管理的主要情况做一个全面介绍，包括公司的主要股东及他们的股权结构、董事和其他一些高级职员、关键雇员以及公司管理人员的职权分配和薪金情况，必要时，还要详细介绍他们的经历和个人背景。企业的管理人员应该是互补型的，而且要具有团队精神，要具备负责产品设计与开发、市场营销、生产作业管理、企业理财等方面的专门人才。

此外，在这部分创新创业计划书中，还应对公司组织结构做一简要介绍，包括公司的组织结构图、各部门的功能与责任、各部门的负责人及主要成员、公司的薪酬体系等。

团队介绍应让投资者认识到，创业者具有与众不同的凝聚力和团结战斗精神，管理团队人才济济且结构合理，在产品设计与开发、财务管理、市场营销等各方面均具有独当一面的能力，足以保证公司以后成长发展的需要。

### （四）技术产品（服务）介绍

在进行投资项目评估时，投资人最关心的问题之一就是企业的产品、技术或服务能否以及在多大程度上解决现实生活中的问题，或者企业的产品（服务）能否帮助顾客节约开支、增加收入，这是市场销售业绩的基础。

技术产品（服务）介绍一般包括以下内容：产品的名称、特性及性能用途；产品处于生命周期的哪一阶段，市场竞争力如何；产品的研究和开发过程；产品的技术改进、更新换代或新产品研发计划及相应的成本；产品的市场前景预测；产品的品牌和专利。

在这一部分，创业者要对产品（服务）做出详细的说明，说明要准确，也要通俗易懂，让非专业领域的投资者也能清楚明白。一般来说，产品介绍都要附上产品原型、照片或其他介绍。

此外，对于一些以技术研发为重点的高新技术企业来说，还要对相关技术及其企业研发情况进行分析，包括企业技术来源、技术原理、技术先进性、技术可靠性，公司的技术研发力量和未来的技术发展趋势，公司研究开发新产品的成本预算及时间进度，技术的专利申请、权属及保护情况、技术发展后劲和技术储备等，以使投资者对公司的技术研发队伍的实力、公司未来技术研发的趋势有所了解。

产品（服务）介绍的内容比较具体，因而写起来相对容易。虽然产品推销是必需的，但应该注意，创业者和投资者所建立的是一种长期合作的伙伴关系。如果企业不能兑现承诺，不能偿还债务，企业的信誉必然要受到极大的损害。

## （五）行业、市场分析预测

行业与市场分析主要是对企业所在行业的基本情况、企业的产品或服务的现有市场情况、未来市场前景进行分析，使投资者对产品或服务的市场销售状况有所了解，这是投资者关注的重点问题之一。

行业分析主要介绍行业发展趋势、行业发展中存在的问题、国家有关政策、市场容量、市场竞争情况、行业主要盈利模式、市场策略等。

## （六）市场营销策略

企业的盈利和发展最终都要到市场中检验，营销成败直接决定了企业的生存命运。

在介绍市场营销策略时，创业者要讨论不同营销渠道的利弊，要明确哪些企业主管专门负责销售，主要适用哪些促销工具以及促销目标的实现和具体经费的支出等。

一般来说，中小企业可选择的市场营销策略有以下几种：

1. 集中性营销策略

即企业只为单一的、特别的细分市场提供一种类型的产品（如制造汽车配件）。这种方法尤其适用于那些财力有限的小公司，或者是在为某种特殊类型的顾客提供服务方面确有一技之长的组织。

2. 差异性营销策略

即为不同的市场设计和提供不同类型的产品。这种战略大多为那些实力雄厚的大公司所采用。

3. 无差异性营销策略

即只向市场提供单一品种的产品,希望能引起市场上全部顾客的兴趣。当人们的需求比较简单,或者并不被人们认为很重要时,该策略较为适用。

（七）生产计划

生产制造计划旨在使投资者了解产品的生产经营状况。这一部分内容应尽可能把新产品的生产制造及经营过程展示给投资者,主要内容如图5-6所示：

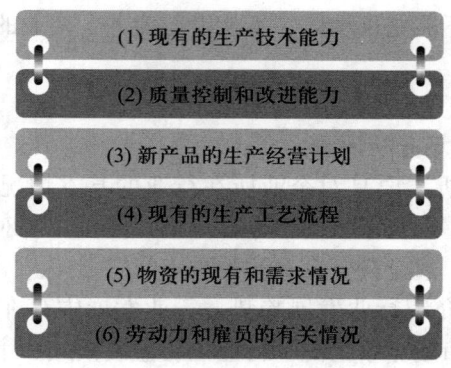

图5-6　生产计划内容

（1）公司现有的生产技术能力,企业生产制造所需的厂房、设备情况。

（2）质量控制和改进能力。

（3）新产品的生产经营计划,改进或将要购置的生产设备及其成本。

（4）现有的生产工艺流程,生产周期标准的制订及生产作业计划的编制。

（5）物资需求计划及其保证措施,供货者的前置期和资源的需求量。

（6）劳动力和雇员的有关情况。

同时,为了增大企业的评估价值,企业家应尽量使生产制造计划更加详细、可靠。

（八）财务分析与预测

财务分析与预测应包括公司过去若干年的财务状况分析、今后三年的发展预测以及详细的投资计划。旨在使投资者据此判断企业未来经营的财务状况，进而判断其投资能否获得理想的回报，财务分析与预测是决定投资决策的关键因素之一。

财务预测的依据、前提假设是投资者判断企业财务预测准确性和财务管理水平的标尺，也是投资者关注的焦点。其主要依据和前提假设是企业的经营计划、市场分析。由于财务分析预测在公司经营管理中的重要地位，企业需要花费较多的精力来做具体分析，必要时最好与专家顾问进行商讨。

对于中小企业来说，财务预测既要为投资者描绘出美好的合作前景，同时又要使得这种前景建立于坚实的基础之上，否则会令投资者怀疑企业管理者的诚信或财务分析、预测及管理能力。

### （九）融资计划

融资计划主要是根据企业的经营计划提出企业资金需求数量、融资的方式、工具、投资者的权益、财务收益及其资金安全保证，投资退出方式等，它是资金供求双方共同合作前景的计划分析。

融资计划的主要内容包括：

（1）融资数额是多少？已经获得了哪些投资？希望向战略合伙人或风险投资人融资多少？计划采取哪种融资工具，是以贷款、出售债券，还是以出售普通股、优先股的形式筹集？

（2）公司未来的资本结构如何安排？公司的全部债务情况如何？

（3）公司融资所提供的抵押、担保文件，包括以什么物品进行抵押或者质押，什么人或者机构提供担保？

（4）投资收益和未来再投资的安排如何？

（5）如果以股权形式投资，双方对公司股权、控制权、所有权比例如何安排？

（6）投资者介入公司后，公司的经营管理体制如何设定？

（7）投资资金如何运作？投资的预期回报？投资者如何监督、控制企业运作等？

（8）对于吸引风险投资的，风险投资的退出途径和方式是什么，是企业回购、股份转让还是企业上市？

这部分是融资协议的主要内容，企业既要对融资需求、用途提出令人信服的理由，又有令人心动的投资回报和投资条件，同时也要注意维护企业自身的利益。其基础是企业的财务分析与预测。

由于与资金供给方合作的模式可能有多种，因此还需设计几种备选方案，给出不同盈利模式下的资金需要量及资金投向。

### （十）风险分析

这部分内容主要是向投资者分析企业可能面临的各种风险隐患，风险的大小以及融资者将采取何种措施来降低或防范风险、增加收益等。主要包括：

（1）企业自身各方面的限制，如资源限制、管理经验的限制和生产条件的限制等。

（2）创业者自身的不足，包括技术上的、经验上的或者管理能力上的欠缺等。

（3）市场的不确定性。

（4）技术产品开发的不确定性。

（5）财务收益的不确定性。

（6）针对企业存在的每一种风险，企业进行风险控制与防范的对策或措施。

对于企业可能面临的各种风险，融资者最好采取客观、实事求是的态度，不能因为其产生的可能性小而忽略不计，也不能为了增大获得投资的机会而故意缩小、隐瞒风险因素，而应该对企业所面临的各种风险都加以分析，并针对每一种可能发生的风险做出相应的防范措施，这样才能取得投资者的信任，也有利于引入投资后双方的合作。

### （十一）附件和备查资料

附件主要是对创新创业计划书中涉及的一些问题细节和相关的证书、图表进行描述或证明，如企业的营业执照、公司章程、验资审计报告、税务登记证、高新技术企业（项目）证书、专利证书、鉴定报告、市场调查数据、主要供货商及经销商名单、主要客户名单、场地租用证明、公司及其产品的介绍、宣传等资料、工艺流程图、各种财务报表及财务预估表、专业术语说明等。它与创新创业计划书主体部分一起装订成册。备查资料只需列出清单，待资金供给方有投资意向时查询。

## 三、体育创新创业计划书的评判标准

体育创新创业计划书主要从形式及内容两个维度来评判。

## （一）计划书的形式

**1. 设计感**

创新创业计划书应从封面设计、装帧质量、图文排版、语言表述风格上体现设计精心，在表现形式有创意、有创新。这样不但可以吸引投资者，还可以表现出创业团队积极的创业态度、较高的职业素养、严谨的做事习惯和专业的行为风格。

**2. 完整性**

创新创业计划书在内容的外在表现形式上，至少要求内容展示的顺序合乎阅读习惯和基本逻辑，内容模块要构建系统完整，至少要包含计划的全部要素。

## （二）计划书的内容

**1. 真实客观**

创新创业计划书的内容首先要保证真实客观，这是最基本的诚信，也是评判创新创业计划可行性与价值性的基本前提。创新创业计划涉及的产品优势、专利技术、竞争分析、市场数据、财务数据、核心团队和各方反馈评价等内容，都必须客观而真实，不能包装、掺水甚至虚构造假。

**2. 严谨专业**

一方面，创新创业计划书内容的组织在逻辑与结构上要严谨。创新创业计划书的内容要按商业计划和读者习惯进行组织架构，做到逻辑清晰、思路顺畅，切忌杂乱无章、东拼西凑。另一方面，创新创业计划的每个部分具体内容表述，要契合项目性质特点，做到有理有据、专业严谨，切忌表意含混不清、引起误解。比如市场调研数据及其分析，调研方法要科学、取样要合理、结果分析要严谨、引用数据要权威而有效；产品技术描述要严谨专业，财务分析与预测要有推算的依据和模型等。

**3. 简要易懂**

由于投资者翻阅创业计划书的时间有限，要求创新创业计划书简明扼要，篇幅适当。根据创新创业计划书的读者对象和阅读场景，可针对性准备繁简不同的多个版本。一般来说，创新创业计划书的投资者不一定是该方面的技术专家或行业创业者，因此，创新创业计划书在篇幅上不宜过长，文字表述不宜过于专业晦涩，尽量降低阅读和理解的难度。

**4. 重点突出**

创新创业计划书不仅是介绍性文书，还具有论述性质。无论是内容框架安排还是模块内容的介绍论述，都要求详略得当、重点突出。比如执行概要部分,是否突出了项目的创新性、市场可行性、产品技术与团队的优势性和投资价值性,市场分析部分是否突出了目标针对性、持续发展性和自身优势性等。

依据上述评价维度和标准,创新创业计划书评价可用表 5-3 进行量化分析。

► 表 5-3　创新创业计划书的量化评价

| 评价指标 | 权重(%) | 评价分 |
| --- | --- | --- |
| 外观设计 | 10 | |
| 内容形式 | 10 | |
| 真实客观 | 20 | |
| 严谨专业 | 20 | |
| 简要易懂 | 20 | |
| 重点突出 | 20 | |
| 总体评价 | 100 | |

## 第三节　体育创新创业计划路演

案例导入

**悦动圈:互联网+体育运动｜优秀体育项目路演案例精选**

2016 年 9 月 9—11 日,以"创新·发展——价值,由此发现!"为主题的 2016 年广东体育博览会在广州琶洲保利世贸博览馆隆重举行。由维宁体育首创举办的"2016 广东体博会全国优秀体育项目路演大会"作为最受关注的主办方活动之一,在本届体博会上引起轰动效应。

在路演大会上,来自达晨创投、棕泉资本、前海教育基金、建银资本、深圳华银华利投资、中视辉煌体育投资等体育资本机构负责人组成了专家评委会。经过评委会打分总排名和无记名投票两项指标综合评定,评出了一等奖 1 名,组委会特别大奖 1 名,二等奖 3 名,最佳商业价值奖 16 名。

路演大会获得二等奖之一的"悦动圈",将获得由维宁体育提供的 5 万元法国里昂商学院——维宁体育全球体育产业领袖进阶EDP项目奖学金。

悦动圈,一款跑步(体育)类App,公司于2014年3月成立,在不到两年的时间,这款App的平台用户已经达到5 000万人,日活跃用户过百万。这家如火箭速度崛起的创业公司,先后获得了A轮5 000万和B轮1亿元的融资,并成功入选腾讯众创空间"双百计划",成为腾讯扶持的明星项目。

悦动圈创始人、CEO胡茂伟在路演大会的现场表示:"悦动圈目前是全国最大的跑步健走社区,我们的切入点在用户的运动习惯培养上。"

悦动圈的开发重点放在了针对用户运动习惯的培养上。胡茂伟介绍具体实施方法是"通过人性勾引用户运动",悦动圈通过物质激励和情感激励,双向地吸引用户运动。

在物质激励上,悦动圈把广告投入额的40%用于给用户发红包,每个用户每天有10个红包可以领。只要用户愿意去运动,就可以不停地取得红包激励自己。此外悦动圈还布局了多个领域,如场馆、赛事、健身房、商城、骑行等。

胡茂伟介绍,目前悦动圈的总下载量已经超过1亿次,注册用户6 000万人,2019年上半年的营收达到2 000万元,预计2019年总营收达到5 000万元左右,净利润1 000万左右。

根据第三方机构的数据,多家权威媒体的排名中悦动圈都排到了第一位。

说起公司愿景,胡茂伟表示:"就像我希望维宁体育作为主办方之一的全国优秀体育项目路演大会,有一天可以胜过奥斯卡颁奖盛典一样,悦跑圈也希望在互联网时代,在互联网+体育的时代,使中国体育有一天能够颠覆世界体育。"

目前,胡茂伟致力于将悦动圈从两个维度打造为全球最大的运动社区,一是品牌一是运动。

当提到全球优秀的体育品牌时,用户的第一反应大多是阿迪达斯、耐克,老品牌实力雄厚,广告铺天盖地。但悦动圈商城的优势在于,目前它是唯一一家毛利能够达到40%的互联网商城,并且品牌溢价只有1倍,而阿迪达斯的品牌溢价能达到100倍。

"我们现在要做的就是用互联网品牌替代传统品牌,在国外使用软件是要付费的,但悦动圈不仅免费还持续给用户补贴,这就会形成一种拉力,假设这种拉力能够持续10年,国人的健康素质就有希望超过外国人。"胡茂伟如是说。

点评:参赛者通过参加竞赛,可以获得对产品或服务从构想变为现实的全局把握。在完成商业计划的过程中，培养沟通能力、说服能力、组织能力。参加项目大赛还有可能获得投资人青睐，获得天使资金。

路演，是指企业代表在讲台上通过演讲向台下的众多投资人展示和推销自己公司的产品、服务、项目，并以此获得投资的行为。路演一般在证券行业应用得比较广泛。在创业投资领域，创业者为了获得投资，也需要在固定的地点和集中的时间向投资人介绍自己的公司，从而获得企业发展的资金。通过路演，创业者和投资人可以零距离接触，就项目的内容和细节进行面对面的交流和切磋，加深创业者和投资人的互相了解和沟通，从而最终推动融资进程。目前，在创业大赛现场决赛时，有时也安排项目路演环节。

## 一、创新创业计划的路演

创新创业计划主要展示给两类人，一是企业内部员工或股东；二是投资者或外部利益相关者（图5-7）。

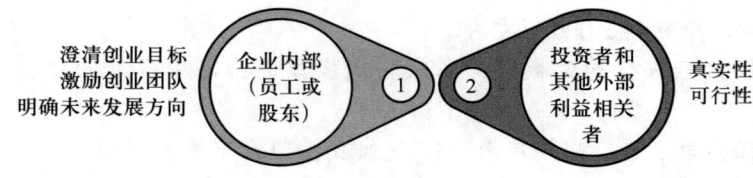

图5-7　路演展示对象

### （一）明确路演展示对象

1. 企业内部（员工或股东）

表述清晰的书面商业计划，有助于澄清创业目标，协调团队的各项工作，增强团队凝聚力和行动力，激发团队一致行动向目标前进。

对于企业职能部门经理而言，通过分析各环节和未来战略目标的商业计划，能确保自己所做的工作与企业整体计划方向一致。

2. 投资者和其他外部利益相关者

投资者、潜在商业伙伴、潜在客户、前来应聘的关键员工等外部利益相关者是创新创业计划的第二类读者。

要吸引这些人，创新创业计划不应过分乐观，否则会破坏创新创业计划的信度。

创新创业计划必须明确显示商业创意可行，并展示出与那些风险更小

创业大赛的制胜决窍

的投资选择相比，商业创意能给潜在投资者带来更高的资金回报；对于商业伙伴、客户和前来应聘的关键员工而言，同样如此。

创新创业计划必须论证其商业创意的可行性，并开发出一套行之有效的商业模式，并深入认识所处的竞争环境。展示时要注意用事实说话。

## （二）做好路演前的准备

### 1. 陈述准备

与投资者会面之前，创业者一定要准备好幻灯片，而且内容要以预订的陈述时间为限。

陈述的首要原则是严格遵守会议的时间地点安排，做好充分准备。如果需要视听设备，应事先准备好。注意不要花费太多时间纠缠于产品或服务的技术，要多花点时间陈述企业自身情况；千万不要忘记重要材料（如申请专利的具体时间等），若创业者回答不上来或者模棱两可将给投资者留下不好的印象。

注意事项：（1）要确保陈述流畅通顺；（2）幻灯片要简洁鲜明；（3）陈述内容应通俗易懂（忌专业术语）；（4）陈述企业自身状况而非技术或产品；（5）避免遗忘一些重要的资料。

### 2. 陈述的关键点以及陈述技巧

陈述仅需要使用 10~15 张幻灯片，不追求全面，要抓重点，尤其是投资者可能感兴趣的部分（表 5-4）。

▶ 表 5-4 陈述技巧表

| 陈述内容 | 陈述技巧 |
| --- | --- |
| 公司 | 用 1 页幻灯片迅速说明企业概况和目标市场 |
| 机会 | 这是陈述的核心内容，最好占 2~3 页幻灯片 |
| 解决方式 | 企业将如何解决问题或如何满足需求，该项内容需要 1~2 页幻灯片 |
| 管理团队 | 用 1~2 页幻灯片简要介绍每个管理者的资格和优势 |
| 产业、目标市场 | 用 1~2 页幻灯片介绍企业即将进入的产业及目标市场状况 |
| 竞争者 | 用 1~2 页幻灯片简要介绍直接和间接竞争者，并详细介绍企业如何与目标市场中的现有企业竞争 |
| 知识产权 | 用 1 页幻灯片介绍企业已有的或待批准的知识产权 |

续表

| 陈述内容 | 陈述技巧 |
| --- | --- |
| 财务 | 简要说明即可。强调企业何时盈利,为此需要多少资本以及何时实现现金流持平,最好用2~3页幻灯片 |
| 需求、回购和退出战略 | 用1页幻灯片说明企业需要的资金数目及设想的退出战略 |

### (三)现场答辩与反馈

创业者要敏锐预见投资者可能会提出什么问题,从而做好充分准备。

答辩阶段非常重要,此时投资者往往考察创业者是否挖掘到问题的本质以及对新创企业了解多少。

现场回答投资者问题要注意:

(1)对投资者问题的要点有准确理解,回答具有针对性而不是泛泛而谈;

(2)能在投资者提问结束后迅速作出回答,回答内容连贯、条理清楚;

(3)回答问题准确可信,建立在准确的事实和可信的逻辑推理上;

(4)特定方面的充分阐述:对投资者特别指出的方面能做出充分的说明和解释;

(5)整体答辩的逻辑性要求:陈述和回答的内容有整体一致性;

(6)团队成员在回答时有较好的配合,能协调合作,彼此互补,对相关领域的问题能阐述清楚。

## 二、创新创业计划路演技巧

### (一)讲清楚

路演最基本的要求是把项目讲清楚。重点应把握以下四个基本方面的介绍。

#### 1. 讲清团队及其优势

首先,要讲清楚"你是谁",这个项目主要由谁来干,即重点介绍核心团队成员及其分工。其次,要讲清楚团队优势。团队优势可从背景、经验、结构、互补性和过往相关绩效等方面用事例和数据佐证。介绍团队时,可采用组织架构图、鱼骨图和数据化等直观方式展示在路演PPT中。

#### 2. 讲清项目及其优势

如果路演者能清晰回答以下问题,就说明把项目及其优势阐述清楚:

（1）为谁提供服务？用户和客户各是哪个群体？
（2）为目标用户解决的第一痛点是什么？
（3）解决用户痛点的具体方案是什么？如何证明解决了痛点？
（4）解决方案的竞争优势和壁垒在哪，有多大？
讲解这部分内容时，可采用列表对比、SWOT分析、事实证据等方法。

3. 讲清赢利模式

即要讲清楚项目如何赢利。路演者可以从从哪赚（即利润来源）、靠什么赚（即利润点）和能赚多少（即投资回报率）进行概要介绍。最好采用类比成功案例的方法进行说明，如微博、微信、快递行业的顺丰等企业案例，既通俗易懂，又能快速认同。

4. 讲清成功依据

路演的中心论点和目标是说服听众创业项目是现实可行的，成功的可能性非常大。所以，要从创业团队拥有什么、干成了什么和准备怎么干三个方面阐述。拥有什么，可从团队软实力与硬实力、拥有的技术专利与成果、可控的资源网络与市场渠道等方面进行介绍。干成了什么，可从产品开发进程、市场开拓业绩、已有运营数据、第三方权威报道和鉴定等方面进行阐述。准备怎么干，可从生产计划、营销策略、销售计划和财务预算等方面讲解。这部分的讲解，可采用演示、例证、数据和方案等方法进行佐证说明。

（二）讲关键

创业成功有三个关键点：人、事、利。首先，团队是第一核心要素。因此，要证明项目团队是可靠、团结、专业一流的团队，要彰显团队各方面的软实力，这是创业成功的首要关键。其次，创业不能仅靠梦想和激情，不能仅停留在创意和逻辑的推演阶段，更需要用实战业绩来正明，即用客观事实说明可以做成。第三，创业要保证财务上可行并具备吸引力。如何通过系统化的商业模式设计，聚集核心竞争力，为用户和客户创造最大化价值，以确保利润的可持续与最大化。

（三）讲生动

成功的路演，往往是专业而生动的。如何在讲清楚的基础上，把路演设计得更生动，更吸引人？可采用讲故事、植入场景、互动等方法。如何寻找、设计故事？可从创意来源、市场痛点、创始人经历、典型用户、领先客户、意外事件等方面来构思故事。讲故事应尽可能贴切、简短、富有创意并有说服力。植入场景是指路演过程中采用真实情景再现或情景模拟的方式，增强路演的直观性和感染力。场景可以是市场痛点解决前后的情景，可以是产品服务的应用场景，可以是销售现场的火爆场面，还可以是用户体验与反馈评价的情景。植入场景可以采用情景剧、魔术表演、真实视频、模拟对话、现场演示和直接连线等多种方式。路演过程中，如果能做到与听众直接互动，而不是单纯的讲解与展示，效果会好得多。路演现场的互动，可采用现场提问或调查、产品服务体验、上手操作、扫码、抽奖、促销、共同喊广告语等方法。

需要提醒的是，以上方式方法都是表现形式，切忌现场气氛高涨却没把计划讲清楚，形式必须服务于内容与目的，应避免舍本逐末甚至弄巧成拙。

### （四）答到位

路演最后的问答环节也非常重要，此时听众往往考察创业者的综合素养，挖掘问题的本质以及进一步深入了解细节，是说服听众的最后机会。

现场问答要注意以下几点：

（1）对问题的要点有准确理解，回答要具有针对性而不是泛泛而谈；

（2）尽可能迅速作答，条理清楚、重点突出并逻辑严谨；

（3）回答尽量准确、充分，有理有据，回答内容宜多用具体的事实、数据和案例；

（4）团队成员在回答时尽量配合默契，发挥各自职能与专业，优势互补。

## 三、大学生路演常见问题

以下是大学生路演时容易出现的7个问题：

问题一：不知所云

这是最常见的问题，也是最严重的问题之一。具体表现就是在路演的过程中，以自我为中心，演讲已完成，但评委还不知道项目做的是什么，要干什么事。

对策：尽量用3句话表达清楚，让人听懂创业项目概况。

问题二：技术展示

由于创新创业大赛中的很多参赛选手是学者、教授，在阐述专业技术时会滔滔不绝，但讲解中完全不涉及运作情况、商业模式和财务数据，导致投资人评委无法做出判断。

对策：用1分钟左右简短论述技术实验的基本原理、研究成果和应用即可。

问题三：盲目乐观

表现为企业负责人对未来市场盲目乐观，自身预期远大于实际情况，导致评委及投资人没有沟通的欲望。

对策：客观冷静的评判项目，建议参赛之前和三位以上的投资人进行相关情况的沟通。

问题四：超出时间

参赛时间是严格控制的，选手务必在规定的时间内完成路演，否则，会影响到下一个环节。通常，评委也认为不能严格把握时间的企业不可信任，打分上会有所考量。

对策：多次练习，严格控制时间。

问题五：弄虚作假

部分企业，为了取得更好的名次或者吸引注意力，会编造数据或者提供假证据，这在比赛中是坚决不允许的。一经发现，会严重影响企业信誉。

对策：实事求是，坦诚面对。

问题六：答非所问

最后一个环节，一般是评委提问环节，需要选手作答。但是一部分选手往往会出现答非所问、有意拖延的情况。这样的回答没有太大作用，而且耽误时间。

对策：建议参赛者在 30 秒至 1 分钟内，回答完每个问题。回答的问题越多，越有利于展示企业形象，增进评委了解。

问题七：荣誉说明

参赛团队很多都已经取得一定成绩和成就，团队在介绍成员荣誉时点到即可，一切的路演论述，需要以项目为核心。很多关于核心人员、外部资源的介绍，往往对项目帮助并不大。

对策：如实说明各个板块，不要喧宾夺主。

运动员创业人物

### 孙继海：39 岁退役创业　投身"互联网足球"

2016 年 12 月 11 日上午，中甲北京人和俱乐部官方微博宣布，已经 39 岁的球队队长孙继海因伤病困扰及未来创业发展需要正式向俱乐部提出退役申请。

这也意味着这位入选英格兰"足球名人堂"的名宿将正式告别征战 22 年的绿茵场，结束辉煌的职业生涯。已经获得千万融资的孙继海将全力投入

"体育+互联网"的创业大潮中。

创业项目获千万融资

此前在接受采访时,孙继海也透露退役后还未确定是否担任教练。当时他说,能够确定的,是要做"互联网足球",投身创业大潮。

"对我来说肯定要尝试转型,这方面我也有了打算,未来肯定会继续做和体育及足球有关的事情。毕竟之前在足球领域那么久,不可能完全跳出去做其他的。"

2016年12月7日,孙继海创办的足球短视频App"秒嗨"——母公司嗨球科技,获得了华人文化控股集团领投、腾讯和元迅投资跟投的千万元天使轮投资。

据孙继海自己介绍,嗨球科技是一家旨在借助互联网技术和商业模式整合优质体育资源,打通产业链环节,为体育从业者和用户提供精准的资源对接、内容输出、商业合作等服务的公司。获得千万融资后,作为嗨球科技创始人的孙继海也必须和公司一起全力在创业之路上奋斗。

最成功的足球"网红"

一直以来,作为中国最成功的职业球员之一,能说会道的孙继海在球迷中人气极高。幽默的他也借助互联网平台迅速收获人气。

2016年4月18日,前国脚孙继海正式推出个人自媒体节目《我是海叔》,畅聊中国足球那些不为人知的内幕。

从此嗨球科技的首个创业项目和孙继海一起在互联网上一炮而红。对于孙继海的幽默爆料,大多数球迷看后表示"很过瘾"。

## 体育创业资源

### 体育创业有关政策

1. 体育产业税收政策

自2016年1月1日起,国家机关、军队、人民团体、财政补助事业单位、居民委员会、村民委员会拥有的体育场馆,用于体育活动的房产、土地,免征房产税和城镇土地使用税。——《财政部 国家税务总局关于体育场馆房产税和城镇土地使用税政策的通知(财税〔2015〕130号)》第一条。

自2016年1月1日起,经费自理事业单位、体育社会团体、体育基金会、体育类民办非企业单位拥有并运营管理的体育场馆,同时符合下列条件的,其用于体育活动的房产、土地,免征房产税和城镇土地使用税:

（1）向社会开放，用于满足公众体育活动需要；

（2）体育场馆取得的收入主要用于场馆的维护、管理和事业发展；

（3）拥有体育场馆的体育社会团体、体育基金会及体育类民办非企业单位，除当年新设立或登记的以外，前一年度登记管理机关的检查结论为"合格"。——《财政部　国家税务总局关于体育场馆房产税和城镇土地使用税政策的通知（财税〔2015〕130号）》第二条。

自2016年1月1日起，企业拥有并运营管理的大型体育场馆，其用于体育活动的房产、土地，减半征收房产税和城镇土地使用税。大型体育场馆，是指由各级人民政府或社会力量投资建设、向公众开放、达到《体育建筑设计规范》有关规模规定的体育场（观众座位数20 000座及以上）、体育馆（观众座位数3 000座及以上）、游泳馆、跳水馆（观众座位数1 500座及以上）等体育建筑。——《财政部　国家税务总局关于体育场馆房产税和城镇土地使用税政策的通知（财税〔2015〕130号）》第三条。

2. 规划类政策

2016年，国务院办公厅印发的《关于加快发展健身休闲产业的指导意见》中提出，到2025年，健身休闲产业总规模达到3万亿元。

2016年，国家体育总局、国家发展和改革委等8部门印发的《山地户外运动产业发展规划》提出，到2020年山地户外产业总规模达到4 000亿元。

国家体育总局、国家发展和改革委等部门印发的《冰雪运动发展规划（2013—2025年）》提出，到2020年我国冰雪产业总规模达到6 000亿元，到2025年我国冰雪产业总规模达到1万亿元。

## 复习思考题

1. 什么是创业计划？创业计划有什么作用？
2. 创业计划主要包括哪些内容？应该如何撰写？
3. 论证与完善创业计划的方法有哪些？
4. 大学生路演存在哪些常见问题？

# 第六章

# 体育创新创业商业模式

▶ 本章导图

- 学习目标
- 创业观察　体育商业模式变现的前提是进行体育基础的培养
- 第一节　体育创新创业商业模式
  - 案例导入　新型O2O体育社交平台模式
  - 一、体育商业模式的定义与本质
  - 二、体育商业模式种类
- 第二节　体育创新创业商业模式设计
  - 案例导入　馆掌："B2B+O2O"模式
  - 一、体育商业模式设计的思路与方法
  - 二、体育商业模式画布
  - 三、体育商业模式创新
- 第三节　体育创新创业商业模式验证
  - 案例导入　打造项目的独特竞争力
  - 一、体育商业模式检验
  - 二、体育商业模式的设计评价
  - 三、体育商业模式的实施评价
- 运动员创业人物　黄聪：先就业再创业
- 体育创业资源　体育创业互联网资源
- 复习思考题

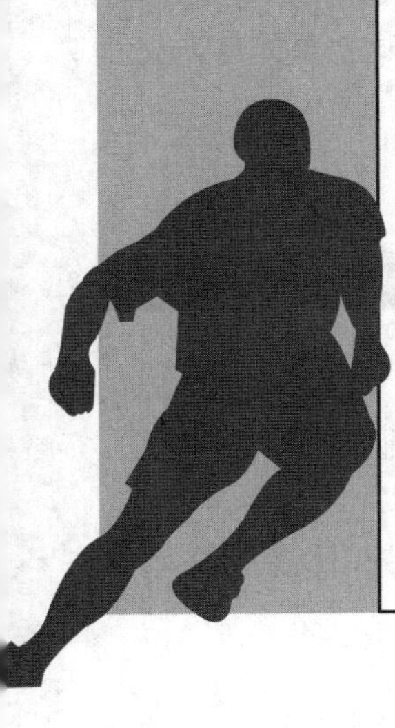

> ▶ 学习目标
>
> 1. 了解商业模式的定义和本质，理解商业模式的构成要素
> 2. 明确设计商业模式的思路和方法
> 3. 熟悉常见的商业模式类型，掌握商业模式画布的绘制过程
> 4. 了解商业模式的评价依据，理解商业模式的检验方法

▶ **创业观察　体育商业模式变现的前提是进行体育基础的培养**

　　近年来，国内体育产业发展迅速，尤其是以马拉松为代表的体育运动项目成为广大体育爱好者追捧的对象。北京大学中国体育产业研究中心主任何文义认为，体育产业要瞄准生活方式，帮助人们形成体育休闲生活方式意识，"关于生活方式的培养也要在发展过程中不断进行"。

　　关于体育产业，有人将其分为三个阶段：第一阶段是体育教育培训，有效培养体育消费人口；第二阶段是体育娱乐、体育赛事，"如果无法与博彩等产业融合，赛事上下游产业链未完全打通，体育爱好者、体育关注人群比较少的话，（它们的）广告价值就不强。我们现在看到最多的就是体育 IP 的买断，其实这是将一种国际经验照搬到中国来，成功的概率比较低"；第三阶段是体育健康产业，"现在有很多健身房，健身教育培训等，这些产业比较稳定，增长很快"。

　　据悉，2017 年年初，教育部提出要着力提高校园足球特色学校的建设质量和水平，校园足球特色学校争取提前完成建设 2 万所的任务，到 2025 年校园足球特色学校将达到 5 万所。何文义认为，体育产业发展的基本模式就是体育运动人口的培养，现在体育场、学校、社区等很多地方都在教体育、参与体育，从这个角度来说，若干年后，将会有一大批专业的体育运动人才和体育爱好者，届时欧美国家那些较为成熟的商业模式可融入我国国情，而这也是体育产业发展中需要解决的问题。

## 第一节　体育创新创业商业模式

**案例导入**

### 新型 O2O 体育社交平台模式

　　赵川，某体育学院 2003 届运动训练专业本科毕业生，2012 年创立北京

高登麦德科技有限公司，任公司法人、CEO。

高登麦德是一家高速成长中的体育互联网公司，公司致力于用互联网改变体育，打造中国最大的体育社交网站，通过线上线下结合的服务为广大业余体育爱好者提供一个交流、分享、互动的平台。公司采用一种将体育产业与互联网产业相结合的创新型模式，未来将重点开发与进军移动互联网领域，打造O2O体育社交的平台，将互联网虚拟服务与真实线下体育运动相结合，为广大体育运动爱好者提供高品质服务平台，同时也为中国体育产业发展做出应有的贡献。

在公司发展的最初期，创始人与自己的几位同学一起创业，由于过于同质化，重合度过高导致大家经常意见不统一，各持己见相持不下，公司没有办法顺利做出决策。2012年，在面临公司生死存亡之际，赵川在2013年对创业团队进行重组，并于2014年再次进行深入探讨，初步确定现有发展模式与方向，在2015年年初重新融资上路。

几经波折之后，现在高登麦德的主营项目是以足球约球为主，主要为用户打造一个运动平台，用户在平台上进行约球，同时通过记录用户运动次数，形成数据库，并通过数据库建立运动模型，分析判断用户运动水平及其他数据并提供和展示给用户，帮助用户更好地了解自己的运动水平，更好的匹配运动对手。

大数据时代是掌握数据者的天下，高登麦德采用科学的数学模型，运用算法，对用户的运动数据进行计算，从而给消费者最科学的运动建议，使现在的业余运动爱好者不至于因为不科学的运动，不但没有锻炼到身体，反而对身体造成损伤。

虽然互联网已经大众化，但真正将体育与互联网二者联系时就会发现很多困难。高登麦德对于互联网的总结是：小步快跑，不断试错，不断调整。因为在做项目之前往往并不知道是否正确，很多问题只有在实践中才会发现，用户需求也只有在实际运作的过程中才会真正了解。

高登麦德团队中，创始人具有多年在互联网行业工作的经验，其核心成员自身就具备科研能力，不仅有多项专利在身，更重要的是拥有技术基础。正是这些优点让高登麦德在体育互联网行业找到属于自己的位置。

将虚拟与现实结合，才能将热情更好地释放。高登麦德通过App进行线上组织，开展了高校之间的业余足球赛。与专业比赛不同，高登麦德对于比赛规则进行了业余化的修改，现在正在对比赛进行调试，之后将全面展开，为高校同学提供一个释放热爱的途径。未来，公司产品能够进行线上线下的同步锻炼，不仅让业余选手体验专业配置，同时能够形成专门的教练团队、裁判团队甚至球迷群体。

点评：作为一家高速成长中的体育互联网公司，高登麦德致力于用互联网改变体育，采用一种将体育产业与互联网产业相结合的创新型模式，打造O2O体育社交的平台，将互联网虚拟服务与真实线下体育运动相结合，为广大体育运动爱好者提供高品质服务平台，取得了良好的收益。

## 一、体育商业模式的定义与本质

### （一）商业模式的定义

商业模式是指为实现客户价值最大化，把能使企业运行的内外各要素整合起来，形成一个完整的高效率的具有独特核心竞争力的运行系统，并通过最优实现形式满足客户需求、实现客户价值，同时使系统达成持续赢利目标的整体解决方案。从体育产业细分领域来看，体育商业模式由竞技体育商业模式和大众体育商业模式两大块组成。

### （二）商业模式的本质

从本质上看，商业模式是一系列制度结构和制度安排的连续体，其核心直指企业组织的价值产生机制。商业模式的本质包括：① 制度结构的连续体意味着商业模式的本质属性就是创新和变革，必然存在动态连续的变革演进。② 价值创造是企业组织存在的根本理由和发展的必要条件，也是经营活动的核心主题。一般主要有三个来源，即组织自身价值链、技术变革和价值网络。

## 二、体育商业模式种类

### （一）"互联网+"的体育商业模式

1. 体育用品智能化

"互联网+体育用品"主要表现在体育用品的智能化，指的是在体育用品中注入科技元素，通过"互联网+"使用户能够及时、准确地读取运动的相关数据、信息，并通过大数据、云计算等手段为用户的运动、健康等做出科学的指导，并搭建新的"互联网+体育用品"生态圈。体育用品智能化目前在市场上的主要表现形式是可穿戴设备的应用。

2. "互联网+体育场馆"

"互联网+体育场馆"是利用互联网的平台，利用信息通信技术，把互联网和体育场馆结合起来，在体育场馆经营、体育场馆服务业等发展领域创造一种新的生态。

"互联网＋体育场馆"商业模式目前推广得比较好，如广州的全民健身公共服务平台——"群体通"，是集广州全市公共体育场馆、全民体质监测、体育培训、体育赛事活动、体育组织和体育爱好者互动等信息功能于一身的综合信息平台，用户可通过网站和手机 App 登录，通过体育项目分类寻找想要查看和预订的体育场馆，也可以按地理位置搜索体育场馆，操作简单方便。此外，还有很多体育场馆利用微信公众平台向客户免费发送赛事活动、体育消费品、体育培训等信息，并可实现在线订购。

3. "互联网＋体育商城"

"互联网＋体育商城"的商业模式主要通过体育商城的"O2O"模式变现。运用互联网通信技术将传统的线下商务模式与互联网结合在一起，构建出新的商务平台，将互联网变成线下商务交易的前台。体育商城的"O2O"模式是指运用线下体育商城通过互联网完成线上交易。

4. "互联网＋体育培训"

"互联网＋体育培训"类似于传统的在线教育，现如今，体育培训的O2O 产品已开始从初始阶段的预约场馆服务转向"去中介化"的一对一式预约教练服务，并在一线城市悄然展开，如体育健身类的"雅酷卡""全城热恋""芭比辣妈"等。

5. "互联网＋体育传媒"

"互联网＋体育传媒"是指利用互联网思维，在互联网平台的基础上，利用信息通信技术，颠覆传统媒介所创造的一种新的体育传媒。尤其是随着互联网与智能手机的融合，人类步入移动互联时代，这令传统媒体遭遇了前所未有的颠覆。现在已经很少有人天天看报纸，绝大多数用户开始通过电脑、手机、网络电视等工具观看体育新闻、体育赛事等，"互联网＋体育传媒"迅速崛起。在体育传媒领域，竞争最激烈的当属赛事版权。有统计显示，早在几年前，新浪、腾讯、PPTV 等就对英超、欧冠和 NBA 等顶级赛事的版权产生过激烈的争夺。由此可以预测，未来还将会有越来越多的体育视频移动媒体与文字移动媒体崛起。

6. "互联网＋电子竞技"

"互联网＋电子竞技"是电子竞技在互联网时代的新产物，主要是指在基于"互联网＋体育传媒"、体育商城 O2O 的基础上，电子竞技出现的新生态。

### （二）万达体育商业模式

万达集团将体育产业客户端划分为 A 端、B 端和 C 端，A 端是指体育产业中的国际性组织,既包括重大综合赛事的国际组织,也包括单项赛事的国际组织,如世界铁人三项公司、国际篮联、国际足联、世界羽联等都是A端产业;B端是指代理这些体育产业组织或品牌赛事转播权、营销权的公司,收购盈方、拉加代尔体育等便是在不断扩充万达的B端资源;C端客户是指具体的单项体育比赛或者单个体育俱乐部,对马德里竞技、美因茨两支足球俱乐部的注资便是在C端产业进行投入。

万达体育商业模式的盈利途径首先是各大赛事集合了运动、娱乐、商业为一体,专业赛事的开展都伴随着嘉年华、训练营、庆功宴、公益等一系列线下配套活动,可将参与性赛事转化为观赏性赛事,带动了体育旅游消费。其次,除去常规的传统媒体、新媒体、平面媒体外,万达利用了公司独家优势进行宣传,40亿人次客流量的万达广场,遍布于全国145个城市的万达院线、万达酒店、6 000万注册会员的飞凡电商以及万达自上而下近1 600万人覆盖的自有新媒体平台等,都将为合作伙伴带来超值的投资回报。最后,铁人三项和自行车作为引进的赛事整合了国外富有经验的团队以及国内的优质资源,参赛人群也多集中于青年及中年高收入群体,加上足球作为国内受关注度极高的一项运动,这些赛事的举办都将带来较高的利润。

### (三)新浪体育商业模式

2015年起,新浪体育向体育产业公司转型,以规模效应模式、平台价值链模式、高端小众赛事模式打造了9大自主IP赛事,其中3×3黄金联赛已发展为全球最大的三人篮球赛事,5×5足金联赛、青少年冰球联赛、高山滑雪公开赛、未来之星马术大赛等分别成为各自领域的全国顶级赛事。以3×3黄金联赛为例,2019年,联赛覆盖了全国150个城市,线上达到55亿人次的视频播放量和100亿人观看的规模量,成为我国当时第一个超过百亿曝光的体育IP。

拓展资源:全球体育产业巨头商业模式研究

## 第二节　体育创新创业商业模式设计

案例导入

### 馆掌:"B2B+O2O"模式

随着全民健身的不断深化,现代人们在满足物质生活的同时也更加关注身体健康,锻炼成为很多人日常生活的一部分,而我国目前体育设施建设还无法满足人们高涨的锻炼需求。一方面新场馆建设正在进行,另一方面,旧场馆面临改造升级。

对于体育创业来说,模式比盈利重要,创新比生意重要。"馆掌"可以算是商业模式比较创新的经典案例。它以运动场馆为平台,利用系统集成方法、信息化应用系统和硬件设备管理系统,达到手机智能管理场馆的目的。"馆掌"现已实现的功能包括有智能灯控系统、智能门禁系统、智能WiFi系统、智能监控系统等。除了硬件设备的改造,"馆掌"还具备订场管理、会员管理、场地管理、商品管理等功能,这些功能可整合到场馆管理者的手机上,方便经营者移动管理。同时管理者还可通过手机查看营业报表并进行分析。

"馆掌"的主要特色是通过手机完成对场馆的全部管理。这样的一整套管理系统和场馆硬件设施的智能升级相互关联并且实时联动,需要设计团队深入了解该领域传统的运作模式。虽然全民对体育的热度与日俱增,但场馆经营仍比较落后。相比之下,其他行业的互联网化比较迅速,例如餐饮行业,不少餐厅或自主开发餐饮管理系统,或接入智能化改造。体育领域大多数场馆仍停留在人工电话预订、手工记账、人工管理场馆灯光网络的阶段,并且相当数量的体育场馆与用户的信息不对等,造成空闲时段浪费、高峰时段拥挤的现象。

火热的体育O2O市场,虽然仍是以C端服务居多,但越来越多的创业团队选择从B端切入,而且B端和C端现已融合在一起,在服务用户的同时也服务场馆。与"馆掌"进行深入合作的体育O2O平台——"趣运动"就是一个典型案例。"馆掌"服务于和"趣运动"对接的场馆,对场馆进行智能化改造,而"趣运动"为场馆提供线上的入口。场馆资源对于体育O2O平台的重要性不言而喻,而"趣运动+馆掌"给予场馆的不仅是提高空闲时段的利用率,而且真正提高了场馆的服务能力,满足了用户的体验需求。

"馆掌"通过帮助场馆实现线上组织、发起、预订,线下执行、服务、体验,加强场馆信息化管理系统、网上体育社区、移动体育应用等关联互动,形成了O2O融合发展模式。这有助于场馆的智能化升级,满足用户日益增长的个性化需求,这对于体育+互联网来说是一种创新和尝试。

点评:"馆掌"结合云计算、移动互联网、大数据、智能硬件等技术,致力于创新运动场馆的运营机制,颠覆了传统的服务和管理模式,集场地管理、会员管理、商品管理、报表管理、智能场馆等强大功能于一身,并通过O2O方式,快速打通线上线下,形成线上预订、线下体验的服务闭环,通过B2B+O2O的新模式为用户提供更便捷的运动消费体验,大幅度降低了场馆管理的工作量,让场馆经营变得不再困难。

## 一、体育商业模式设计的思路与方法

体育商业模式的 5 大要素包括：利润源即顾客、利润点即企业提供的产品或服务、利润渠即产品或服务的供应和传播渠道、利润杠杆即生产产品或服务的内部运作、利润屏障即保护产品或服务的战略控制活动（图 6-1）。

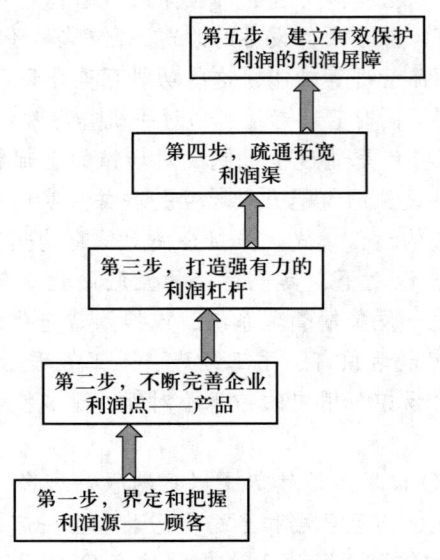

图 6-1　体育商业模式的 5 大要素

商业模式就是以上述 5 大要素的某 1~2 个要素为核心，五大要素相互协同的价值创造系统。无论是设计还是完善商业模式，都必须遵循这五步法。

### （一）界定和把握利润源——顾客

企业利润源是指购买企业商品或服务的顾客群，它们是企业利润的唯一源泉。企业利润源及其需求的界定，决定了企业为谁创造价值。企业顾客群分为主要顾客群、辅助顾客群和潜在顾客群。好的目标顾客群，一是要有清晰的界定，没有清晰界定的顾客群往往是不稳定的；二是要有足够的规模，没有足够的顾客群规模，企业的业务必然受到局限；三是企业要对顾客群的需求和偏好有比较深的认识和了解。

设计商业模式时，首先需要分析顾客需求，目的是要为产品寻找合适的目标顾客群。一般来说，企业盈利的难度并非在技术与产品端，而主要在顾客端。把握好企业顾客的一点点需求，也可能产生巨大的顾客价值。分析和把握顾客需求，并寻求产品在市场中的最佳定位，是设计商业模式的一项首要工作。

**（二）不断完善企业利润点——产品**

利润点是指企业可以获取利润的、目标顾客可购买的产品或服务。利润点决定了企业为顾客创造的价值以及企业的主要收入及其结构。

好的利润点是顾客价值最大化与企业价值最大化的结合点，一要针对目标顾客清晰的需求偏好，二要为目标顾客创造价值，三要为企业创造价值。有些企业的产品和服务或缺乏顾客的针对性，或根本不创造利润，这些都不是好的利润点。

**（三）打造强有力的利润杠杆，构筑商业模式内部运作价值链**

打造利润杠杆。规划企业内部运作价值链是商业模式设计与完善的重要内容，它决定了产品或服务是否为企业带来价值和带来价值的多少。企业利润杠杆主要包括以下几种：组织与机制杠杆、技术与装备杠杆、生产运作杠杆、资本运作杠杆、供应与物流杠杆、信息杠杆、人力资源杠杆等。这些内部运作活动可以清楚界定企业的内部运作成本及其结构以及计划实现的利润目标。

将没有竞争优势的企业内部价值链外包，是打造利润杠杆的一条有效途径。许多公司意识到在一个非常长而复杂的企业内部价值链上，他们也许只能在价值链的3~4个环节具有高度竞争力，要想在所有环节都具有竞争力是不太可能的。一旦认识到企业内部价值中的优势环节，就应该把公司定位于此，再将其他价值链部分以签约的方式外包给其他公司，从而使利润杠杆更加有力。

同样的产品，由于利润杠杆不同，或者由于企业内部运作价值链的差异，会导致产品的成本迥异，出现一个企业赚钱，另一个企业亏损的情况。这足以说明，利润杠杆决定了企业利润的多寡。

**（四）疏通拓宽利润渠，构筑商业模式外部运作价值链**

利润渠，即企业向顾客供应产品和传递产品信息的渠道，是商业模式得以正常运作必不可少的外部价值链。产品或服务的价值传递是指企业把产品和服务传递给目标客户的一种分销和传播活动，目的是便于目标客户方便地购买和了解公司的产品或服务。

### （五）建立有效保护利润的利润屏障

利润屏障是指企业为防止竞争者掠夺本企业的目标客户，保护利润不流失而采取的战略控制手段。利润杠杆是撬动他人利润为我所有，利润屏障是保护己方利润不为他人所动。

比较有效的利润屏障手段主要有建立行业标准、控制价值链、确立领导地位、打造独特的企业文化、良好的客户关系、品牌、版权、专利等。

商业模式也是一种企业创造利润的思维方式，虽然有许多不同的方式，但每个企业最终只会从中选择一种方式，而企业的主导思维架构是决定商业模式的主要因素。经理人在设计与执行商业模式时，一定要保持弹性调整的心态。也就是说，商业模式的内涵需要随环境变动，在执行时要保持高度的弹性。

## 二、体育商业模式画布

奥斯特瓦德从战略的角度审视一个企业的商业模式所处的环境。他建议把商业环境大体上映像成四个主要领域范畴，分别是市场影响因素、行业影响因素、重要趋势、宏观经济影响因素。通过假设市场力量、行业因素、关键趋势和宏观经济影响力的发展轨迹，获得设计未来商业模式选项和原型的"设计空间"，即商业模式画布。为了更好地说明商业模式画布，我们以虎扑体育 App 为例，如图 6-2 所示。

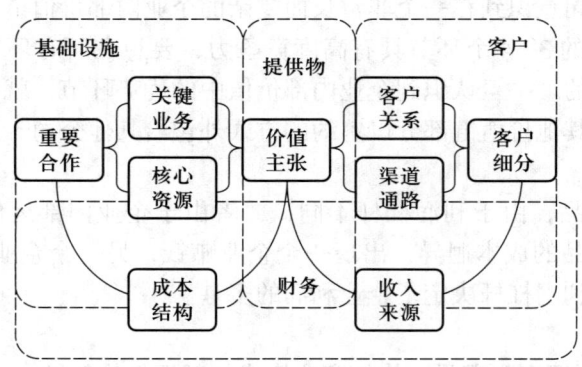

图 6-2 商业模式画布

### （一）客户细分（Customer Segments）

客户细分是用来描绘一个企业想要接触和服务的不同人群或组织。虎扑体育 App 定位于智能手机市场（以安卓、苹果为主），其用户群体主要是针对篮球、足球、赛车、网球等体育赛事爱好者。根据2014年虎扑全平台用户调查显示，在全国19~35岁的人群中，虎扑看球（现已更名为"虎扑体育"）客户端的覆盖率高达93%，客户端目标人群具有年轻化、以男性用户为主的特点。用户年龄段主要集中在20~29岁，男性用户人群占比89.18%；地域分布主要以沿海发达地区为主，其中虎扑看球使用率排名前10位的城市分别为上海、北京、广州、深圳、杭州、武汉、南京、重庆、苏州和西安。

### （二）价值主张（Value Propositions）

价值主张用来描绘为特定客户细分创造价值的系列产品和服务。虎扑体育并不以争夺体育赛事版权为其价值核心，它在体育领域中的定位更加下沉，坚持以体育社区为核心。虎扑体育App通过对体育赛事内容的二次开发，形成文字直播体育赛事的价值取向，将其产品定位于快速、准确、全面、省流量这一核心，致力于为体育赛事爱好者免费提供最快最全面的关于篮球、足球、网球等各类体育赛事的专业报道和数据分析。虎扑体育App并不依靠直播广告来赚取利益，从而使得视频播放更加流畅，用户体验更优化，满足了体育用户收看赛事、互动交流的需求（如赛间竞猜、彩票、热线、评论、留言等），打造体育互联网领域的专业移动平台。该平台以球迷为中心，更加注重用户间的互动，让用户发声，营造出强黏性的互动氛围。同时，在线下，虎扑侧重于二、三线城市的市场开发，具有很强的线下营销能力，所举办的赛事更贴近人们的生活，已迅速地将体育推进社区与校园，并得到当地群众的积极响应。

### （三）渠道通路（Channels）

渠道通路用来描绘公司是如何沟通、接触其细分客户，如何传递公司价值主张和销售渠道，构成了公司相对于客户的接口界面。渠道通路是指客户接触点，在客户体验中扮演着重要角色。

用户可以通过多种途径获取虎扑体育App。苹果用户可在苹果应用商店免费下载；安卓用户在安卓应用商店（360手机助手、91助手、豌豆荚等）免费下载。虎扑体育还在微信上建立了公众号，用户关注微信公众号，便可实现互动。此外，用户还可以通过在官方网站上扫描二维码进行App下载。

虎扑体育有多种社会化的传播方式，用户通过App将体育赛事资讯发送给微信好友、分享到微信朋友圈/QQ空间/新浪微博等，在满足用户需求的同时，也拓宽了体育赛事资讯的传播渠道、提高了App的曝光率，并形成大量的数据回流。同时，虎扑体育构建了相应的任务体系，用户可以通过做任务获得相应的虚拟货币，并以此兑换实物奖品或进行竞猜，提高用户的积极性和黏性。此外，用户还可以通过虎扑体育App购买相关的体育运动装备，参与线下的运营推广活动，如，2013年"华丽之旅"世界篮球明星赛、2014年世界篮球明星赛等。

### （四）客户关系（Customer Relationships）

客户关系用来描绘公司与特定客户细分群体建立的关系类型，它可以被以下几个动机所驱动：客户获取、客户维系、提升销售额（追加销售）。企业应该清楚自身希望和每个客户细分群体建立的关系类型。

虎扑体育App的客户关系可以归纳为：实时互动、共同创作、个性化自助服务。实时互动主要包括体育赛事直播期间的评论、留言、竞猜、热线。共同创作是指虎扑App搭建主播专用后台，鼓励用户对关注的赛事申请直播，为用户提供足够的自由度，提高用户的参与度。

个性化自助服务指用户可以自定义选择自己喜爱的体育赛事，从而提高App向用户群推送消息的精确性。这些多样化的互动方式在一定程度上提高了用户对App的黏性，以球迷为中心，注重用户间的互动，强调了用户的核心地位，营造强黏性的体育客户端互动氛围。

虎扑体育App建立了良好的用户沟通及反馈机制（QQ和微信客服、意见反馈、评论），通过用户反馈可及时修复App中存在的问题并迅速发现用户喜欢的互动模式，最终完善App平台体系，并提高用户体验。自2014年9月17日至2015年12月3日，虎扑体育App（原虎扑看球）版本修复及更新多达13次。

### （五）收入来源（Revenue Streams）

收入来源是指公司从客户群体中获取的现金收入。企业必须了解什么样的价值能够让各客户细分群体真正愿意付款？只有回答了这个问题，才能发掘出越来越多的收入来源。

收入来源包括用户在线充值购买虚拟币，赚取品牌客户广告费用。"虎扑识货"作为电商导购平台，是目前最大的线上体育装备讨论平台，并拥有专属的移动应用软件，是公司为了达到立体发展目标而实行的商业战略。

2012年，在B轮融资中，虎扑体育获得海通开元4 000万元的融资，2014年在C轮融资中，获得景林资本1亿元的融资，2015年获得A股上市公司贵人鸟2.5亿元投资，并以此成立了20亿元的体育产业基金。

在公司战略部署中，公司并不以虎扑体育 App 为盈利途径，App 的存在主要是奠定公司的媒体地位，实践大众对体育的理解，是公司核心价值的承载体，公司主要的盈利方式为线下体育营销。虎扑拥有高黏度的活跃用户，所传递的价值逐渐被知名运动品牌认可、接纳并青睐，体育广告营销占整体营收的 60% 左右。

### （六）核心资源（Key Resources）

核心资源是让商业模式有效运转所必需的最重要因素。每个商业模式都需要核心资源，这些资源使得企业、组织能够创造和提供价值主张、接触市场、与客户细分群体建立关系并赚取收入。

虎扑体育 App 注册用户已超过 3 000 万人，装机量达 3 700 万，每日平均活跃用户数已达到 580 万，在线用户峰值人数 686 万人，用户覆盖的国家/地区数量达 229 个，是目前资深体育迷获取体育资讯和进行互动讨论的第一选择。同时，庞大的用户群成为虎扑体育创造、传递及宣传企业价值最好的载体。

虎扑体育 App 以其强大的后台数据库为依托，提供了最全面精准的 NBA、CBA、中超、欧冠、英超、西甲、意甲、德甲、法甲等赛事数据，文字直播速度比电视快 3 秒，流量比同类产品节省 80%，让用户随时随地了解赛场内外一切动态，是用户最及时的体育赛事资讯平台。在版权允许的情况下，用户高质量的 UGC（User Generated Content，用户生产内容）和互动是虎扑得以不断发展的核心资源之一，也是虎扑有别于其他体育媒体的特质所在。虎扑体育 App 具有较高的品牌价值，获得了体育赛事及其相关资源、产业链合作伙伴及用户的大力支持。例如 2015 年，"麦克·格雷迪中国行"最后一站——上海，就是虎扑体育和淘宝众筹合作推出的"麦迪终极一战"众筹产品。在众筹期间，参与线上众筹的球迷多达 2 446 名，众筹金额达到 95.47 万元。

虎扑体育 App 对体育赛事专业的解析也是其吸引广大体育爱好者的原因之一。在没有视频播放的情况下，App 单场 NBA 比赛话题就能创造 686 万人次同时在线的纪录，活跃度相当惊人。

### （七）关键业务（Key Activities）

任何商业模式都需要多种关键业务活动，这些业务是企业得以成功运营所必须实施的。正如核心资源一样，关键业务也是创造和提供价值主张、接触市场、维系客户关系并获取收入的基础。

虎扑体育 App 是集运动装备、电商导购、体育彩票为一体的平台。除了满足用户对体育赛事信息的需求之外，公司也致力于为用户提供体育赛事全方位的服务与体验。

虎扑体育通过搜集、整合国内外体育赛事资源，发布最新最快的体育赛事资讯，以此全力占领移动互联网的体育信息高地。公司的主要关键业务一是提供差异化信息服务，公司成立初期，互联网的发展环境相对闭塞，国内中文论坛、门户网站及体育报纸等报道的篮球资讯已经无法满足篮球迷的需求，虎扑把国外媒体对 NBA 的报道大量翻译给虎扑用户，以满足其对篮球赛事多角度的需求。二是采用众包翻译模式，虎扑公司组织用户对国外一手的体育赛事信息进行翻译和整理，并以此产生吸引用户的深度内容。三是创建有一定辩论机制和讨论性质的话题，提供球员点评、战术分析、球星传记等更多元优质的内容。

文字直播是虎扑体育 App 有别于其他体育媒体的特色，此外，虎扑还通过购买用户感兴趣的体育赛事直播场次，让风格迥异、见解独到的主播们带领百万名用户一起畅聊比赛，通过和主播互动，极大增强了用户的参与感，提高了用户体验。

## （八）重要合作（Key Partnerships）

重要合作是指让商业模式有效运作所需的供应商与合作伙伴的网络。企业会基于多种原因打造合作关系，合作关系正日益成为许多商业模式的基石。

虎扑体育拥有丰富的体育营销资源，并与政府、媒体、品牌客户及战略合作伙伴保持着良好、密切的合作关系。2013 年，公司获得上海市文化创意产业扶持资金项目暨虹口区优秀文创项目、上海市信息化专项资金扶持项目；2014 年获得上海市科技小巨人培养企业、张江自主创新示范项目等荣誉。

虎扑体育的媒体合作伙伴（平面媒体、电视媒体和网络媒体）多达 400 家，并以"官方网站运营"作为合作的切入点，运营大型体育赛事官方网站，与国内外众多体育明星、俱乐部保持密切联系，利用体育赛事及签约球星的资源来做巡回赛，整合体育资源。

同时，虎扑体育服务于国内外近千家品牌客户，在移动客户端实现了与目标消费群体的直接接触和深入沟通，移动客户端能够为品牌客户提供比传统渠道通路更高的营销推广转化率，显著提升了品牌传播效果。

### （九）成本结构（Cost Structure）

成本结构是指运营一个商业模式所引发的所有成本。创建价值和提供价值、维系客户关系以及产生收入都会引发成本投入。这些成本在确定关键资源、关键业务与重要合作后可以相对容易地计算出来。

虎扑体育投入巨资专门成立了自己的 App 开发团队，专注于 App 的研发工作。App 的成本花费主要包括该客户端的研发成本，软件的更新及维护费用；客户端服务器费用；团队运营及人工成本；App 运营推广费用。

拓展资源：用 7 个问题完善商业模式

## 三、体育商业模式创新

### （一）盈利模式创新

盈利模式创新是指公司寻找全新的方式将产品和其他有价值的资源转变为现金。这种创新常常会挑战一个行业关于生产什么类型的产品、确定怎样的价格、如何实现收入等问题的传统观念。

### （二）网络创新

在当今高度互联的信息时代，没有哪家公司能够独自完成所有事情。网络创新可以让公司充分利用借鉴其他公司的流程、技术、产品、渠道和品牌，以优化自身的发展。

### （三）结构创新

结构创新是通过采用独特的方式组织公司的资产（包括硬件、人力或无形资产）从而创造价值。它可能涉及从人才管理系统到重型固定设备配置等方方面面。结构创新的例子包括建立激励机制，鼓励员工朝某个特定目标努力，实现资产标准化从而降低运营成本和复杂性，甚至创建企业大学以提供持续的高端培训。

### （四）流程创新

流程创新涉及公司主要产品或服务的各项生产活动和运营。这类创新需要彻底改变以往的业务经营方式，使公司具备独特的能力，迅速适应新环境，并获得领先市场的利润率。

### （五）产品性能创新

产品性能创新指的是公司在产品或服务的价值、特性和质量方面进行的创新。这类创新既涉及全新的产品,也包括能带来巨大增值的产品升级和产品线延伸。产品性能创新常常是竞争对手最容易效仿的一类。

### (六)产品系统创新

产品系统创新是将单个产品和服务联系或捆绑起来创造出一个可扩展的强大系统。产品系统创新可以帮助公司建立一个能够吸引并取悦顾客的生态环境,并且抵御竞争者的侵袭。

### (七)服务创新

服务创新保证并提高了产品的功用、性能和价值。它能使一个产品更容易被试用和享用;它展现了顾客可能会忽视的产品特性和功用;能够解决顾客遇到的问题并弥补产品体验中的不愉快。

### (八)渠道创新

渠道创新包含了将产品与顾客和用户联系在一起的所有手段。虽然电子商务在近年来成为主导力量,但实体店等传统渠道还是很重要,特别是在创造身临其境的体验方面。渠道创新应尽可能发掘出多种互补方式将产品和服务呈现给顾客。

### (九)品牌创新

品牌创新有助于保证顾客和用户识别、牢记产品,并在面对竞争对手的产品或替代品时选择本公司的产品。好的品牌创新能够提炼一种"承诺",吸引消费者并传递一种与众不同的身份感。

### (十)顾客契合创新

顾客契合创新是指理解顾客和用户的深层愿望,并利用这些了解来发展顾客与公司之间富有意义的联系。顾客契合创新开辟了广阔的探索空间,帮助人们找到合适的方式使生活变得更加难忘、富有成效并充满喜悦。

只选择一两种类型的简单创新不足以获得持久的成功,尤其是单纯的产品性能创新,很容易被模仿和超越。企业需要综合应用上述多种创新类型,才能打造可持续的竞争优势。

## 第三节 体育创新创业商业模式验证

**案例导入**

### 打造项目的独特竞争力

胡某，某体育大学 2014 届民族传统体育专业本科毕业生，2014 年 5 月创办了北京天骄汇教育咨询有限公司。

胡某说："培训界的竞争一天比一天残酷，想占得一席之地，就无法回避一个重要的概念，就是卖点。卖点已经深入到我们日常生活的每个细微的角落，独特的卖点是决定你能否胜出的核心竞争力。"

针对市场现状，胡某的团队提炼出自身的独特卖点：家门口的快乐武馆。除了将武馆开在小区附近，天骄汇还有专车，专门接送距离较远的孩子，为家长减轻了许多负担。加上教学方法和教学体系也很完善，渐渐地，附近小区的学生都慕名而来。天骄汇的主要优势，也是区别于其他武馆最大的地方就是文武兼修。大多数武馆主要重视锻炼身体，而天骄汇有课后学堂，有专业老师进行辅导，打消了很多家长认为练习武术会影响学习成绩的顾虑。在教学上，天骄汇的定位是综合性学习，以武术套路为基础，采用"1+4"的教学方法，兼修跆拳道、散打、体能和摔跤，让学员们不觉得学习劳累。经过培训后的小学员们都很自信，因为他们的同学只会跆拳道或者武术，而他们都会，这让他们在无形中有了很强烈的成就感。

除此之外，胡某的团队还想到了一个与学生增进感情的方法，就是带学生参加户外活动。他认为，通过户外集体活动，天骄汇的老师们可以与家长保持良好的沟通、和孩子打成一片，有助于稳定生源，上课时是师生关系，私下老师和学生都是朋友。

点评：成功的商业模式有相似又有不同。相似的是大部分商业模式创新性地将内部资源、外部环境、盈利模式与经营机制等有机结合，不断提升自身的盈利性、协调性、价值、风险控制能力、持续发展能力与行业地位等。不同的是成功的商业模式需要更多个性，不能简单地拷贝或复制。

### 一、体育商业模式检验

成功的体育商业模式一定是一种有效的赢利模式。体育商业模式必须经过逻辑检验和盈利性检验（图 6-3）。

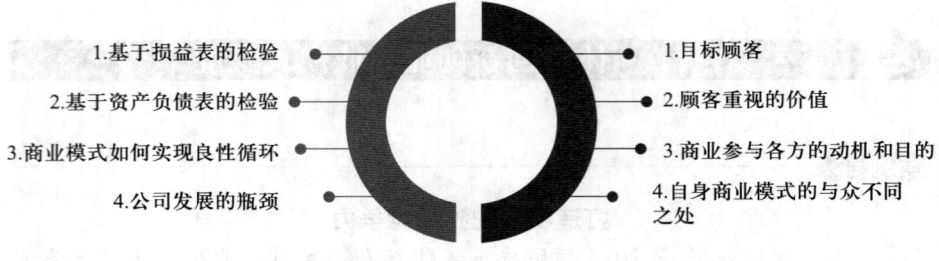

图 6-3　商业模式检验

## （一）逻辑检验

逻辑检验即考虑商业模式描述的逻辑性，隐含的各种假设是否符合实际或在道理上说得通。判断一个商业模式是否符合逻辑，要重点从以下几个方面进行检验：

1. 谁是目标顾客
2. 顾客重视的价值是什么
3. 商业参与各方的动机和目的
4. 自身商业模式的与众不同之处

通过分析以上商业模式的基本逻辑是否符合常识以及商业模式的潜在优势和限制因素，可以判断出自身商业模式的逻辑是否顺畅。

## （二）盈利性检验

商业模式的盈利性检验，重点从以下 4 个方面的分析来检验：

1. 基于损益表的检验
2. 基于资产负债表的检验
3. 商业模式怎么实现良性循环
4. 公司发展的瓶颈在哪里

需要对市场的规模和盈利率、消费者的消费行为和心理、竞争者的战略和行动进行分析和假设，估算出关于成本、收入、利润等量化的数据，从而评价经济可行性。当测算出的损益达不到要求时，则该商业模式不能通过盈利性检验。

拓展资源：剖析特斯拉汽车的商业模式

## 二、体育商业模式的设计评价

### （一）体育商业模式的适用性

由于体育行业细分领域的不同，市场环境具有不可预测性，成功的商业模式必须开发自身的独特性。这种独特性表现为企业如何通过有效运作，为自己赢得客户、打造口碑以及吸引投资，最终达到创收的目的。所以说，成功的商业模式没有优劣之分，只要能够长久的适用于企业，就是一个成功的商业模式。

### （二）体育商业模式的有效性

（1）能提供独特价值。这里所说的独特价值，它可能是创意、产品或是服务理念的组合。这种搭配组合可以使客户得到不同形式的超值心理。它可能是产品的附加服务，也可能是价格优势，又或者是为客户提供的额外价值。

（2）难以模仿。企业通过确立自身独一无二的商业模式来保持企业的核心竞争力，如良好的服务、品牌忠诚、创新技术等，从而提高行业的进入门槛，保证利润的可持续增长性。

（3）必须能落地。能落地是指坚持客观现实，把商业模式建立在对客户行为的准确理解和把握上。

所以，有效的商业模式必须具有多样性和精细性，并且各个部分要互相支撑和促进，改变其中的某个部分，就可能变成另外一种模式，甚至还有可能影响商业模式的有效性。

### （三）体育商业模式的前瞻性

前瞻性是商业模式的灵魂，一个好的商业模式必须要与企业目标高度契合。企业以盈利为目的，它的运营机制必须要凸显如何有效吸引客户、雇员和投资者，形成独特的能力和手段，确保企业取得成功。但是，仅仅凭借这些还不能满足企业需要，现在适用的商业模式，不代表将来也适用。所以，企业必须在瞬息万变的市场环境中保持商业模式的灵活性、适应性以确保企业的持续盈利发展。

## 三、体育商业模式的实施评价

商业模式设计的是否理想，实施商业模式后能否真正达到期望的效果，通常需要从以下三个角度进行评价：

### （一）客户价值实现的程度

创业者所设计的商业模式是否合理，首先要审视该模式对于创业团队所构想的"价值体现"的实现程度,即该商业模式能够在多大程度上实现创业团队原本拟为客户创造并传递的价值。二是需要评价该商业模式实现拟定价值的程度。如前假设,如果所设计的商业模式能够为客户提供"节能"的价值,则还需要进一步评价该商业模式能够为客户"节能"程度的大小。

### (二)客户价值实现的可靠性

多数商业活动都存在风险,创业者在设计完特定的商业模式之后,需要评价其能够在多大程度上为客户提供可靠的拟定价值。显然,只有那些能够为客户创造可靠拟定价值的商业模式,才是可取的。商业模式的可靠性评价,相当程度上是商业模式的风险评价,即需要搞清楚特定商业模式的系统风险和非系统风险以及各种具体风险程度的大小。只有清楚了各种可能的风险,才能说对特定商业模式的可靠性进行了较为充分的评价。

### (三)客户价值实现的效率

如果特定商业模式能够较为可靠地为客户提供拟定的价值,还需要进一步分析该商业模式为客户创造与传递价值的效率。在商业模式的顶层设计中,价值创造方式和价值传递方式二者共同决定了客户价值的实现效率。创业者评价客户价值的实现效率,一是要评价特定商业模式为客户创造价值的效率,二是需要评价特定商业模式为客户传递价值的效率。而最终效率的形成,则是价值创造和价值传递两个效率的"乘积",而不是两个效率的"相加"。只有特定商业模式的价值创造效率和价值传递效率都很高时,创业者才可能以较高的效率为客户提供价值;反之,如果其中任何一个环节的效率较低,都可能降低创业者为客户提供价值的效率。

### 运动员创业人物

#### 黄聪:先就业再创业

对于水上运动员而言,退役,不只是字面上从水中到陆地的迁移。从事赛艇运动 11 年的黄聪,因严重的伤病被迫退役。雅典奥运会之后,运动员退役政策正处于从传统安置到移交市场的转型期,没有奥运冠军的头衔,黄聪和不少运动员在退役的前半年就开始找工作,但项目差异成了他们找工作的门槛,"赛艇运动员,不好意思,我们没有船给你……"当年的辛酸,变成如今他调侃自己的段子。

应聘过服装店导购，也当过健身教练，黄聪发现，销售衣服、课程等需要市场、营销各方面的能力，与专业运动员自身的专业技能却近乎浪费。

2012年，黄聪决定创建一家体适能健康管理公司，创新的代价就是"前6个月，一个客户都没有"。每天早上9点到晚上10点，黄聪一个人待在办公室里，入不敷出，这在创业初期是最显性的压力，当时为节省装修的1万多元费用，他一个人清理了1 000多平方米的垃圾，他告诉自己，陆地上的生活更得"耐得住寂寞，受得住诱惑"。

冠军基金与清华大学体育产业发展研究中心联合发布的《中国运动员创业现状与需求调查》显示，运动员的创业意愿和创业实践与其受教育程度、运动年龄、目前状态并没有显著的强烈相关，"大家都普遍存在较高的创业热情"，81.21%的被调查运动员都认为，退役运动员之所以选择创业是为了"提升自我价值，实现梦想"。

可梦想和现实的距离并非一步之遥。在公司走上正轨后，黄聪开始帮助更多运动员进行职业规划。在他看来，2008年以后我国的退役运动员在退役安置政策、社会传播渠道、创业环境等方面都有了明显改善，运动员在就业方面的路径早已拓宽许多，"甚至重竞技项目运动员在细分领域中也有较高的需求"。经历过一开始的失败，黄聪发现，创业者要具备综合能力，比如管理、经营、资源整合，但开拓市场、行政公关等技能又是大部分运动员的短板，这会使得创业失败风险较高，可是运动员所具备的体育精神和学习、适应能力，能很快帮助他们重新适应社会，补齐短板，"运动员退役后处于角色转化的过程，从甲方变成乙方，从被服务者变成服务者，不如先就业再创业，让转换过程更平坦些。"

## 体育创业资源

### 体育创业互联网资源

"懒熊体育"通过新媒体的内容传播，聚拢了超过20万+B端的体育产业精英，他们构成"懒熊体育"的核心用户，其中包含上万名创业者（数据库已收录数千份商业计划书）、数千余家体育项目的投资机构和超过2 000位项目投资人，一起搭建互通有无的线上平台，成为中国体育产业中的知名品牌。

**复习思考题**

1. 如何理解商业模式的本质？商业模式的四大要素是什么？

2. 概述商业模式的价值逻辑。商业模式画布的9大模块分别是什么内容？其内在逻辑如何阐述？

3. 简述验证商业模式的方法。

# 第七章

# 体育创新创业经营管理

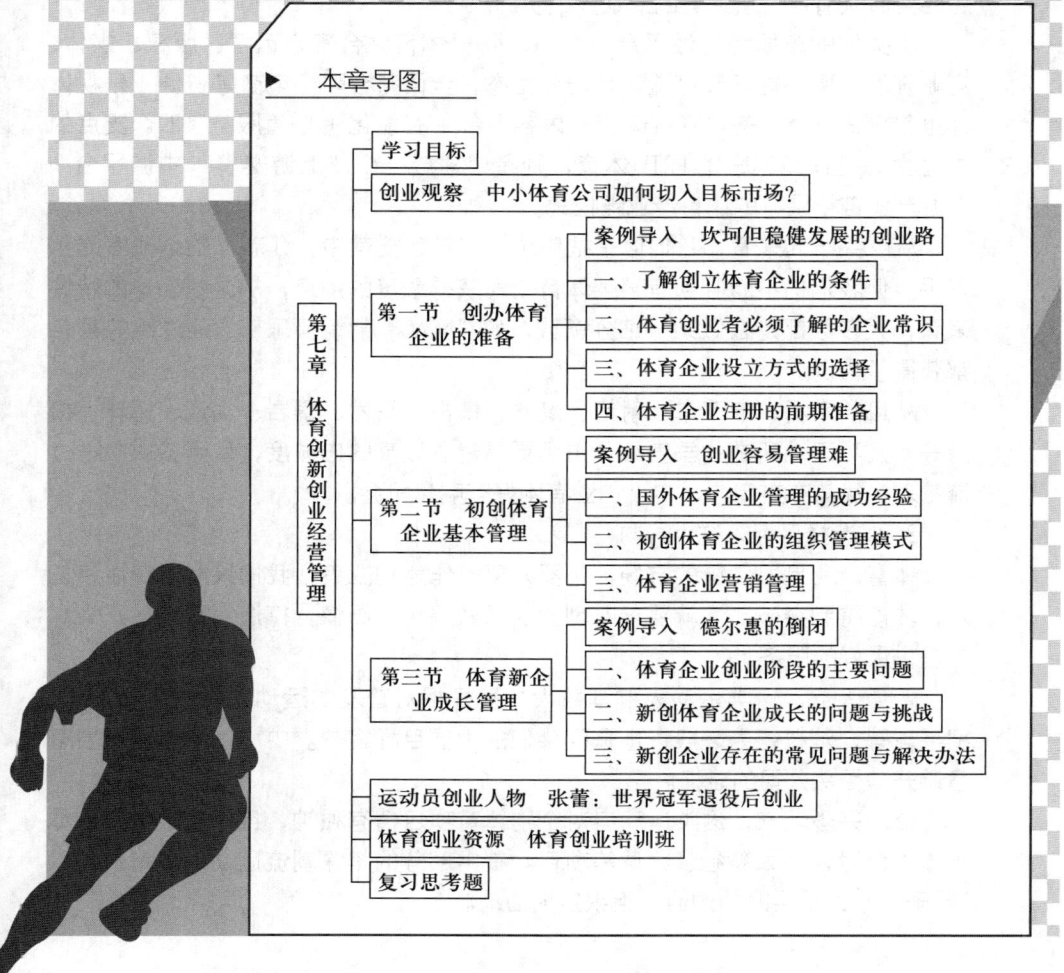

> **学习目标**
> 1. 理解企业注册的流程，了解企业设立的方式
> 2. 了解新企业办理工商注册登记手续的流程和需要准备的材料
> 3. 了解初创企业的基本管理模式
> 4. 掌握初创企业营销管理、顾客管理、财务管理的相关知识

▶ **创业观察　中小体育公司如何切入目标市场？**

1. 植根细分市场深掘资源

要想在创业大潮中有自己的一席之地，中小企业首先不仅要了解自己对手，还要全面认清自己所拥有的或缺少的资源。

巨头们的布局都是做平台或生态，阿里体育融合赛事运营、版权、媒体、商业开发、票务等环节打造体育产业生态，全面整合阿里电商等资源；乐视体育也曾打造一个具备"赛事运营 + 内容平台 + 智能化 + 增值服务"四个支点的垂直生态链；而苏宁的 PPTV 体育，则希望建成一个"上游赛事 + 中游平台 + 下游产业链拓展"的体育产业链模式。

从巨头布局来看，它们似乎把整个生态链包揽其中，让新入的创业者无从下手。但我们仍不断听到有某某体育公司获得融资的消息，从这些公司的特性来看，大多数都是在做某一细分领域，如"ACAC"射箭俱乐部、泥泞跑等项目都获得了融资。

从目前来看，卡丁车、射箭、潜水、搏击、马术、攀岩、剑道、壁球、极限等十几项运动所在的垂直细分市场更易建立较高的忠诚度，且巨头很难通过流量入口优势夺走用户，中小创业者刚好有喘息机会。

2. 以选择目标人群为导向

体育产业是万亿级的市场，包罗万象，作为创业者，我们只能选择以点切入，才能得到突破，这就要求新创业公司做好用户画像，打造消费场景，为用户提供最好的服务。

普通人群，这类运动人群基数大、爱好相对普及的运动项目，比如篮球、羽毛球等，消费能力一般，也是巨头们的主要目标客户。中小创业者应该要有意避开与巨头公司的碰撞。

资深兴趣玩家，这类运动者对个别体育项目情有独钟，且平时很少亲身体验或接触过，例如狩猎、冰球等项目。其中部分的资深潮流运动爱好者们都以"圈子"来维系平时的沟通、组织定期活动。

这些"圈子"散落在各领域的论坛、社区中，他们对论坛和社区有较强的归属感，能熟练使用互联网工具，且消费能力不错，愿意为体育运动花钱，这些人就是泥泞跑、ACAC 射箭的优质目标用户，他们只需要主办方搭好"台子"，做好纽带，就能从中获取价值。

习惯性消费人群，这类体育运动者往往因为地域或习惯原因，有固定的场馆锻炼或热衷于某项运动，且多是组团甚至集体参加。这类用户需求稳定、投入稳定，是各类企业争抢的对象。

面对巨头们的争夺，中小创业者如能掌握核心优势，快速提升服务，获得口碑，也能抢到一块"蛋糕"。不断优化好目标用户的产品服务体验是创业者的制胜之道。

3. 借势发力，做好增值服务

巨头公司在忙着打造体育生态或者做内容平台，所谓的生态，是由多个板块相互搭建而成的，中小创业者们就可以围绕这些板块为巨头公司做好增值服务，和他们形成利益共同体。

比如体育彩票、电商、培训、票务和游戏都属于增值服务领域，尤其是体育培训和票务业务，中小企业可以为巨头们提供培训、代理、销售的服务，这些服务考验的是企业的线下渗透能力。

从"互联网+"方面切入体育产业对创业者来说也是一条捷径，风口下的"互联网+体育"，实际上就是一个庞大的生态系统，既有BAT这些大公司，也有许多新创的中小企业。

创业者必须审时度势，知己知彼，从中发掘出属于自己的一片天地，做专做精。

未来，我们将一起期盼越来越多的创业者把中国的体育产业推向新纪元，让更多的人受益于体育产业发展的成果。

   第一节　创办体育企业的准备

案例导入

### 坎坷而稳健发展的创业路

杜宾，某体育学院 2010 级民族传统体育专业本科生，2014 级民族传统体育学专业硕士研究生，2014 年 9 月创立了武汉玖星朝阳体育发展有限公司，任公司法人、总经理。公司是由武汉泰極會传统文化体验中心、武汉宝宝功夫成长设计室、武汉 Baby-Run 工作室三家组合而成，因前期三个团队都有一定时期的积累，所以，在公司成立之初，就解决了团队的问题。对于创业公司来说，这无疑是最佳优势，之后可着手解决成立公司的必备条件、理念、项目及运营模式等。

公司成立之后，杜宾便开始了按部就班的市场拓展。在刚进入市场时，可谓处处碰壁，缺乏良好的顶层设计，没有阶段性的细化目标，市场的定位不够准确，宣传途径过于单一，内部体系不够完善等问题集中出现……一时间团队成员们创业的热情受到了严重的打击，甚至开始质疑自己，于是大家静下心来认真分析问题出在哪里。通过分析发现，公司愿景具备可操作性，但是缺乏实际的操作方案，没有很好的执行体系，在营销战略上缺乏经验，并且对于市场定位稍有偏差。之后公司通过股东大会一一解决，从而进入了不断发现问题、解决问题的循环模式。通过一段时间的沉淀，公司管理经营有了明显的好转。从内部体系来说，通过规章和制度的约束，大家都能自觉地做好本职工作，公司内部结构也更加完善。对于项目和产品设计，也更加人性化，更加具备服务意识，并且随着政策的具体实施，也解决了很多方向性的问题。

公司还逐步引进北京元海太极文化中心先进的商业模式，结合港澳台互动联盟，创立武汉泰極會（武昌、汉口）中国传统文化体验中心，并向周边地市辐射。目前传统文化体验中心涵盖荆州中国少年城等项目，致力于弘扬中国传统文化，促进社会和谐。

由于文化产业或民族传统体育产业的消费不是刚需，且消费水平与个人的经济收入有关。武汉地处中部，是南北文化交融之处，所以在武汉能够感受到多种文化的和谐共处，并且武汉拥有近百所高校，在校生近 120 万人，这说明未来的市场开发潜力巨大。所以，在成立公司之初，团队深知传承比盈利更加重要，把目标指向了未来的 20 年，目前，公司着力于社会公益和服务，取得了较好的社会效益。

点评：杜宾的创业故事告诉我们：创业，要善于积累经验，依靠团队，寻找商业机会；创业，要做好充分的前期调研，找准项目；创业，要有凝聚力的创业团队；创业，要具备经得起失败的心理素质。

### 一、了解创立体育企业的条件

创业者在决定创业之前，首先应该清楚自己是否应该成立企业以及何时设立。大量的调查表明，企业的设立时机得当与否对新创企业的成功有着重要的影响。一般来说，具备以下一个或几个条件时，企业的设立才有可能成功。

### （一）具备了设立体育企业的外部环境

创业需要有适当的制度环境、政策环境、金融环境、市场环境、科技环境和人文环境等（图7-1）。良好的外部环境能够为许多创业者提供创立企业的良好时机。

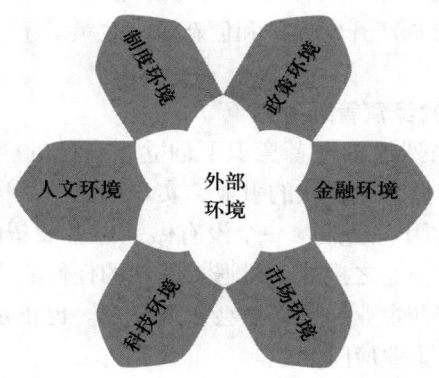

图7-1　创业外部环境

政府对创业者的帮助和支持表现在对新创企业提供包括房产、水电、通信方面的基础设施，鼓励创业的财政支持和税收等方面的政策支持以及对特定行业的发展支持等。没有政府政策的支持，新创企业很难在投入大于收益的创业初期获得持续的发展动力和回报。

2014年国务院印发了《关于加快发展体育产业促进体育消费的若干意见》（以下简称《意见》），其中提出的主要任务包括创新体制机制，推进职业体育改革，鼓励社会力量参与，鼓励交互融通，完善体育设施，丰富体育赛事活动等。把全民健身上升为国家战略，把增强人民体质、提高健康水平作为根本目标，把体育产业作为绿色产业、朝阳产业进行扶持，强调向改革要动力，向市场要活力，力争到2025年，体育产业总规模超过5万亿元，成为推动经济社会持续发展的重要力量。《意见》明确了6个方面任务，从7个方面提出了支持举措。

《意见》中提出的主要任务有：①创新体制机制，包括进一步转变政府职能、推进职业体育改革、创新体育场馆运营机制。②培育多元主体，包括鼓励社会力量参与、引导体育企业做强做精。③改善产业布局和结构，包括优化产业布局、改善产业结构、抓好潜力产业。④ 促进融合发展，包括积极拓展业态、促进康体结合、鼓励交互融通。⑤ 丰富市场供给，包括完善体育设施、发展健身休闲项目、丰富体育赛事活动。⑥ 营造健身氛围，包括鼓励日常健身活动、推动场馆设施开放利用、加强体育文化宣传。

鼓励体育创新创业的优惠政策有：① 大力吸引社会投资。② 完善健身消费政策。③ 完善税收价格政策，如将体育服务、用品制造等内容及国家重点支持的高新技术领域，对经认定为高新技术企业的体育企业，减按15%的税率征收企业所得税。④ 完善规划布局与土地政策。⑤ 完善人才培养和就业政策。⑥ 完善无形资产开发保护和创新驱动政策。⑦ 优化市场环境。

### （二）有了强烈的经营管理意识

很多创业者在强烈的管理者意识下创立了自己的企业。在自己创办的企业中为自己工作，做自己喜欢的事业，实现自己的人生理想和抱负，是大多数创业者的创业动因。显然，一个没有做领导者欲望的人是无法创业的。因为他不可能有应对创业之挑战、机遇、困难的任何心理准备。即使受他人挑动，或盲目上阵创办企业，也必然会败下阵来。也正是在这种强烈的管理者意识驱动下，很多企业应时而生。

### （三）出现了有利的市场机会

很多很好的商业机会并不是突然出现的，而是对于"一个有准备的头脑"的一种"回报"，或是当一个识别市场机会的机制建立起来之后才会出现。例如，教育部在《3~6岁儿童学习与发展指南》中明确指出：幼儿应该具有健康的体态，具有一定的平衡能力，动作协调、灵敏，具有一定的力量和耐力。并且随着"二孩政策"推行，未来每年将会新增600多万新生儿，儿童运动馆可挖掘的市场潜力巨大。目前体育培训仅占K12培训产业1 800亿元总产值的5.5%；我国的早教培训市场仍以国外早教品牌为主，同时缺乏品牌化、连锁化的儿童运动馆品牌，这为国内儿童运动馆创业提供了现实的可能性。

### （四）开发了能创造市场的体育产品

这是创业者创业最为直接的可能性。如美国发明家狄恩·卡门与他的DEKA研发公司团队发明设计了平衡车，自2001年12月起，平衡车商业化量产销售。平衡车曾被乔布斯誉为是跨时代的科技发明，发展前景一片看好。平衡车除个人使用外，一般还在机场、会议展览中心、高档社区和运动场馆等大型空间使用。

### （五）有了能创造市场的体育商业模式

21世纪是信息时代，互联网的飞速发展极大地推动了信息的数字化和网络化，信息的获取和传递变得非常容易，上网用户数量庞大，一些著名的大公司和中小公司纷纷通过互联网获取和发布信息，直接进行网上交易。借助互联网，顾客可以随时在网上购物，公司也可以利用互联网为消费者提供适时、特定服务，企业之间也可以通过互联网进行产品销售或购买，因此在互联网上蕴藏着大量的商机。

各种健身、骑行、跑步、运动商城、体育社交类App的广泛应用表明，互联网全方位改变了体育下游产业特别是传统体育服务的形态，进行了线上线下的有机融合，互联网体育成为体育信息服务业的重要组成，也引发了创投资本竞相追逐。

传统体育企业在互联网时代纷纷走上转型之路，尤其是体育O2O发展势头迅猛。对于体育制造业企业来说，建设体育商城，可以将线下的资源转移到线上的电子商务平台，实现在线上打开用户流量的入口；同样，线上体育商城可以开设线下体验店，为用户提供线下的多元化体验，打通线上线下资源渠道，使其得到更多的发展机会。

除此之外，更多的体育行业尤其是体育服务业，都在与互联网对接，寻求更便捷、多元化的服务，加快转型步伐。具体来说：就体育健身行业而言，在约教练方面，目前有各种约教练的平台，场馆内教练可实现线上直约，或者是预约教练去场馆陪练，从而更加省时、快捷的约到教练进行健身指导和培训；在约场馆方面，通过相关平台可为用户提供周边健身场馆和预约服务，避免出现用户没有场馆锻炼和找不到场地的情况。

### （六）有机会掌握独立创业的独特资源

独特资源有很多种，例如获得了某种有利于自身独立创业的特许权，创业者一旦拥有了这类权利，就不会遇到过多的竞争者，从而避免进入一个拥挤的市场，创业成功的概率自然会大大提高。

## 二、体育创业者必须了解的企业常识

### （一）企业

企业是从事生产、流通或服务性活动的独立核算经济单位。它是依法设立的经济组织，是在商品经济范畴中，按照一定的组织规律，有机构成的经济实体，一般以盈利为目的，以实现投资人、客户、员工、社会大众的利益最大化为使命，通过提供产品或服务满足社会需求，以换取收入和盈利。企业是社会发展的产物，因社会分工的发展而成长壮大。企业根据不同的标准也可以分为不同的类型（表7-1）。

► 表7-1 企业类型

| | |
|---|---|
| 根据企业规模划分 | 大型企业、中型企业、小型企业 |
| 根据企业组织形式划分 | 个体企业、合伙制企业、股份制企业 |
| 根据经济成分划分 | 国有企业、集体企业和私营企业 |
| 根据资源密集程度划分 | 劳动密集型企业、资金密集型企业和技术密集型企业 |
| 根据经营性质划分 | 工业企业、商业企业、农业企业、金融保险企业、房地产开发企业、交通运输企业、旅游服务企业、餐饮娱乐企业、邮电企业、中介服务业等 |

### （二）企业的法律形式

创业者在创立企业时，必须解决的一个重要问题是企业应选择什么样的法律组织形式。这个决策主要取决于创业者和公司投资者的目标，并考虑纳税地位、承担的法律责任及在企业经营和融资活动中的灵活性。

依据我国现行法律规定，个人创立新企业的法律形式主要有有限责任公司、合伙企业、个人独资企业、个体工商户等（图7-2）。不同的企业类型有着不同的设立条件和注册资本限额，以上几种企业类型的具体介绍如下：

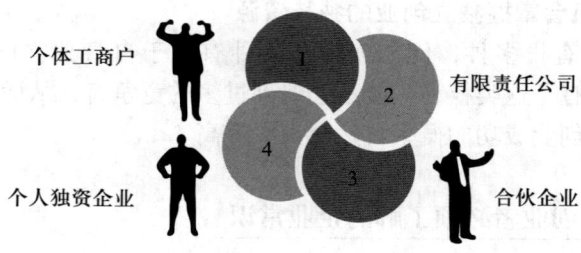

图7-2 企业的四种法律形式

1. 有限责任公司

有限责任公司又称有限公司，是指符合法律规定的股东出资组建，股东以其出资额为限对公司承担责任，公司以其全部资产对公司的债务承担责任的企业法人。

2. 合伙企业

合伙企业，是指自然人、法人和其他组织依照《中华人民共和国合伙企业法》在中国境内设立的普通合伙企业和有限合伙企业。合伙企业由各合伙人订立合伙协议，共同出资、合伙经营、共享收益、共担风险，并对合伙企业债务承担无限连带责任。

3. 个人独资企业

个人独资企业，简称独资企业，是指由一个自然人投资，全部资产为投资人所有的营利性经济组织。独资企业是一种很古老的企业形式，至今仍广泛运用于商业经营中，其典型特征是个人出资、个人经营、个人自负盈亏和自担风险。

4. 个体工商户

个体工商户是在法律允许的范围之内，依法经核准登记，从事工商业经营的自然人。

通过以上分析，可以看出企业的不同法律形式之间的区别，创业者选择企业的法律形式时，要从下面四个方面认定：

（1）业主数量和注册资本；

（2）成立条件；

（3）经营特征；

（4）利润分配和债务责任。

## 三、体育企业设立方式的选择

创业者决心投入创业行列时，需要考虑采取何种创业方式，是独创还是合伙，或是收购。为此，要将自己的经营能力、可动用经营资源与可能创业的方式做一番慎重评估，最后做出决定。

### （一）独创

独创是指创业者独立创办企业。在现代社会，随着技术进步的加快和技术周期的缩短，一个人完全有可能经历"从理论研究到应用研究，再到研究开发和创建企业"这一技术创新成果商业化的全过程。因此，个人独立创业也成为一种很平常的现象。更多具有创意的人士，还往往通过工艺创新、市场营销创新等非技术创新而成功地创建企业。

独创企业的特点在于产权是创业者个人独有的，相对独立，而且产权清晰，不会与其他个人或团体产生纠纷。企业由创业者自由掌控，创业者可按自己的思路来经营和发展自己的企业，可以最大限度地发挥个人的智慧与才能；企业利润归创业者独有，无须担心他人分利；同时也不存在其他所有者，无须迎合其他持股者的利益要求和其对企业经营的干扰，这是十分有利的。但是，独创企业也存在着不利的一面（图7-3），其弊端主要表现在：

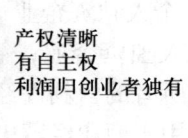

图7-3 独创企业利弊分析

1. 创业者需要独自承担风险

虽然创业者个人的利益是独立的，但其风险也是独立的，创业者需要独立承担创业中的任何风险。这在激烈竞争的市场环境中，往往是极为危险的。

2. 创业探索性很强

由于没有经验可循，独创企业具有很强的探索性，因此对于创业者的创业热情、创业精神以及经营管理经验等都提出了更高的要求。

3. 创业资金筹备比较困难

由于独创企业在法律上不得不采取业主制的组织形式，在企业组织的存续上存在先天性缺陷。因此，在社会信用不发达的今天，这类企业往往很难得到金融机构的信贷支持。

4. 财务压力大

设立和经营企业的一切费用必须由创业者个人独立承担。因此，创业者将面对较大的财务压力。

5. 个人才能的限制

创业者的智慧和才能终究是有限的，独创企业设立、运营和发展过程必然会受到个人智慧、才能和理性的限制。

6. 难有优秀的管理团队

独创企业很难有优秀的管理团队。任何具有较强创新与创业精神的员工都不会心甘情愿地长期服务于这样的企业。且由于高层员工不是企业的股东，他们极易与创业者离心离德。

### （二）合伙

合伙是指加入他人现有企业或与他人共同创办企业。创业者需仔细考虑采用这种方式发展企业的可行性。合伙企业还可以被看作是弥补企业扩张时的资源不足，对市场竞争和市场机会更快地做出反应的众多方法之一。作为一种扩张策略，可以有效地利用合伙战略，但需要创业者认真地评估形势和合作者。与独创企业相比，合伙企业也有利弊（图7-4）。

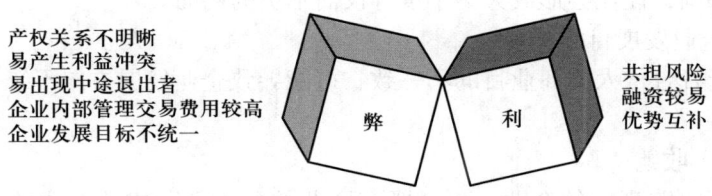

图7-4　合伙企业利弊分析

合伙企业有以下几大优势：

1. 共担风险

由于合伙企业存在至少两名或两名以上的创业者，在风险承担方面可以共同分担，在遇到各种困难时可以一起克服。

2. 融资较易

在合伙企业中吸纳具有融资优势的个人加入，可以减弱甚至回避个人独创企业融资难的问题。

3. 优势互补

由于合伙企业的创业者为两人或更多，创业者的智慧、才能以及资源可以互补，只要团队结构协调、合理，即可以形成一定的团队优势。

合伙企业也存在一些问题，主要表现在：

1. 产权关系不明晰

在我国有关创业的法律体系不完善的情况下，合伙企业往往会遇到产权关系难以处理的问题。特别在合伙创业之初，往往需要某些无形资产持有者的加入，但无形资产的股份难以合理确认，且当企业发展到一定程度，无形资产提供者在企业中的地位和利益往往会遇到挑战。

2. 易产生利益冲突

合伙意味着数个人的利益交织在一起，团队成员之间的利益关系需要反复磨合，在企业设立、运营、发展中不免会产生这样或那样的利益矛盾。一旦利益关系出现不协调，就可能导致企业存续和运营的危机。

3. 易出现中途退出者

当团队内部出现了较大的利益矛盾，或是某些团队成员遇到了更好的盈利机会，还有某些团队成员已有能力独立创业以及某些团队成员畏惧创业中出现的困难时，这些成员就可能退出现有的创业团队。一旦有人退出，就有可能影响合伙创业的进程，以致影响到新创企业的发展。

4. 企业内部管理交易费用较高

企业设立、运营和发展都需要有集体决策，如果团队内部沟通不好，关系不协调，往往会形成大事小事皆议而不决的局面。

5. 企业发展目标不统一

由于各合伙人的商业目的不一致，可能导致企业发展方向不统一。

### （三）收购

投资收购现成的企业，包括既有企业并购（经营成功企业并购、濒临破产的企业收购）和购买他人智能（知识产权的收购、特许加盟）等方式。客观来看，创业不外乎是培育某种财富生产能力，为自己创造利润，为社会提供福利。因此，投入资金，通过产权交易，直接变他人的财富制造能力为自己所有，也不失为创业的可行途径。收购企业的优缺点有以下几个方面（图7-5）。

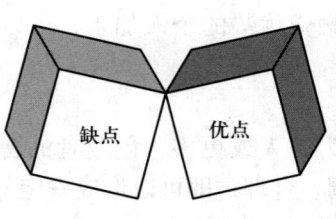

价值评估困难
失败率高
现有企业往往与自身客户、供给者和员工有某些契约关系或传统关系
转换成本高
难以选择收购对象
原有企业的包袱会随之而入

迅速进入
迅速扩大产品种类
选择性大
利用原有的管理制度和管理人员、技术
采用被收购企业的分销渠道
获得被收购企业的市场份额，减少竞争
获得被收购企业的商标
廉价购买资产
加快进入市场的速度

图7-5 收购企业的优缺点

1. 收购企业的优点

（1）迅速进入。新创企业进入市场时总会遇到这样或那样的障碍，诸如技术壁垒、规模壁垒、市场分割壁垒、政府许可壁垒等。收购方式最基本的特性就是可以迅速获得现成的管理人员、技术人员和设备。可以很快建立一个产销据点，有利于企业迅速做出反应，抓住市场机会。如果被收购企

业是一个盈利企业，收购者可以迅速获得收益，从而大大缩短了投资回收年限。

（2）迅速扩大产品种类。收购方式可以迅速增加母公司的产品种类。尤其是原有企业要跨越原有产品范围而实现多样化经营时，如果缺乏有关新的产品种类的生产和营销方面的技术和经验，显然采取收购方式更为稳当。

（3）选择性大。目前，我国不少行业的生产能力是过剩的。如在轻工行业，某些产品的生产能力超过市场需求的25%，有些甚至超过100%，其他一些行业也有相似的情况。这就给购买他人的生产能力提供了较大的选择空间。创业者关键是要在可能的购买对象中做出恰当的选择。

（4）利用原有的管理制度和管理人员、技术。采取收购作为直接投资的方式，可以不必重新设计一套适合当地情况的经营管理制度。这样可以避免对该领域或该地区的情况缺乏了解而引起的各种问题。收购技术先进的企业可以获得该企业的先进技术和专利权，提高公司的技术水平。

（5）采用被收购企业的分销渠道。这样可以利用被购企业已经成形的市场分销渠道以及企业同经销商多年往来所建立的信用。

（6）获得被购企业的市场份额，减少竞争。市场份额的增加会导致更大规模的生产，从而实现规模经济。企业可以收购作为竞争对手的企业，从而占据新的市场份额。

（7）获得被购企业的商标。收购一些知名的企业往往可利用其商标的知名度，迅速打开市场。

（8）廉价购买资产。一种情况是，从事收购的企业比目标企业更清楚公司所拥有的某项资产的实际价值。目标企业有时会低估资产的限期重置价值使得收购者廉价地买下这家企业。另一种情况是，收购不盈利或亏损的企业，可以利用对方的困境压低价格。

（9）迅速形成自己的财富生产能力，加快进入市场的速度。在新的社会主义市场经济时代，要求企业对市场变化、市场竞争有更高的响应速度。如果新建一种财富生产能力，往往要花数月甚至数年的时间。而购买他人现有的生产能力，只需进行必要的技术改造，即迅速提供市场需要的商品，便有可能实实在在地抓住某些盈利良机。

2. 收购方式存在的缺点

（1）价值评估困难。一是有的目标企业为逃税漏税而伪造财务报表，存在着各种错误和遗漏，有的目标企业不愿意透露某些关键性的商业机密，加大了评估难度；二是对收购后企业的销售潜力和远期利润的估计困难较大；三是企业的资产还包括商誉等无形资产，这些无形资产的价值却不像物质资产的价值那样可以轻易用数字衡量。

（2）失败率高。收购失败有很多原因，一个重要的原因是被收购企业的原有管理制度不适合收购者的要求。如果原有的管理制度好，收购企业可以坐享其成，无需很大的改变；若原来的管理制度不适合要求，收购后对其进行改造时，习惯原有经营管理方式的管理人员和职工往往对外来的管理方式加以抵制。母公司在被收购企业内推行新的信息和控制体系常常是一个困难而又缓慢的过程。另外企业虽然可以通过收购方式获取市场份额和产品技术，但如对被收购企业的产品种类缺乏运营经验，可能无法进行有效的管理，这也会导致收购的失败。

（3）现有企业往往与自身客户、供给者和员工有某些契约关系或传统关系。例如现有企业可能与某些老客户具有长期的特殊关系。该企业被收购后，如果结束这些关系可能在公共关系上代价很大，然而继续维持这些关系可能被其他客户认为是差别待遇。与供给者之间的关系也可能会碰到类似的情况。

（4）转换成本高。一般而言，收购对方的生产能力后，总要对所购入的生产能力进行某些技术改造，这就涉及转换成本的问题，包括技术改造成本、原有某些设备提前报废的损失、原有人员进入新岗位的培训费用增加等。这是购买现有企业生产能力时不得不考虑的问题。

（5）难以选择收购对象。恰当地选择目标企业进而购买，不是一件容易的事情。通常在选择购买对象时，创业者应该考虑如下问题：目标企业目前的市场地位、未来的市场地位，目标企业目前的技术能力、技术能力的成长性，目标企业的负债状况，目标企业目前的经营业绩，目标企业要求的出资方式及其方便性，并购后技术改造需要的增量投资，可能随之增加的企业社会负担等。

（6）原有企业的包袱会随之而入。我国目前正处于经济制度转轨时期，计划经济时期遗留的各种问题仍困扰着企业，创业者如果收购某个企业，常常也不得不随之收购现有企业原本承担的某些社会义务。

收购也可能导致人力资源管理上的困难。现有企业被收购后，由于企业整顿往往会产生大量的剩余人员，对这些人员的安置和报酬的支付，在企业的经济效益上或在道义和法律上都会碰到困难。

收购过程没有正规的程序，目前尚无确定收购的正确步骤以及各种情况下的最好选择，因此，在收购过程中，个人理念、良好的商业感觉以及对每个机会谨慎乐观的探索都是无可替代的。有人提出成功收购一个企业的框架，认为必须经过这样几步：确认目标、价值评估以及交易谈判。

## 四、体育企业注册的前期准备

体育企业注册和其他企业注册一样，需要做好以下几个方面的准备（图7-6）：

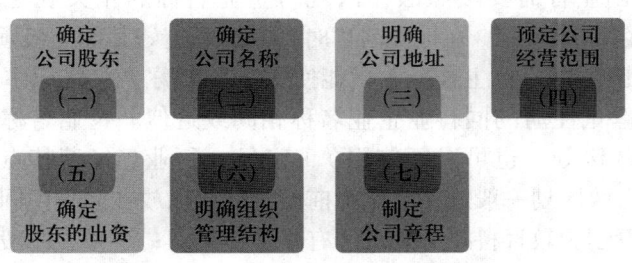

图 7-6 公司设立的前期准备

### （一）确定公司的股东（投资人）

股东是公司的出资人，即投资者，注册公司前首先要确定股东。

有权代表国家投资的政府部门或机构、企业法人、具有法人资格的事业单位和社会团体、自然人都可以成为公司的股东。

根据现行法律、法规及相关规定，以下组织或个人不能成为企业的投资人（股东）：

1. 各级党政机关（含政法机关）、军队和武警部队；

2. 各级党政机关及所属事业单位，除非其属于以下性质：属于新闻、出版、科研、设计、医药、院校、图书馆、博物馆、公园、影剧院和演出团体类性质的，或各区县所设乡镇集体资产运营中心可以成为企业投资者。国务院各部委所属机关后勤服务中心可作为本系统提供相关后勤服务类企业的投资者，但其所办企业不得再投资兴办企业。

3. 党政机关（含政法机关）主办的社会团体，除非符合以下情形：市或区县社团管理部门登记的社会团体，经市民政局出具非党政机关主办证明的；国务院社团管理部门登记的社会团体，设立时出资人为会员的，可以作为企业投资者。不能提供社会团体设立时出资人性质材料的，该社团章程中明确规定资金来源包含会员提供的，可以作为企业投资者。

4. 合伙企业、个人独资企业不能成为一人有限公司股东。

5. 自然人在全国范围内只能投资设立一个一人有限公司。

6. 法律法规禁止从事营利性活动的人（如公务员、现役军人等）。

7. 律师事务所。

新《公司法》关于公司注册规定变化

8. 法律、行政法规规定的其他情形。

### （二）确定公司名称

申请企业名称预先核准（即核名），是办理企业登记注册的第一步。提交核名前，创业者需要按照法律法规对企业名称的相关规定，预先取好3~5个企业名称待审核。在提交名称时，需要确定好其优先级顺序。

给企业起名时，要注意企业只能使用一个名称，在登记主管机关辖区内不得与已登记注册的同行业企业名称相同或近似。企业名称一般由4部分构成：行政区划（也可以不使用）+字号+行业（经营特点）+组织形式。其中，行政区划一般放在名称最前面，也可以放在名称中间，但应加上括号，如中青创想教育科技（北京）有限责任公司；字号，一般应当由2个以上汉字组成，行政区划不得用作字号，但县以上行政区划地名具有其他含义的除外，可以使用投资人的姓名作字号；行业，是指所要从事的主要经营项目，如以经营服装为主的，可表述为"商业""服装""贸易"等，以技术开发为主的，可表述为"科技""技术""科技开发"等；组织形式，是企业组织结构或责任形式的体现，公司制企业一般应表述为"有限（责任）公司""股份（有限）公司"。

注册企业名称的规定有：

1. 企业名称不得含有下列内容和文字

（1）有损于国家、社会公共利益的；（2）可能对公众造成欺骗或者误解的；（3）外国国家（地区）名称、国际组织名称；（4）政党名称、党政军机关名称、群众组织名称、社会团体名称及部队番号；（5）其他法律、行政法规规定禁止的。

2. 企业名称应当使用符合国家规范的汉字，不得使用外国文字、汉语拼音字母、阿拉伯数字等。

3. 在企业名称中间使用"国际"字样的，"国际"不能作为字号或经营特点，只能作为经营特点的修饰语，并应符合行业用语的习惯，如国际贸易、国际货运代理等。

4. 使用自然人姓名作字号的，该自然人应是企业的投资人或股东。需要注意的是，所用投资人姓名与党和国家领导人或老一辈革命家的姓名相同的，不得使用。

5. 以商标作字号应提交商标所有权人出具的同意函以及国家有关部门对该商标的认定证明。

6. 企业名称有下列情形之一的，不予核准：

（1）与同一工商行政管理机关核准或者登记注册的同行业企业名称字号相同，有投资关系的除外；

（2）与其他企业变更名称未满1年的原名称相同；

（3）与注销登记或者被吊销营业执照未满3年的企业名称相同；

（4）其他违反法律、行政法规的。

企业名称需译成外文使用的，由企业依据文字翻译原则自行翻译使用，不需报工商行政管理机关核准登记。"企业名称预先核准"现在一般只需到所在地的工商局网站直接办理。具体流程图如图7-7所示（以北京为例）。

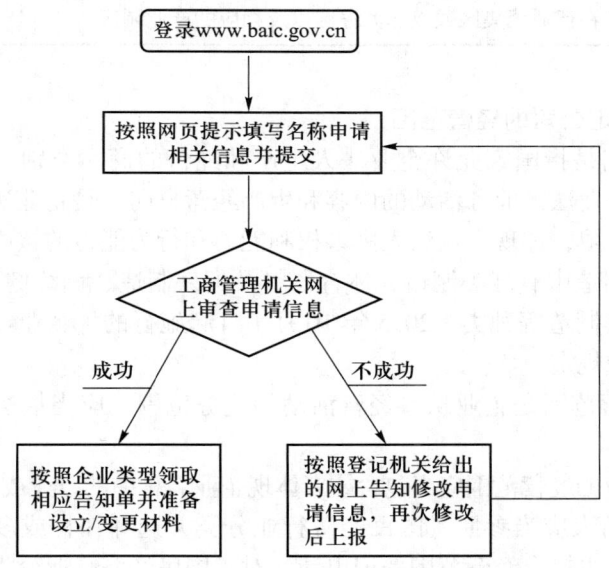

图7-7　网上申请企业名称预先核准流程

为简化名称登记手续，工商管理部门在该环节无需提交投资人资格证明文件，也不对投资人的资格进行审查，为避免因投资人资格不符合规定而产生的后期调整，应认真阅读《投资办照通用指南及风险提示》的相关内容。

## （三）明确公司地址

创业者企业注册与经营地址的选择包括两个方面：一是选择地区，选择不同地理区域或城市；二是选择具体地址。影响地区选择的因素主要有：政治、经济、技术、社会和自然5个因素。影响具体地址选择的因素主要有：交通、资源、消费群体、社区环境和商业环境等（表7-2）。确定公司注册地址后，按规定需要准备注册经营地的相关产权证明或租赁合同。

▶ 表 7-2　公司选址

| 企业性质 | 选址考虑因素 |
| --- | --- |
| 体育产品制造性质的创业企业 | 原材料的供应地距离与价格，交通运输是否便利，是否具备生产所需的水电与环保条件，有无优惠政策等 |
| 体育产品销售性质的创业企业 | 选址应考虑客流量、租金、人群消费能力等 |
| 体育服务性质的创业企业 | 根据具体的经营对象灵活选址，但对客流量要求较高 |
| 高科技体育产品创业企业 | 在行业聚集区或成熟商务区以及相应的产业园区 |

### （四）预定公司的经营范围

经营范围是指国家允许企业法人生产和经营的商品类别、品种及服务项目，反映企业法人业务活动的内容和生产经营方向，是企业法人业务活动范围的法律界限，体现企业法人民事权利能力和行为能力的核心内容。比如在体育用品制造中有球类制造、体育器材及配件制造、训练健身器材制造、运动防护用具制造等种类。2015 年 10 月 1 日起施行的《企业经营范围登记管理规定》中规定：

（1）经营范围是企业从事经营活动的业务范围，应当依法经企业登记机关登记。

（2）企业的经营范围应当包含或者体现企业名称中的行业或者经营特征。

（3）申请人应当参照《国民经济行业分类》选择一种或多种小类、中类或者大类自主提出经营范围登记申请。对《国民经济行业分类》中没有规范的新兴行业或者具体经营项目，可以参照政策文件、行业习惯或者专业文献等提出申请。

（4）企业的经营范围应当与章程或者合伙协议规定相一致。

（5）企业申请登记的经营范围中属于法律、行政法规或者国务院决定规定在登记前须经批准的经营项目（以下称前置许可经营项目）的，应当在申请登记前报经有关部门批准后，凭审批机关的批准文件、证件向企业登记机关申请登记。

（6）企业登记机关依照审批机关的批准文件、证件登记前置许可经营项目。批准文件、证件对前置许可经营项目没有表述的，依照有关法律、行政法规或者国务院决定的规定和《国民经济行业分类》登记。

## （五）确定股东的出资

2014年3月1日起施行的《中华人民共和国公司法》（以下简称《公司法》）中，关于有限责任公司股东出资的规定有：

（1）有限责任公司的注册资本为在公司登记机关登记的全体股东认缴的出资额。

法律、行政法规以及国务院决定对有限责任公司注册资本实缴、注册资本最低限额另有规定的，从其规定。

（2）股东可以用货币出资，也可以用实物、知识产权、土地使用权等可以用货币估价并可以依法转让的非货币财产作价出资；但是，法律、行政法规规定不得作为出资的财产除外。

对作为出资的非货币财产应当评估作价，核实财产，不得高估或者低估作价。法律、行政法规对评估作价有规定的，从其规定。

（3）股东应当按期足额缴纳公司章程中规定的各自所认缴的出资额。股东以货币出资的，应当将货币出资足额存入有限责任公司在银行开设的账户；以非货币财产出资的，应当依法办理其财产权的转移手续。

股东不按照前款规定缴纳出资的，除应当向公司足额缴纳外，还应当向已按期足额缴纳出资的股东承担违约责任。

《公司法》规定，注册资本登记制度由实缴登记制变为认缴登记制。工商机关只登记股东（发起人）认缴的注册资本总额，实收资本不再作为登记事项，公司登记也无需提交验资报告。除法律、行政法规以及国务院决定有规定的条款，取消了对公司最低注册资本限额的要求。股东（发起人）可以自主约定出资比例、出资方式和出资期限。在确定公司注册资本时，需要注意以下问题：

1. 注册资本认缴不等于不缴

如未按约定实际缴付出资，公司和已按时缴足出资的股东可以追究其违约责任。如果公司发生债务纠纷导致破产清算，股东即使未缴足出资，也必须根据其认缴的出资数额承担责任。

2. 认缴数额越大承担责任越大

公司认缴的出资金额及出资期限将通过"企业信用信息网"向社会披露，如果超出股东经济实力盲目认缴巨额资本，超过合理期限随意约定过长的出资时间，不仅加大了股东责任，而且也影响公司的公信度和竞争力。

3. 门槛降低不代表不需要注册资本

公司设立时，注册资本是公司投资创业的启动资金，在公司运营过程中转换为公司责任、财产的构成部分，"一元钱办公司"只是一个形象的比喻。投资者还应根据公司从事的生产经营活动，合理选择注册资本规模，以取得交易对象的信任。

### （六）明确公司的组织机构

《公司法》第二章第二节（自三十六条至五十六条）对公司组织机构进行了专门阐述，公司组织结构由股东大会、董事会、监事会、经理组成，各司其职（图7-8）。公司组织机构的职责和内容简要介绍如下：

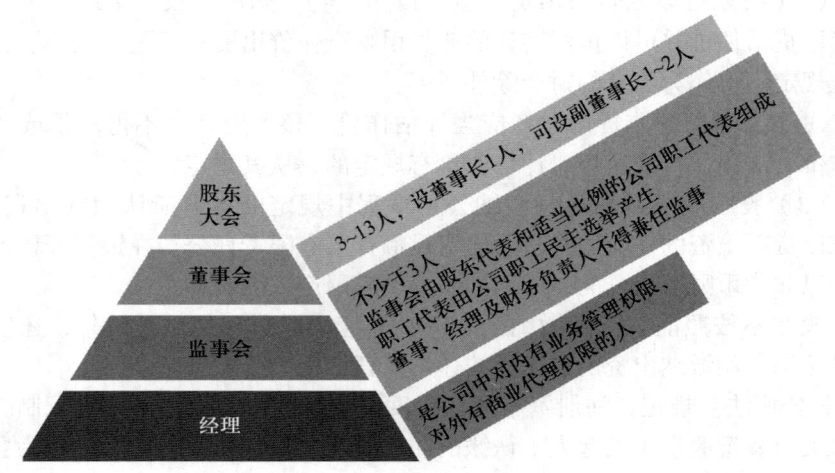

图 7-8　公司组织管理结构

（1）公司组织结构主要由股东会、董事会和监事会组成。

（2）有限责任公司股东会由全体股东组成。股东会是公司的权力机构，依照《公司法》行使职权。

（3）有限责任公司设立董事会的，股东会会议由董事会召集。有限责任公司不设董事会的，股东会会议由执行董事召集和主持。

董事会设董事长1人，可以设副董事长。董事长、副董事长的产生办法由公司章程规定。股东人数较少或者规模较小的有限责任公司，可以设1名执行董事，不设董事会。执行董事可以兼任公司经理。有限责任公司可以设经理，由董事会决定聘任或者解聘，经理对董事会负责。

（4）有限责任公司设监事会，其成员不得少于3人。股东人数较少或者规模较小的有限责任公司，可以设1~2名监事，不设监事会。董事、高级管理人员不得兼任监事。

《公司法》第一百四十六条规定，有下列情形之一的，不得担任公司的董事、监事、高级管理人员：

（1）无民事行为能力或者限制民事行为能力；

（2）因贪污、贿赂、侵占财产、挪用财产或者破坏社会主义市场经济秩序，被判处刑罚，执行期满未逾5年，或者因犯罪被剥夺政治权利，执行期满未逾5年；

（3）担任破产清算的公司、企业的董事或者厂长、经理，对该公司、企业的破产负有个人责任的，自该公司、企业破产清算完结之日起未逾3年；

（4）担任因违法被吊销营业执照、责令关闭的公司、企业的法定代表人，并负有个人责任的，自该公司、企业被吊销营业执照之日起未逾3年；

（5）个人所负数额较大的债务到期未清偿。

需要注意的是，公司"法定代表人"是指依据章程确定的董事长（执行董事或经理）；高级管理人员，是指公司的经理、副经理、财务负责人。控股股东，是指其出资额占有限责任公司资本总额50%以上或者其持有的股份占股份有限公司股本总额50%以上的股东；出资额或者持有股份的比例虽然不足50%，但依其出资额或者持有的股份所享有的表决权已足以对股东会、股东大会的决议产生重大影响的股东。

（七）制定公司章程

公司章程是股东共同一致的意思表示，表明了公司组织和活动的基本准则，是公司的宪章。公司章程与《公司法》一样，共同肩负调整公司活动的责任，公司章程对公司、股东、董事、监事、经理具有法律约束力。作为公司组织与行为的基本准则，公司章程对公司的成立及运营具有十分重要的意义，它既是公司成立的基础，也是公司赖以生存的灵魂。

公司章程是注册公司最主要的文件之一，它由股东共同制定，经全体股东一致同意，由股东在公司章程上签名盖章。各地工商局网站上都可以找到公司章程的范本，创业者可参考制订本公司的公司章程。

## 第二节 初创体育企业基本管理

**案例导入**

**创业容易管理难**

2004年雅典奥运会跳水男子3米板冠军彭勃退役后做起了足球青训，

2018年，他遇到了创业团队的管理危机。

原来的创始团队和50多名教练及办公室人员此前一直缺乏管理约束，2016年一家上市公司注资团队，规范了办公流程，不少创始人和员工难以适应，纷纷离开，被动上岗的彭勃只能每天陷于处理各类人事关系。

公司管理的问题，同样困扰着马薇，这个拿过亚运会曲棍球冠军的姑娘曾是女足选手，一次回家和女足队友的重聚让她动了创业的心思。

时隔十多年的聚会，让马薇果断放弃了原本工作，将队友从天南海北召集到连云港，"为了姐妹感情而创业"。

质朴的想法和运动员的真诚令她们获得投资人的信赖，但姐妹们要从事项目测试、销售、财务、教练甚至发传单等所有工作，"7天无休，早9点上班，晚10点下班，加班到凌晨2点"。持续近一年后，大家吃不消了。

马薇的团队中，最小的成员25岁，最大的33岁，来自恋爱、婚姻、生子甚至公婆的压力，让这支"娘子军"逐渐有了分歧。

"创业最累的是心累，只有心累最难以承受。"习惯了运动服的马薇忍着别扭穿起裙子和高跟鞋，可她害怕说话，因为过于直率的性格已经让她尝到苦头，"明明想夸人家，却恰好戳中别人伤疤"，有时别人话中带刺，她还笑脸相迎，"以前我真听不懂，现在是不想听懂"。

冠军基金运动员创业培训班的路演环节，站在穿着粉色卫衣、橙色羽绒服的队友中，马薇穿着黑色西服白色衬衫，站得笔直，她讲述了公司的创业故事，但投资人占比较大的股权结构引起台下专家质疑。

"股权结构过于失衡，会令你失去下一步发展的空间，这不是靠有梦想就能解决的问题，你该和投资人谈谈。"可马薇眼泛泪光地说："他在我最难的时候帮助我，我信他。"

点评：创业容易管理难。新创办企业的失败率很高，统计表明，中国企业的平均寿命只有7年左右，民营企业的平均寿命只有3年。推动新创企业成长的一个重要因素是创业领导者管理企业的综合素质与能力。

## 一、国外体育企业管理的成功经验

### （一）完善的组织架构

在市场经济环境下，企业通常由董事会进行控制。以美国篮球职业联赛（NBA）为例，联赛联盟中的董事会和总裁及其下属的各个部门之间是属于雇佣关系，董事会拥有最终的决定权，其运行必须在董事会的监督和管理之下。正是这种市场化的思维，使美国篮球职业联赛成为当前全球最受欢迎的体育联赛之一,并不断在全球开拓市场。

## (二)融资能力强

体现经济发展能力的一个指标是社会的融资能力。国外公司强大的融资能力给体育企业的发展带来了很大的支持,从而使得体育企业能够快速发展。体育企业发展中,应始终坚持以客户需求为导向,从而使得越来越多的观众、赞助商加入其中,使体育企业不断盈利,资产也不断增加。以欧洲足球联赛为例,每年阿迪达斯等国际知名品牌的广告投入可达上亿美元。

## (三)强有力的市场竞争主体

第一,国外知名体育企业有很强的管理团队。俗话说企业的成败取决于管理,而管理离不开人的推动。国外知名体育企业大都具备很强的技术研发团队。以耐克公司为例,创业初期产品研发人员就有100多名。第二,国外知名体育企业都有比较完善的人力资源激励体系。

## (四)强调核心价值观

在国外知名的体育品牌营销中,他们更注重对企业核心价值观的传递,从而通过全球统一的品牌营销,增强用户对品牌的同质化消费。以阿迪达斯为例,公司通过在全球赞助大型体育赛事,增强消费者对阿迪达斯品牌的认同度,同时借助其强大的研发团队,形成了对阿迪达斯企业的核心价值观的认同。

## 二、初创体育企业的组织管理模式

在管理领域,有一句经典的话:"好的制度让坏人坏不了事,不好的制度则让好人做不了事。"由此可见,懂得管理制度的重要性。而在企业管理制度的健全和表现上,关键在于企业组织管理。企业组织管理是指在企业内部建立健全管理机构,合理配备人员,制订各项规章制度等管理工作的总称。企业组织结构的合理设计与组织管理的合理分工是企业成功的前提。

## (一)体育企业内部权责制度管理

企业制度是企业运行的原则和规范,制度创新是企业管理创新的核心要素,主要体现在企业产权制度、经营制度、管理制度的综合创新上。体育企业实行内部权责制度创新,首先,应建立双方信任机制,解决"体育企业所有者与经营者之间的信任问题";其次,应不断提升体育企业经营者、经理层人员的能力,强化其自身的职业操守与行为规范;最后,应建立基于信任基础的约束机制。企业的责权是对等的,有多大的权利就得担负多大的责任,唯有如此才能真正激发经理层的积极性与主动性,授权的同时授责才是真正的授权管理。

### (二)决策管理

决策管理是体育企业管理中最重要的环节,不仅是体育企业领导者水平的表现,更是事关体育企业在市场经济竞争中能否站得住脚、扎得住根的关键所在,关系到整个企业的兴衰成败。而决策力、思想力取决于对事物把握的认知程度,决策的过程是思想力发挥作用的过程,思想的过程则是对材料的整理并最终形成决策的过程。作为体育企业管理者,如何抓住事物的本质,把握发展的趋势来制定目标和形成决策至关重要。体育企业可以运用现代企业信息系统,充分掌握各方面的信息,通过科学决策及时纠正、对付多变的市场。同时,在实践进程中,还要不断提升体育企业的执行力和行动力,将政策落到实处。

### (三)组织结构管理

企业的组织结构是为实现既定的经营目标和战略目标而确立的一种内部权力、责任、控制和协调关系的形式。传统组织结构弊端包括:一是组织结构单一,权力集中,中小企业的组织结构多为直线型;二是组织中管理层级少,难于协调,组织结构过于扁平,管理幅度不平衡。组织机构的创新途径有以下几种:一是体育企业的管理者应根据管理人员的能力、下级人员的素质、工作对象的复杂程度、沟通效率等影响因素准确划分设计管理幅度与管理层次;二是根据体育企业自身的目标、条件、业务活动的性质和特点等,选择最适合的方法划分部门设计,提高工作效率;三是做好职权的纵向结构和集权与分权的设计以及职权的横向结构和部门职权分立与衔接的设计,实现体育企业纵向结构扁平化、横向结构综合化、管理体制分权化、业务流程标准化、运行机制市场化、外部联系网络化。同时,还应根据需要进行公司兼并和战略重组,对公司的重要人员实行聘任制和选举制,及时进行人员的调整与分流等。

### (四)人本管理

随着科技的发展,社会文明的进步,体育企业的管理已从科学管理发展到以人为中心的人本管理。体育企业人本管理的核心就是确定人在管理过程中的主导地位,强调把人视为体育企业管理的核心和重要资源,充分调动和发挥员工的积极性和创造性,从而实现企业的目标。体育企业应将员工定位为人才资源,进行理念、技能、综合素质开发的培训,形成人力资本,并从体育企业管理理念、人本思维的追求、体育企业管理动作、体育企业文化层面和人力资源管理着手,按照资本运作规律,挖掘人力资本的能量,促进体育企业发展。

### 三、体育企业营销管理

体育企业要想不断发展壮大,必须进行市场营销创新,不断开辟和拓展市场。传统营销管理是通过大量硬性指标和规章制度来约束营销人员,这样往往造成管理者与被管理者之间缺乏双向沟通,管理效率不高,组织绩效低下。而且,传统的市场营销是单向的,厂家通过媒体、广告、展览、产品目录等方式向消费者传递信息,消费者完全处于被动的地位。因体育营销具有互动性、体验性和文化性等传播优势,可以从这里突破寻求创新:一是改变单向营销方式,采用网络互动式,拉近体育营销者与消费者需求之间的距离,提高体育企业营销信息传播效率,实现体育产品直销,降低经营成本,提高体育企业的经济效益;二是将体育营销产品由物质转向知识。体育产品在保证质量的同时,应附加文化产值。此外,营销活动中也要注重向消费者传播与产品有关的知识、信息和技能,以知识拉动需求,培育创造市场,让公众不仅在物质上得到满足,同时还能得到文化知识的熏陶。

## 第三节 体育新企业成长管理

案例导入

#### 德尔惠的倒闭

德尔惠股份有限公司创立于1990年,创始人丁明亮,公司的主要定位是为二、三、四线城市16~26岁中国年轻人提供运动休闲产品。由于创始人病故、上市受阻、遭遇关店潮,元气大伤的德尔惠公司在2017年将德尔惠品牌授权给了凯天体育用品有限公司。

1. 一直在错过

从2003年起，周杰伦代言的德尔惠连续两年销售增长超过50%，但当时公司的产品仍以滑板鞋、跑鞋为主，服装占比很小。据"懒熊体育"报道，德尔惠销售部门曾于2005年向丁明亮提出"小店变大店"，鼓励客户在省会及主要城市开旗舰店，在产品中加入更多服装。

但由于总部要给予旗舰店货架、灯具、装修等方面的支持，开销增大，最终被丁明亮驳回了。他认为这笔投入应该由代理商支付，而非总部承担。由此，德尔惠错失了一次"跑马圈地"的机会。

在本该笼络好代理商并大举扩张的时期，德尔惠却开始面临代理商流失。2007年，原本23个代理商中的17个纷纷离开，只剩下6个代理商的德尔惠开始构建直营体系。"门店渠道混乱，分管领导天天混日子"，德尔惠前员工汪家康回忆。

2. 港股上市夭折

在李宁公司的激励下，德尔惠也开启了上市计划。然而这一次，德尔惠却没能"赢"过安踏。2007年，安踏成为晋江体育用品上市第一股。

在安踏上市的2007年，原本计划在港股上市的德尔惠却发生财务作假的丑闻。随即而来的便是漫天的负面报道。公司找不到办法澄清，财务总监频频现身也无济于事。无奈之下，丁明亮赶往香港，终止了IPO进程。

代理商借此向德尔惠施压，不少亲友也开始和丁明亮划清界限。最大的冲击来自讨要贷款的各家银行。为了抓紧还贷，德尔惠在全国举行了大力度促销。但也是因为促销拉低了价格，使消费者忠诚度与品牌美誉度也受到了不小打击。更重要的是，德尔惠错过了2007年的上市良机。

资金链短缺，库存危机等差点没把德尔惠打垮。而在危机过后，德尔惠还是未能如愿上市。随后数年，公司品牌和业务"一落千丈"，随着体育运动品牌进入调整期，德尔惠也逐渐淡出了绝大部分消费者的视野。

2013年，德尔惠与周杰伦签订的10年代言协议到期。虽然2013年10月，何苦曾在个人微博表示"与周杰伦开始第11年合作"，但之后就没有发现相关的消息，德尔惠官方微博与周杰伦相关的宣传活动也定格在2014年12月。

3. 欠债6.36亿元，公司停业、倒闭

2017年年末，《福建日报》资产处置广告揭示了德尔惠最终的"结局"：德尔惠（中国）有限公司和德尔惠股份有限公司欠债共计6.36亿元，包括德尔惠厂房及土地以及仓库均抵押，而公司目前也已经停业。

点评：从德尔惠公司失败的案例中，我们可以看到该企业在经营管理中存在很多问题，经营策略保守、与代理商关系不佳、财务作假导致公司口碑下降等都是导致德尔惠倒闭的原因。这些原因也是其他体育创业者在企业成长过程中会遇到的问题，应当引以为戒。

## 一、体育企业创业阶段的主要问题

### （一）体育企业创业阶段的特征

根据企业的成长周期理论，一个组织的成长大体可分为4个阶段：创业期、成长期、稳定期、衰退期。组织业务的发展必将经历这4个阶段，并呈现出如"春、夏、秋、冬"四季般的循环更替。在企业的不同成长阶段，其所适合的管理风格也不尽相同。企业在不同发展阶段的特点，如表7-3所示。

▶ 表7-3 企业不同阶段的特点

| 创业期 | 成长期 | 稳定期 | 衰退期 |
| --- | --- | --- | --- |
| 资金少 | 利润和销售额快速增长 | 利润和销售达到最高 | 利润和销售增长速度缓慢 |
| 技术缺乏 | 市场占有率快速提高 | 市场占有率高且稳定 | 市场占有率下降 |
| 失败率高 | 组织结构开始完善 | 经营方式多元化 | 财务状况严峻 |
| 风险大 | 重视创新 | 成熟的组织结构 | 关键人员流失 |
| 管理不规范 | 开始培育核心能力 | 大量的分权 | 技术陈旧 |
| 缺乏核心能力 | 进行多样化的尝试 | 成熟的企业形象 | 缺乏创新精神和能力 |
|  | 问题多且繁杂 | 竞争者大量出现 |  |

除了企业自身的性质、规模、所处的行业等特定因素，创业阶段都具有一些共同的特征：

1. 创业阶段是企业整个生命周期的积累期

创业阶段是一个基础性的建设时期，主要表现在：企业制度的建设和完善，内外部资源的获取和利用，宗旨和战略方向的确定，基本组织管理构架的搭设，权利义务关系的安排，业务流程的规划，企业文化的孕育等。所有这些将成为企业存续经营的基本要素和框架，如果忽视这些要素的建设和培育，将不可避免地导致企业之后的整个生命周期的"营养性缺乏症"。即使企业可以在之后的阶段进行针对性的改革和调整，考虑到历史积累和惯性，这种调整都不可避免地面临着巨大的阻力和高昂的成本。

## 2. 创业阶段的高风险性

市场竞争对于任何企业而言都是机会平等的，但又是十分残酷的。市场没有耐心等待企业的缓慢学习、成长和成熟，处于创业阶段的企业必须在尽可能短的时间内适应市场环境和竞争规则。面对一些历史悠久、实力雄厚的大型企业，创业企业如果没有有效的竞争策略和独特的竞争优势，很难在竞争中生存。在创业阶段的幼稚时期甚至发展初期失败的案例相当多。

## 3. 生存是创业阶段企业的首要目标

市场环境有着巨大的风险，企业用于抵御风险的盾牌一是规模，二是经验，对于处于创业阶段的企业来说，这两者恰恰都是十分缺乏的。处于创立初期的企业，一般来说获取外部资源的能力较薄弱，缺乏足够的资源积累，创业和经营所需的资本、技术、人力都相对匮乏，导致生产规模偏小，资本的有机构成低。在吸引人力资源方面，也很难与大企业竞争。从行业来看，新进入的创业型企业一般都采取的是"跟随者"和"模仿者"的竞争策略，很难在高强度的竞争中与拥有充足资金、成熟的技术和完善的网络渠道的大企业相竞争。此时企业经营目标的着眼点就在于如何应对强大的竞争压力，如何在行业中站住脚，以求走上发展的轨道。

## 4. 资源（特别是外部资源）的获取成为创业时期制约企业发展的主要瓶颈

创业初期是一个重要的集中性投入时期，从物质资源来看是资本的投入，如在地点的选择、设备的购置、技术的引进和购买、员工的招聘和培训、市场的调研、业务的谈判、广告费用的投入都需要大量的资金。从无形资源来看，企业迫切需要完善的制度、应对竞争的经验、良好的商誉等。资源的获取有两个渠道：一是自身的积累和生产，二是从外部环境中获取。企业不可能生产所需的全部资源，一些无形资源如经验的生产更是需要漫长的时间。由于规模势力弱小，销售量小，企业盈利少，资金积累的速度慢。加之其信用等级低，导致融资渠道的不畅。资源的缺乏限制了企业的成长，而企业规模不能壮大，又会失去获取资源的能力，长此以往，形成了一个恶性循环。对于企业来说，突破这个瓶颈是创业阶段的重要任务。

## 5. 制度的幼稚性导致企业处于不稳定的状态之中

基本企业制度和管理模式的建立需要一个较长的时期，一些基本管理要素如规章制度、组织结构、权责关系等在此阶段处于零乱或者缺失的状态，企业缺乏一个标准化、规范化、系统化的管理体系。此时对企业影响更大的是某些创业者的个人影响力，或者一些随机性的偶然因素或者机遇。导致企业经营活动的不稳定状态,具体表现在:企业发展方向和战略的模糊,企业各子系统间作用的非规范性和偶然性,企业绩效或者发展速度的波动性,企业政策制定的主观性和变动性等。

### (二)创业初期的优势与问题

创业初期的优势主要有:① 竞争者较少,投资回报率相对于其他阶段要高出许多,企业销售收入快速增长;② 创业者承担风险的代价不大,勇于冒险,充满探索精神;③ 创业者充满对未来的期望,往往能够容忍暂时的失误,这一时期的创业者对未来的期望值大于已有成就;④ 内部结构简单,办事效率较高等。

创业初期容易出现的问题有:

1. 资金不足

长期以来我国受"举国体制"的影响,致使以前体育产业资金来源单一,投入回报率较低,竞技体育与全民体育发展不均衡,无力直接创造政府所需要的"奖牌效应"。另外,一直以来国家对民间资本投入体育产业缺乏政策引导和扶持,导致民间资本难以进入体育产业。目前,虽然有体育发展基金、体育彩票等对体育产业发展提供支持,相关企业融资的融资渠道也在不断拓宽,但是与国外多元化的融资方式相比还有距离,而且发展水平和层次也有待提高。

2. 制度不完善

由于创业初期企业的行动导向和机会驱动,一般在管理上没有制定完善适用的制度来保障企业的运营,这会使企业运营后期遇到困难和挑战。

3. 因人设岗

创业团队建立初期,为弥补人才的不足和管理上的简单高效,创业初期往往采用因人设岗的办法,即看谁比较适合做什么工作,就设置什么样的部门和岗位,以满足公司业务的需要。

### (三)成长期企业的特点和主要障碍

处于成长期的企业具备方向基本确定、高速发展、标准逐渐建立等特征。此时,企业的管理者经过创业期的摸索,已经逐渐明确自身的发展目标,从而可以对员工进行过程控制。同时,公司的组织成长步入加速期,未来发展态势良好,企业规模急速扩张,新员工数量剧增。因此,企业管理者应当采取以教导型为主的管理风格,给予员工长期的工作目标及相应标准,并增强对新员工的培养力度,使之能快速适应企业发展的需要。

拓展资源:成长企业的特征

## 二、新创体育企业成长的问题与挑战

### (一) 新创体育企业成长的问题与障碍

新创体育企业的成长有诸多的限制和障碍,主要体现在以下三个方面:

#### 1. 产业关联水平低

我国体育产业关联水平较低,仍然处于发展过程中的"数量扩张"阶段,大部分都是单向关联,各部门关联水平不高,我国体育产业的中间消耗变大,需要大量的工业品作为体育产业发展的中间投入,因此,对第二产业依赖程度过高,多数体育产业部门的价值被利用率不高,影响了产业整体效果的发挥。在美国现有的42个产业领域中,与体育产业产生直接关联的部门占据47%以上,体育产业已经成为美国社会辐射面最广的产业之一,这与我国的体育产业发展形成了鲜明的对比。

尤其作为我国的新兴产业,体育产业仍处在起步阶段,基本上是自给自足的状况,它的发展进程更为缓慢,关联水平也较低。竞赛表演业、健身娱乐业相对其他产业是体育产业中的主体产业,发展较快,但体育中介业、体育传媒业等相对滞后,没有形成关联性强的产业结构。

#### 2. 持续创新和战略规划能力不足

创新是推动企业成长的主要动力。缺乏战略是制约企业成长的关键因素。生存的压力迫使新创建企业更加注重行动而非战略思考,甚至许多人认为新创企业和中小企业没有也不需要战略。企业创新能力制约了企业成长的速度和质量,企业战略制约着企业成长的效能。能否持续创新和制定符合企业实际的战略,是影响企业成长的主要因素。

#### 3. 人才匮乏

新创体育企业普遍面临顶尖体育专业化人才极度缺乏,体育赛事组织、策划、宣传、商业运作的专业人才缺乏,社会体育活动组织、宣传的人才紧缺,体育场馆经营管理的专业人才缺乏等问题。

在不同的细分市场上,低端体育用品市场推广及营销人员较为冗余,而一些具备高科技新兴技术的体育人才相对比较紧缺,如从事电子竞技、网络体育开发、体育动漫、体育赛事活动创意策划等产业人才十分短缺。具备运动知识的体育资本运营、体育文化创意、法律与管理等复合型体育产业人才以及一专多能的复合型体育人才同样供不应求。

### (二) 新创体育企业成长的主要挑战

#### 1. 不确定性对新企业的挑战

新创体育企业运营具有很多不确定性因素，会造成企业经营的困难。这些不确定性因素因企业经营环境和具体企业实际而不同。常见的不确定因素有产品、管理、财务（特别是现金流）和经营策略几个方面。具体因素如图 7-9 所示：

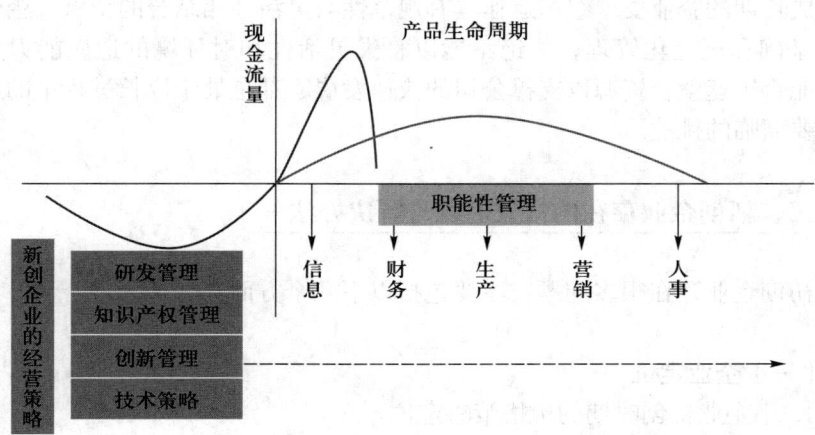

图 7-9　新创体育企业成长的不确定因素

不同经营环境下的机会创造与利用策略如表 7-4 所示：

▶ 表 7-4　企业在不同环境下的机会策略

| | 确定性环境 | 低可变性环境 | 高可变性环境 | 不确定性环境 |
|---|---|---|---|---|
| 1. 机会创造与发现 | 有唯一正确的选择，可采用持续竞争优势概念 | 战略假设具有少数几种变化 | 需要非常多样化的多种假设 | 大量的假设，检验与产品推出阶段几乎不可区分 |
| 2. 机会识别、突破与利用 | 对唯一正确选择进行大量投资 | 对若干方法进行适度投资 | 巩固明显的成功 | 迅速放弃失败的方法 |
| 3. 机会整合 | 设立障碍，利用类似垄断的条件 | 巩固成功，但不进行长期资源投入 | 通过检验尽力转向低可变性，保持资产的可移动性 | 此阶段被精简，在利用阶段已获得收益 |
| 4. 机会分解与循环 | 逐渐、系统地撤出资源，转移到相关或类似业务 | 当检验发现投资收益率可能下降时开始进行分解 | 迅速组织，重新部署资产 | 在利用阶段的顶峰开始进行分解 |

## 2. 快速成长导致复杂性

企业的快速成长增加了许多经营管理的复杂性，同时加大了环境的复杂性对企业稳定经营的影响，在这种背景下，企业的经营管理工作又面临一系列新的要求。企业家的一项经营决策失误往往会导致整个企业经营的失败。成长期的企业要求组织运作具有规范性与灵活性相结合的特点。企业要强化基础和规范化管理，但绝不能以丧失灵活性和对环境的适应能力为代价。能否迅速整合资源以支撑公司的快速发展，都是处于成长过程中的新企业需要面临的挑战。

## 三、新创企业存在的常见问题与解决办法

初创企业存在很多问题，主要包括以下几个方面：

### （一）企业定位

#### 1. 小企业初创时期的价格策略定位

小企业初创时期由于对市场了解不够，或者因为销售市场与成本市场有一定程度的脱节，所以在产品价格定位上易出现不科学的现象，如何拿捏市场价格，成了创业初期的一大难题。产品价格偏高，甚至与大企业的产品价格相当，产品就缺少竞争力，加之小企业的资金实力、加工工艺、承受风险的能力、政策的完善度、执行的标准、售后服务等方面不能比肩大企业，想说服客户采购产品，似乎不太现实。价格定位的另一个关键是所面对的客户群，具体来看是高收入群体还是低收入群体？是城市还是农村？是东部还是西部？是夏季还是寒冬？不同类型的人群价格定位都不一样。对规模经济来说，小企业与大企业的竞争不在于价格，价格战只对具有规模效益的大企业有利，它们可以凭借其雄厚的资金，过硬的产品质量和成本优势，通过价格战逐渐侵蚀市场。小企业如果没有及时有效的对策就很容易被淘汰。所以，产品价格定位的合理性对小型企业初创时期的创业者来说是非常关键的考验。

#### 2. 小企业初创时期的战略定位

小企业初创时期的战略定位是其能否"孵化出壳"的关键，目前在我国每年都有很多初创型小企业诞生，同时又有不少的小企业面临或宣布倒闭。在美国，每年有45万~50万家小企业成立，一年后只有不到一半的企业能够存活下来，到了第三年，80%~85%的企业已经宣布倒闭。这些数据并不意味着小企业缺乏生命力，而是它们草草创立，缺乏科学的战略定位，

在成长期没有把握关键的转折机会，被淘汰在所难免。

小企业信息传递敏捷，整体协作性强，处理机动灵活，做决策简单易行。许多初创时期的小企业创业者特别希望扩大规模，实行多样化生产，但盲目的贪大、贪全，只能使企业陷入困境，初创小企业要想在大企业的挤压下生存发展，需要有自己的个性，在生产技术产品等方面形成自己的特色。尤其在供过于求的市场环境下，更需要努力塑造自身个性，找出自己的特色，要利用消费者的多样化和个性化需求，寻找新的企业增长点。

在创业初期，企业战略和市场的正确定位能帮助小企业尽快走出困境，以下是小企业在创业初期常用的对策（图7-10）。

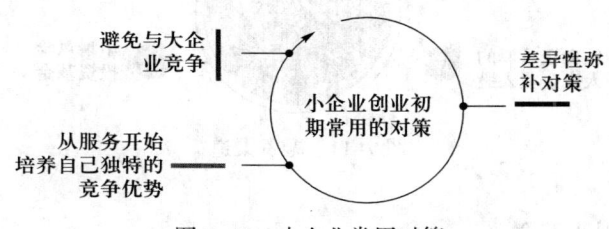

图7-10 小企业常用对策

一是差异性弥补对策。小企业一定要突出自身特色，在夹缝中寻求市场。本着"人无我有，人有我优"的原则，寻找市场空白，凭借自身的灵活性抢占大企业生产的空缺，明确适合自身发展的市场定位。产品差异化策略不仅能使小企业在大企业之中生存，而且只要服务到位，利润也十分可观。

二是从服务开始培养自己独特的竞争优势。小企业的创业初期，服务至关重要。创业者需要时刻了解客户的真正需求，如果能做到急用户所急，想用户所想，想方设法帮助用户解决问题，关注客户困扰的每一个细节，从服务开始，挖掘客户目前的真正需求，市场便会逐渐打开并稳固。灵活、及时、到位的服务是进入客户市场的最好时机，这是小企业创业成功的不二法宝。

三是避免与大企业正面竞争。小企业在创业时，必须学会韬光养晦，可以把自己的生产经营相对固定地纳入某个大企业的体系中，如为其加工某个部分或某个零件，成为他们的配套厂家，或者专门从事某种工艺的加工处理，成为大企业生产的一个组成部分。小企业规模虽然小，但是相对于某项工艺来说有自身的"比较优势"。在这些专门的领域里，小企业可将有限的资源最大限度地集中在某一特定的细分市场或某一产品上，避开与大企业的正面竞争，并集中自身力量发挥专业化的优势，为企业创业和生存提供可靠的基础。

## （二）融资

小企业在创业初期一般规模比较小，其生产经营活动具有高度的不确定性，企业既没有资产抵押，又没有信贷记录，资金提供者无法正确判断其投资的收益率，所以小企业贷款或融资都非常困难。

小企业的融资困境可以通过以下渠道解决（图7-11）：

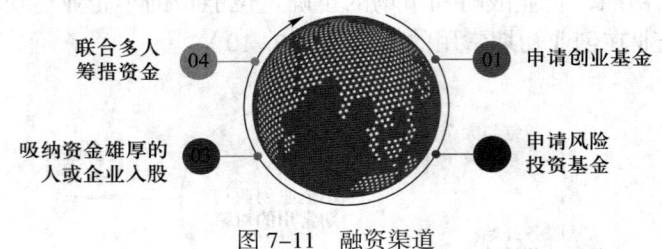

图 7-11　融资渠道

### 1. 申请创业基金

中国青年创业就业基金会是由共青团中央发起成立的，基金会根据项目的情况，给予一些优质项目资金支持以扶持年轻人创业。中国青年创业国际计划（英文简称"YBC"）项目旨在"扶助一个青年，成就一个未来企业家"，是由共青团中央、全国工商联、全国青联共同倡导发起，是一个帮助青年创业的教育性公益项目。该项目成立了"创业基金"，基金总额达300万元。被资助青年可获得3~5万元的无息无担保创业扶持金，在获得创业扶持后3年内按月分期还款。

### 2. 申请风险投资基金

风险投资基金无需风险企业的资产抵押担保，手续相对简单，它的经营方针是在高风险中追求高收益。风险投资基金多以股份的形式参与投资，其目的就是为了帮助所投资的企业尽快成熟，取得上市资格，从而使资本增值。一旦公司股票上市后，风险投资基金就可以通过证券市场转让股权而收回资金，继续投向其他风险企业。

### 3. 吸纳资金雄厚的投资人或企业入股

如果创业项目好，但又没有申请到任何基金，还有一种渠道就是与有财力的人或企业合作。由于资金有限，合伙可以以技术股、市场份额股等形式灵活操作。

### 4. 联合多人筹措资金

多方联合的方式能够获得相对较多的资金，但一定要提前制定公司的规则和章程，严格按程序办事，规范和约束公司内部的"例外人士"，否则就容易造成猜疑和争吵，多方共管、意见不统一致使决策效率低下，对小企业的创业不利。

## （三）技术瓶颈

设备落后、技术水平低与技术人才缺失导致初创企业创业难度加大。针对小企业出现的技术瓶颈可采取以下对策：

### 1. 重视技术人才，提高劳动者素质

企业领导者应定期参加相关的技术培训，形成科学、合理的企业领导体制和组织制度，构建一套有效的激励和约束机制，充分发挥人力资源潜力，最大限度地激励和调动员工的积极性和创造性。

### 2. 要加大技术研发的投入

在科技迅猛发展的今天，小企业必须有针对性地加大技术开发投入，研究开发具有自主知识产权的核心和主导产品，增加技术储备，成为技术创新的主体、开发投入的主体、推广应用的主体，走与高等院校、科研院所联合的产学研结合之路。企业领导者要及时更新市场观念、增强竞争意识，树立国际化经营与竞争的意识，以市场为导向，以科技进步为动力，依靠技术、市场的创新，提高企业发展的竞争力。

### 3. 聘用技术专家顾问

一些专业的退休技术人员对小企业来说是一笔可观的技术资本，因为资深技术人员很多都对行业十分熟悉，在工作岗位上都是技术骨干，这对小型创业者来说是雪中送炭，很适合小企业技术人才的现实需求。

## （四）人力资源

小企业的初创时期在生产、销售、财务、运营等方面都需要有水平、能胜任的人才，而创业初期的人才匮乏是小企业经常面临的困境之一。缺少市场管理人员，产品卖不出去；缺少生产管理人员，哪怕是有了市场也不能为客户组织产品的生产和服务；没有财务管理人员核算成本，企业盈亏将无从计算；缺少运营管理人员会使得企业运行和协调能力低效无力。

人力资源问题的应对措施主要有以下几种方法：

### 1. 重视员工队伍或团队的组建

由于人员较少，创业阶段企业团队内部的协调和沟通比大型企业更加

便利和灵活。通过共同愿景的建立，团队内部知识和信息的交流和学习，凝聚力的培育，可以塑造创业阶段企业独特的优势。

2. 人力资源管理制度化

人力资源战略的作用周期相对漫长，紧迫程度不如其他职能战略，管理者往往有片面忽视的倾向，在人力资源战略的制定和执行过程中随意性很大。通过制度化将人力资源的吸收、开发和使用过程形成惯例和条例加以固定，包括：员工的聘用制度、培训制度、奖惩制度、沟通制度等，可大大规范企业员工的管理效力。

3. 建立以人为本的企业文化

初创企业应建立员工参与的组织氛围，鼓励创新精神、容忍失误，让员工具有主人公的责任感是创业阶段企业吸引和挽留人才的重要手段。创业阶段企业应建立全员参与的组织氛围。

4. 多种奖惩方式相结合

创业阶段企业应该在奖惩制度化的基础上，将不同奖惩方式配合使用。除了一般的薪酬激励外，还要侧重精神激励和企业文化的作用，加强双向沟通。管理者和员工的固定化谈心制度、员工建议制度、非正式化的沟通、灵活的工作空间、权力授予等都是卓有成效的经营方式。员工持股、智力入股等多样化股权方式也有利于企业增强对人才的吸引力。

5. 开拓多元化的培训方式和渠道

对创业阶段的企业来说，可以开拓多种培训渠道，其中工作实践是最直接和有效的方式，也可通过合作的方式进行人力资源利用和开发。尽管创业阶段企业在人力资源投入上不可能与成熟企业相比，但培训的观念、培训的形式和方法却是可以多种多样的。

6. 克服家族式管理的倾向

干预企业事务、任人唯亲、赏罚无序都是家族式管理的常见现象，是导致企业创业陷阱和创业失败的重要原因。克服这种倾向，一是要通过建立客观的管理制度来代替主观意志的指挥，二是要建立开放型的企业文化，三是进行权利和责任的合理分配。

（五）财务管理

小企业的创业期经济性质大多属于私营经济，企业的所有者同时又是经营者，这种模式给企业不仅带来了高效率的财务决策，也带来了很多负面影响。企业所有者自身不一定具备专门的财务知识，又因为创业企业经营规模较小，不可能在机构、人员和制度建设方面投入太大，使财务管理具有很大的随意性，很难发挥其应有的计划、决策、控制等职能。

据有关创业初期的小企业调查显示：在创业初期，企业财务上的内部控制制度总体来说残缺不全，比如财务清查制度、成本核算制度、财务收支审批制度等制度不健全，或者制度形同虚设，不能落实在行动中。财务控制的后果之一就是作为内部控制的环境要素，会计资料的真实性和完整性令人怀疑。初创企业的财务问题的解决办法主要有以下几种：

1. 加强专业化管理

聘请专业的财务人员，加强财务部门的管理、培训或学习必要的财务知识，有助于企业在创业初期形成制度规范。

2. 保持会计记录的准确完整

建立必要的会计制度，加强对员工的专业培养和后续教育，防止出现会计记录混乱、错误或不完整，这是财务管理其他职能的前提。

3. 建立健全财务职务分离制度

对于记账、出纳、保管等不相容的职务实行分离，应尽量由不同人员担任，减少错误和舞弊出现的可能性。根据分工原则，做到账务清晰，分工明确，不留死角和漏洞。

4. 避免任人唯亲

特定的亲属关系会弱化企业内部相互制约的力量，使创业初期企业内部控制制度的作用得不到充分发挥，极易产生不公平感，影响企业整体的激励机制。

5. 建立完善的资产管理制度，加强资产保全

小企业创业期事多而杂乱，使企业处于忙碌或混乱状态。资产的保全是加强内部财务控制的重要任务。首先要建立控制制度，在物资采购、领用、销售等方面建立合理的操作程序，从制度上保证操作规范，堵住漏洞，维护安全。其次，财产管理和财产记录一定要分开，形成有力的内部牵制，不能把财务管理、记录、检查核对等一系列工作交由一个人来处理。最后，要定期检查，揭露问题，促进管理的改善及责任的加强。

6. 建立严格的授权审批制度，加强授权审批的管理

企业初始创业时往往由几位合伙人发起，每个人都应该承担相应的责任和义务，并且相互之间能够做到互相制约、互相促进、互相平衡。及时沟通消除障碍才能有利于小企业的成长。

## 运动员创业人物

### 张蕾：世界冠军退役后创业

4岁学游泳，10岁成为专业运动员，18岁获得世界冠军，这是张蕾人生的前20年。2003年退役，2007年辞职，张蕾从一名游泳私教做起，自己张贴广告、招生，创办海韵体育，成功从体育运动员转型为创业女企业家。

4岁时初次与游泳池亲密接触，张蕾就成了泳池里活跃的孩子；10岁，入选江苏省花样游泳队，她便踏上了专业运动员的道路。天赋极佳的张蕾很快脱颖而出，多次获得全国冠军，18岁时参加埃及国际花样游泳公开赛又获得集体项目冠军。

2003年，22岁的张蕾因伤退役。当年，无锡成立花样游泳队，便将张蕾引进无锡市体校作为花样游泳教练。4年后，由于种种原因，张蕾选择了离开体制。"但一出来就困惑，除了花样游泳，我会什么？我该怎么做？"

决定容易做，但生存与立足，却异常艰难。张蕾尝试开过饭店，但最终以失败告终。几经波折之后，张蕾想到了当一名游泳私教。她用纸打印出一条类似小广告的传单，像那些到处散发小广告的临时工一样，挨家挨户投递到小区的信箱里。

"不知道过了多久，我接到了第一个电话！"张蕾回忆，当时对方还与她讨价还价，最终以800元成交，这还要扣除她和这位学员去体育中心游泳馆的门票共400元，净赚仅400元。

有了第一次成功经验后，张蕾把A4纸换成了小名片，去各大超市的停车场发放，把当时无锡几乎所有的超市都跑遍了。昔日的花样游泳冠军运动员，在创业前靠着最原始的小广告，艰难存活下来。

"做游泳培训没有固定的场所，怎么办？"2009年，28岁的张蕾看中了新区长江俱乐部。为了与对方谈判，张蕾注册成立了无锡水中芭蕾游泳技能培训有限公司，也是"海韵体育"的前身。经过一次次上门，一次次游说，对方终于答应了培训意向。2009年暑期，张蕾带着师弟在俱乐部做游泳培训，培训后社会反响异常好，也得到了长江俱乐部的肯定。

2012年，张蕾认识了梅村高级中学的校长，当时该校准备建一个游泳馆，请张蕾来指导，后来张蕾便承接了梅村高级中学游泳馆，开启了学校体育场馆的委托运营管理之路。

"这段路，是我公司真正的转型之路，也是我的又一次成长之路。"张蕾告诉记者。2014年10月，国务院印发的"46号文件"，把全民健身上升为国家战略，体育产业迎来了春天。2014年，张蕾的公司成为首家入驻无锡智慧体育产业园的企业，公司也正式更名为无锡海韵体育发展有限公司。

如今，公司业务从最初的游泳培训，拓展到涵盖学校体育场馆运营管理、体育类培训、企业事业单位拓展、运动会、线上线下商城等多方面业务，现已承接综合性体育场馆 10 家，室内总面积超过 5 万平方米，年接纳锻炼人员超过 10 万人次，培训青少年 10 000 余人。

值得一提的是，无锡海韵体育公司还获批成为全国首家江苏省退役运动员创业孵化基地，也是江苏唯一一家退役运动员创业孵化基地。张蕾告诉记者："公司帮助退役运动员再就业，已孵化成功的运动员有 15 人，他们分别在各自擅长的领域开了工作室、公司，找到人生新的舞台。"

## 体育创业资源

### 体育创业培训班

为进一步贯彻落实国家政策的要求和部署，积极发挥高校在培育体育产业创新创业人才方面的积极作用，促进体育产业创新创业教育工作的深入推进，国家体育总局全国体育院校体育产业创新创业服务平台决定举办首届全国大学生体育产业创新创业培训班。

（一）专题讲座

专题讲座涵盖体育产业创新创业形势政策、商业规划、创业领域、方法技能、机会选择、团队管理、产权保护等专题的知识方法。

（二）现场观摩

组织学员到体育产业创新创业相关实习实践基地进行现场观摩。了解园区税收政策、资金扶持条件、人才引进政策、土地租赁优惠等创业相关信息，提升创新创业实操意识。

（三）交流研讨

组织学员观看创新创业相关图片、视频、展演等，就相关创业话题进行深入交流探讨，并选取代表进行交流发言。

（四）团队训练

以学习互助组为单位，组织学员完成课前准备、课堂助理、课后自管等事宜；基于课堂所学内容，自选方向合作完成 1 份商业计划书的撰写，该商业计划书成绩将计入最终考核成绩；组织学员参加素质拓展训练，培养学员的团队观念、协同合作、领导能力等。

**复习思考题**

1. 创办企业的前提条件有哪些？公司设立前需要做哪些准备工作？
2. 企业注册流程中有哪些注意事项？需要办理的手续有哪些？
3. 初创企业的管理模式有哪些？具体的管理内容有哪些？
4. 产品研发的一般流程是什么？如何做好产品的质量管理？
5. 你认为初创企业员工的选、育、用、留应注意什么？
6. 简述初创企业的财务管理主要内容。

# 参考文献

[1] 李利荣. 关于应用型高校大学生创业园建设的思考[J]. 职业, 2015: 147-148.

[2] 洪露. 应用型本科高校创业人才培养策略研究[J]. 教育教学论坛, 2015: 203-204.

[3] 吴婷. 应用型本科院校创业型人才培养路径的研究[D]. 哈尔滨: 哈尔滨理工大学, 2014.

[4] 郭占元. 应用型本科高校创业人才培养模式探讨[J]. 吉林华侨外国语学院学报, 2010: 6-11.

[5] 许剑颖, 余文华, 周凌宇等. 应用型高校创新创业人才培养的思考[J]. 中国科教创新导刊, 2011.

[6] 王文韬. 应用型高校创业教育教学课程现状研究与思考[J]. 市场周刊（理论研究）, 2014: 155-157.

[7] 汪琦, 张国宝. 应用型本科高校创业教育课程体系建设研究[J]. 安徽科技学院学报, 2014: 57-59.

[8] 梁正瀚. 应用型本科高校创业文化建设策略研究[J]. 品牌（下半月）, 2014: 119-121.

[9] 王波, 唐学华. 应用型高校创新创业教育的实践与思考[J]. 宿州学院学报, 2014: 103-105.

[10] 唐雪莲. 应用型本科高校创业型人才培养模式构建[J]. 宁波大学学报（教育科学版）, 2013: 91-94.

[11] 李光辉, 苏荣萍, 王文韬. 应用型高校创业教育课程体系构建研究[J]. 长江师范学院学报, 2013: 103-107.

[12] 张金山. 大学生创新创业案例：走进"挑战杯"[M]. 北京: 社会科学文献出版社, 2017.

[13] 陈国梁, 王延峰. 大学生创新创业理论与实践导论[M]. 北京: 科学出版社, 2018.

[14] 孙洪义. 创新创业基础[M]. 北京: 机械工业出版社, 2016.

[15] 张晓波，李钰，杨奇明. 中国区域创新创业报告（2016）[M]. 北京：北京大学出版社. 2016.

[16] 陈敬全，孙柳燕. 创新意识[M]. 上海：上海科学技术出版社，2003.

[17] 刘凤，王云. 创新与创业实务[M]. 北京：中国人民大学出版社，2018.

[18] [英]查尔斯·汉普登·特纳. 创新与创业教育[M]. 武晓哲，吴瑕译. 北京：商务印书馆，2017.

[19] 刘德智，[挪威]吴弘，郑炳章. 知识创新与创业管理[M]. 北京：清华大学出版社，2015.

[20] 汤锐华. 大学生创新创业基础[M]. 北京：高等教育出版社，2016.

[21] 徐俊祥. 大学生创业基础技能训练教程[M]. 北京：现代教育出版社，2014.

[22] 冯丽霞，王若洪. 创新与创业能力培养[M]. 北京：清华大学出版社，2013.

[23] 雷家骕，葛健新，王华书等. 创新创业管理学导论[M]. 北京：清华大学出版社，2014.

[24] 李家华，谢强. 创业基础教学手册[M]. 北京：北京师范大学出版社，2014.

[25] 李秋斌. 大学生创业指导[M]. 北京：北京大学出版社，2013.

[26] [美]巴里·施瓦茨. 选择的悖论：用心理学解读人的经济行为[M]. 梁嘉歆，黄子威，彭珊怡，译. 杭州：浙江人民出版社，2013.

[27] 刘敬东. 大学生创业基础（理工院校版）[M]. 北京：现代教育出版社，2016.

[28] [美]彼得·德鲁克. 创新与企业家精神[M]. 蔡文燕，译. 北京：机械工业出版社，2019.

## 郑重声明

高等教育出版社依法对本书享有专有出版权。任何未经许可的复制、销售行为均违反《中华人民共和国著作权法》，其行为人将承担相应的民事责任和行政责任；构成犯罪的，将被依法追究刑事责任。为了维护市场秩序，保护读者的合法权益，避免读者误用盗版书造成不良后果，我社将配合行政执法部门和司法机关对违法犯罪的单位和个人进行严厉打击。社会各界人士如发现上述侵权行为，希望及时举报，我社将奖励举报有功人员。

反盗版举报电话　（010）58581999　58582371
反盗版举报邮箱　dd@hep.com.cn
通信地址　北京市西城区德外大街4号
　　　　　高等教育出版社法律事务部
邮政编码　100120